# 增长五力

## 品牌内容驱动增长方法论

飞扬 ◇ 著

电子工业出版社
Publishing House of Electronics Industry
北京·BEIJING

## 内容简介

本书深入探讨兴趣电商时代品牌增长的五大关键能力，从底层逻辑出发，逐步解析品牌增长的核心板块。书中不仅提供了详尽的增长模型与方法论，还构建了一套从战略规划到执行落地的完整体系，为读者揭示了兴趣电商品牌增长的秘密。本书所阐述的增长理论体系，是作者在亿级预算投放中验证的成果，是大量实战与操盘经验的结晶，堪称兴趣电商领域的实战教案。

本书作者飞扬老师，作为"飞扬讲增长"公众号的主理人，也是"壹零增长"内容战略咨询公司的创始人，拥有超过10年的消费品牌营销与增长操盘经验，是一位资深的品牌营销增长专家。他独创的"增长五力模型"与"超级内容体系"方法论，为联合利华、花西子、珀莱雅、小仙炖、舒适达等上百个知名品牌提供咨询与服务。他开设的线下增长培训课程吸引了超过300家消费品企业的创始人与核心团队参与学习，参训的很多品牌在抖音平台上取得了显著的增长成效。

本书专为消费品行业的品牌创始人与高管，以及营销、内容、电商等领域的品牌从业者量身定制，旨在帮助他们在兴趣电商时代，通过内容驱动实现品牌的有效增长。

未经许可，不得以任何方式复制或抄袭本书之部分或全部内容。
版权所有，侵权必究。

图书在版编目（CIP）数据

增长五力：品牌内容驱动增长方法论 / 飞扬著.
北京：电子工业出版社, 2024. 11. -- ISBN 978-7-121-49114-6

Ⅰ. F713.36
中国国家版本馆CIP数据核字第202499GE14号

责任编辑：张彦红
文字编辑：高洪霞
印　　刷：天津嘉恒印务有限公司
装　　订：天津嘉恒印务有限公司
出版发行：电子工业出版社
　　　　　北京市海淀区万寿路173信箱　邮编：100036
开　　本：720×1000　1/16　印张：16　字数：275.4千字
版　　次：2024年11月第1版
印　　次：2025年3月第3次印刷
定　　价：79.00元

凡所购买电子工业出版社图书有缺损问题，请向购买书店调换。若书店售缺，请与本社发行部联系，联系及邮购电话：（010）88254888，88258888。
质量投诉请发邮件至zlts@phei.com.cn，盗版侵权举报请发邮件至dbqq@phei.com.cn。
本书咨询联系方式：faq@phei.com.cn。

# 推荐语
## Recommendation

飞扬的《增长五力》一书是新营销时代不可多得的系统性方法论。技术的进步使得人与人的连接方式发生了根本性的变化，也带来了营销模式翻天覆地的改变，但营销的底层逻辑可能并没有太大的变化。飞扬总结自己多年的理论学习和持续的运营实践，系统地把当今的营销方法与经典理论连接起来，为以兴趣电商为根据地的营销提供了一套实用的方法论。这套方法论不仅可以有效地指导日常运营，也可以作为经典营销理论的索引。

—— 欧莱雅中国区前副总裁　张耀东

如今的市场环境在快速变化，品牌增长就要具备持续进化的能力。珀莱雅"进化五力"的理念与飞扬《增长五力》一书中的品牌增长的底层逻辑不谋而合。我非常认同飞扬的增长方法论，更认可其"产品为王"的观点，我们不仅要把产品做好，还要做好内容、营销、运营、渠道，打通品牌发展的全链路，品牌才能够持续穿越周期，实现更大的发展和飞跃。

—— 珀莱雅联合创始人　方玉友

认识飞扬很多年，一路见证他从传统互联网行业走到抖音营销赛道，我认为，他是兼具互联网思维与品牌思维的跨界营销高手。近几年，传统电商行业跌宕起伏，兴趣电商行业风起云涌，很多品牌遇到了增长的困境，缺乏对新营销环境的清晰认知，缺乏对品牌增长系统性的思考。《增长五力》是飞扬在一线营销增长操盘实践中，深度思考下的品牌兴趣电商增长底层逻辑，他还总结提炼了可操作可复制的增长方法论，值得每一位品牌经营者思考与借鉴。

——林清轩创始人、董事长　孙来春

作为品牌的创始人和 CEO，面对如今快速变化的品牌营销环境和新渠道，感觉充满了挑战，尤其是兴趣电商时代，需要快速迭代方法论和高效落地。非常感谢飞扬总对我和我的团队的指导，《增长五力》给出的这套方法论非常系统，可以从根本上解决品牌在兴趣电商增长上的问题，而且飞扬总非常懂品牌，这套方法轮既满足品牌战略的需求，又能够高效获取流量和获客，非常有效，实战性非常强。

——小仙炖鲜炖燕窝创始人　苗树

在这个日新月异的时代，变化成为唯一不变的主题。无论是企业还是个人，如何在复杂多变的环境中持续成长，实现跨越式的飞跃，都成为摆在面前的重要课题。《增长五力》不仅是一本关于企业增长的图书，更是一部关于如何在这个时代立足、发展、壮大的指南。它以其独特的视角、深刻的见解和实用的方法，为我们揭示了企业增长的奥秘和路径。我相信，无论是企业家、管理者还是创业者，都能从这本书中获得宝贵的启示和力量。我衷心地把这本书推荐给每一位渴望在商海中乘风破浪、勇往直前的朋友。愿这本书成为你成长路上的良师益友，祝你开启一段精彩纷呈的增长之旅。

——高梵创始人、董事长　吴昆明

天行健，品牌以增长不息；地势坤，发展以创新载物。兴趣电商是对人、货、场的全面重塑，成为很多品牌新的增长极。飞扬老师的《增长五力》从宏观到微观、从理论到实操、从底层逻辑到增长方法论都进行了全方位的阐述，它不仅是经躬身入局和深度思考的专业佳作，还是体系完整、逻辑缜密、案例翔实的学习教材，更是一部关于兴趣电商运营实操的集大成著作，对有志于兴趣电商增长和助力行业生态发展的朋友大有裨益！

——欧诗漫生物股份有限公司 CEO　沈伟良

《增长五力》这本书集聚了飞扬多年操盘品牌的积淀。在多年实战中复盘、总结、抽象出的这套品牌增长的系统性方法论，能够帮助品牌增强对底层逻辑的理解。从选品、选号的关键原点认知，到内容、达人、渠道的矩阵规划，从兴趣的激发到兴趣的承接，从全域准备、全域成长，到实现全域联动，飞扬均有着极深的理解和解读。这本书是兴趣电商、内容电商时代全域营销人都必须学习的方法论，是营销人的工具书，也是长效增长的必修课。

——玛丽黛佳创始人　崔晓红

我从公众号开始学习飞扬老师的方法论，还带着团队参加过"超级内容体系"培训，飞扬老师为我们品牌在抖音的快速成长提供了指引。从传统电商到兴趣电商，不只是平台发生了迁移，更需要我们对品牌增长系统进行重新思考。《增长五力》是飞扬老师对品牌增长实战经验的系统总结，有理论，有实战，更有可落地的方法论，帮助品牌实现有效增长，推荐大家品读，边读边实践才是有效的学习。

——半亩花田合伙人、CEO　亓丰伟

创造顾客是品牌公司唯一的商业目的，而市场营销与创新是顾客增长的基础。飞扬老师用独特的视角，以内容为支点，撬动品牌在新消费大潮中的势能，揭示用户与品牌资产增长的密码。品牌经营之路重在实践，《增长五力》为品牌进入兴趣电商领域提供了很强的实战指导，为致力于通过自建团队（In-house）模式运营的品牌提供了方法论和辅助工具。

——马克西姆品牌主理人　陈豫

今天，各行业都追求高质量发展，大消费赛道更是充满"卷王"。随着线上消费趋势的改变，兴趣电商获得的关注度呈指数级增长。营销的方法也在不断迭代，从传统电商自上而下的广告和投放，到兴趣电商自下而上的种草和收割无不如此。品牌只有保持对市场和消费者的敏锐洞察，不断解决痛点、创造需求，才有机会"出圈"。在兴趣电商领域，是否存在一套完整的方法论供借鉴？飞扬在营销领域深耕多年，《增长五力》厘清了操盘逻辑，帮助读者快速完善体系，值得细读。

—— **美尚集团董事长、CEO　李琴娅**

当飞扬向我展示他完整而缜密的方法论的时候，我一点都不感到惊讶。他和我有很多相似的经历，我们都追逐过互联网的浪潮，做过产品经理，又在这个新消费和新媒体的时代继续追逐自己的梦想。新媒体营销给我们这种"半路出家"的营销人一个机会，我们的互联网知识，对于产品、数据和算法的理解，在这个营销时代竟然派上了用场，好像一切都是最好的安排。

抖音是这个新媒体时代最复杂的庞然大物之一，飞扬多年积累的互联网知识和营销实战经验就像一把锋利的刀，精确地将这个错综复杂的东西分解成一个个结构化的、易于理解的模块。《增长五力》的CAFE科学选号方法论、SEVA内容共创方法论、AIMT品效放大方法论，都成为我们在营销实战和生意增长中的利器，实实在在地帮我们提高效率，节省那些曾经难以估量的营销成本。

营销曾经是一个非常感性的工作，飞扬作为这一代具有代表性的新媒体营销专家，将互联网的理性与科学注入这样一个感性的领域，这些工作对于整个新媒体营销理论体系的发展都将具有非凡的意义。

培养一个能够独当一面的营销人才需要花费大量的时间和金钱，其中最重要的就是营销预算，"花过钱"的经验是如此重要。在这本书里，飞扬把那些用真金白银积攒下来的认知倾囊相授，从这一点上讲，这本书就值得一读再读。

—— **安敏优前CEO、知识博主"约翰啥都懂"　张士强**

# 推荐序
## 定位理论在兴趣电商时代的创新与发展

2024年年底，我与飞扬老师在杭州一起讨论题为"重估抖音电商"的私董会&课程研发会，有一个共同的判断：就势能而言，抖音电商走到了自己从未有过的高度，与此同时，盈利不易，接下来的问题是：今时今日，品牌到底该用什么样的方式与其相处？

电商时代，一度有几个平台都曾经接近过全行业唯其马首是瞻的高度。如果非要说抖音与前辈们的不同，那么最关键的是：无限接近"种收一体"。

以传统商业理论的方法来区分，抖音当然属于渠道，因为它直接产生交易；以新媒体的理论来看，它是当下最有影响力的内容平台，数以百万计的内容创作者活跃其上；以广告收入计，它还是一骑绝尘的广告平台，横扫几代广告形态。

不同的是，抖音是在电商时代尾声、踩在诸多巨头肩膀上成长起来的、也最超出期待的一个综合平台，把它描述为电商乃至互联网时代的"收官之战"毫不为过。但是，也由于其复杂性，它对今天消费者的影响，远比历史上更加全面、深刻、潜意识。携用户之威，它正在重新塑造消费品品牌成长的轨迹。

正因如此，我们才清楚地知道这样一个"扭曲力场"，可能代表着什么样的威力。

特劳特伙伴公司全球总裁邓德隆曾指出，在企业发展历史上，经历过三次竞争地点的转移。第一次是在二战以后，竞争地点在"工厂"，市场的最大特征是"需求大于供给"，商品制造能力决定了企业发展的高度；第二次的竞争地点是"市场"，市场供给充足，商品需要通过渠道才能走向用户，进入"渠道为王"的时代，商品的定价权一度拱手相让给了渠道；第三次，也就是当下，"用户心智"成为竞争地点，供给过剩，商品面临被用户选择的命运，定价权也正在逐步让渡给"用户主权"。

这是一个伟大的转移，但是它并不会平滑地发生。在中国市场，抖音电商的横空出世，就一度扭转了这个转移的速度和曲线。

　　它是时代的宠儿，还是商业的漩涡；它被人爱，还被人恨。这些都不重要。如此，开头问题的答案就很简单——如此重要的市场，作为大消费行业从业者，无论你是何种角色，都无法逃离。

　　1969 年，定位理论在美国面世，它诞生于品牌充分竞争的阶段，不仅被评为 20 世纪以来营销史上影响力最大的理论，更被行业公认为消费品市场竞争中最具效力的战略理论。它之所以拥有强大的生命力，正是因为历经各种发展阶段，这一理论可以不断迭代变化。如今，在中国，用户、渠道、品牌三者之间的关系，正随着互联网对消费行业的影响、对零售行业的改造、对消费者心智的解构以及中国市场提供的最佳实践，酝酿着新的变化。

　　飞扬老师这本书，正诞生于这个令人瞩目的历史转折期。自 2023 年起，大江会团队与飞扬老师共同打造了 12 期品牌增长抖音特训营，先后协助 150 多家消费品品牌的 360 位高管和抖音业务负责人一起掌握了这套方法论，见证了"增长五力"模型的日臻完善。作为飞扬老师的事业合伙人，大江会亲眼见证了他如何观察、记录、参与这个伟大变化的发生，深感荣幸！

　　《增长五力》是定位理论在抖音电商时代的一次创新和发展，发展目前主要体现在"完善维度"，未来，让我们期待更多在"创新维度"上的突破。我相信，这只是一个开始。

大江会创始人　贾鹏雷

# 自序
Preface

在投身于品牌兴趣电商营销增长领域之前,我已积累了超过10年的互联网及品牌营销从业经验。随着互联网与传统电商时代的落幕,我毅然选择了进入兴趣电商这一新赛道。

2019年,兴趣电商还处于起步阶段,当时没有人能预料到,只用了短短5年时间,它竟然颠覆了传统电商的模式。我预见到,中国的传统互联网时代即将结束,取而代之的将是一个以短视频和直播为核心的内容互联网时代,所有的消费品生意,都有可能迎来一次重塑的机会。

与许多专业广告人和营销人不同,我之前的角色是跨界型互联网产品经理。品牌在抖音上从内容传播到销售转化的完整路径,既需要营销和电商思维,也需要产品经理思维,而我恰好深谙其道。

自2019年起我开始涉足抖音,见证了兴趣电商蓬勃发展的完整历程。从最初KOL(关键意见领袖)挂购物车的内容"种草"、Dou+的短视频带货、AD信息流的效果广告,到达人直播、品牌店播的兴起,云图人群资产的营销科学,再到如今的抖音全域兴趣电商,我几乎经历了抖音兴趣电商完整的迭代与进化过程,并随着平台生态的变化与每一轮的商业变革同频。

兴趣电商的发展虽然只有短短几年,但它已经深刻影响了我们每个人的工作与生活。能否在抖音上取得成功,已经成为品牌能否实现新一轮增长的关键所在。在这个过程中,很多品牌发现,过去许多营销理论在兴趣电商时代都"失灵"了。没有任何一种理论,能够解决兴趣电商时代关于品牌增长的所有问题。

抖音不再仅仅是一个平台,而是一个完整的电商生态系统。它那极其复杂的产品体系、极度碎片化的媒介节点，以及极富挑战性的内容能力，对每个希望抓住新时代增长机遇的品牌，都构成了巨大的挑战。

在兴趣电商蓬勃发展的 5 年间，我有幸始终站在行业一线，助力客户在抖音平台上成功转型或取得突破性的增长。我将这些宝贵的成功经验、创新的方法论和有效的增长策略，通过线下课程、增长训练营等形式，传授分享给更多品牌，并帮助超过 300 家消费品公司提升抖音竞争力，这些知识也被众多品牌运用为抖音操盘的内部执行准则。这些知识分享与经验积累，也为我撰写《增长五力》一书奠定了坚实的实践基础。

坦白而言，撰写一本关于兴趣电商时代品牌营销与增长的图书，既是对传统营销大师们的崇高致敬，也是对新时代品牌增长方法论的创新探索。尽管这一过程伴随着巨大的压力和挑战，但我仍然决定毫无保留地公开自己在抖音一线操盘过数百个品牌所积累的经验和方法论，和盘托出，知无不言，言无不尽，将我所知、所学尽数分享给读者。

这本书是我历时近三年精心打磨的成果，其间我在繁忙的工作之余不断思考，伴随着抖音生态的演变，对内容进行了反复的迭代更新。这是一本不局限于"术"的书，起始于战略思维，终结于战术执行落地，立足于抖音生态，又超越其局限，既有深入浅出的底层逻辑，也有经过实战验证的操盘方法论，旨在系统性地解决品牌在兴趣电商领域的增长难题。我怀着满腔热忱，希望能够将兴趣电商阐释得更加系统和透彻，虽深知完美总是难以企及，但我仍以最大的努力和诚意完成这本书的创作。

**2025 年抖音没有红利，战术竞争的时代已经结束，战略角逐的新纪元才刚刚拉开帷幕。《增长五力》旨在兴趣电商的战略时代，为品牌增长保驾护航。**

最后，我衷心感谢那些长期支持我的朋友们，祝愿你们的企业能够"穿越周期，持续增长，品牌长红"。

飞扬

# 目录
## Contents

### 第一章　品牌增长五力模型　　001

第 1 节　兴趣电商时代品牌增长的五个底层逻辑　　002
第 2 节　品牌增长五力模型　　007
第 3 节　兴趣电商消费者认知逻辑解析　　023
第 4 节　壹零法则：内容驱动品牌有效增长　　026

### 第二章　增长的破局：赛道力　　029

第 5 节　新消费品牌兴趣电商崛起的秘密　　030
第 6 节　SGOT 品类赛道模型　　036
第 7 节　品类创新的八种模式　　042
第 8 节　品牌超级特性　　047
第 9 节　品牌增长四段论　　052

### 第三章　增长的抓手：爆品力　　057

第 10 节　超级爆品的定义　　058
第 11 节　超级爆品的七个转化率　　061
第 12 节　六维选品模型　　066
第 13 节　黄金三角法则　　071
第 14 节　超级爆品矩阵　　076

### 第四章　增长的杠杆：内容力　　081

第 15 节　内容种草的四大价值　　082
第 16 节　内容"种草"的七大误区　　086

| 第 17 节 | 抖音内容"种草"的底层逻辑 | 090 |
| 第 18 节 | 超级内容体系"种草"方法论 | 095 |
| 第 19 节 | 人群策略：云图 5A 人群策略 | 099 |
| 第 20 节 | 媒介策略：CAFE 科学选号方法论 | 105 |
| 第 21 节 | 内容策略：SEVA 内容共创方法论 | 114 |
| 第 22 节 | 投放策略：AIMT 品效放大方法论 | 125 |

## 第五章 增长的支撑：经营力 — 139

| 第 23 节 | 抖音全域兴趣电商 | 140 |
| 第 24 节 | FASD+S 抖音闭环经营模型 | 144 |
| 第 25 节 | 经营阵地 | 147 |
| 第 26 节 | 达人矩阵 | 154 |
| 第 27 节 | 流量供给 | 158 |
| 第 28 节 | 云图资产 | 162 |
| 第 29 节 | 商城运营 | 170 |

## 第六章 增长的"收割"：渠道力 — 177

| 第 30 节 | 品牌全渠道增长模型 | 178 |
| 第 31 节 | 达播渠道 | 181 |
| 第 32 节 | 私域渠道 | 184 |
| 第 33 节 | 线上渠道 | 187 |
| 第 34 节 | 线下渠道 | 190 |

## 第七章 超级增长案例 — 195

| 第 35 节 | 花西子：品牌增长四段论拆解 | 196 |
| 第 36 节 | 玛丽黛佳：国货彩妆的抖音转型拆解 | 201 |
| 第 37 节 | 极萌：新品牌抖音起盘 10 亿元 GMV 增长拆解 | 206 |
| 第 38 节 | 德美乐嘉：内容驱动高端品牌增长拆解 | 210 |
| 第 39 节 | 珀莱雅：大单品战略抖音全域经营拆解 | 215 |
| 第 40 节 | 诺特兰德：新品牌抖音渠道增长拆解 | 224 |
| 第 41 节 | 五个女博士：专家品牌增长五力模型拆解 | 229 |

后记　未来 10 年的消费品市场，将会是大产品经理时代　　236

# 第一章　品牌增长五力模型

# 第1节
# 兴趣电商时代品牌增长的五个底层逻辑

2020年，兴趣电商时代拉开帷幕，抖音的商业价值初露锋芒。

新消费品牌抢滩兴趣电商，传统国货紧随其后，国际品牌亦不甘落后，纷纷进入赛场。在这片充满活力的市场上，各大品牌群雄逐鹿，兴趣电商百花齐放。

抖音平台给我留下的深刻印象是其"公平性"。在这里，不论品牌大小或历史长短，每个参与者都站在同一起跑线上，只要能够赢得消费者的青睐，就有机会实现快速增长，展现出无限的可能性。

在过去的四年里，我有幸见证了新消费品牌花西子借势抖音，实现弯道超车，年销售额突破50亿元。我目睹了传统国货品牌珀莱雅通过战略转型，稳居兴趣电商国货美妆品牌的领先地位，也看到了欧莱雅、雅诗兰黛等国际品牌的强势崛起，凭借历史悠久的品牌积淀，在市场上再次焕发出耀眼的光彩。

我一直深思，在兴趣电商时代，品牌增长的底层逻辑究竟是什么。

以下内容，是我深入洞察、思索求证以及操盘实践之后给出的答案。

## 底层逻辑之一：品类创新

在消费品行业的创新或创业，我认为"选择大于努力"。这是因为品类的选择不仅决定了品牌的发展方向和增长效率，也决定了品牌在消费者心智中的定位。对于品牌来说，选择正确的品类赛道，是最关键的决策，也是企业的核心战略。

在过去的营销时代，那些品类领导者凭借其在市场上的主导地位，几乎牢不可破地占据了消费者的心智。然而，近年来我们看到新消费品牌迅速崛起，它们不约而同都选择了品类创新，从而在消费者心智中占据了一席之地，并实现了品类赛道的弯道超车。

品类创新的难度越大，其颠覆难度就越大。品类创新者的消费心智一旦形成，消费者很少会记得跟随其后的第二名。当大品牌意识到这一点并试图进入新市场时，它们面临的挑战是，重新定位现有品牌还是孵化一个新品牌去竞争？无论做哪种选择，结局都不言而喻。

我认为，当今大多数消费品牌的最终目标是成为"品类品牌"。无论对于新兴品牌的崛起还是传统品牌的转型，品类创新都是实现成长的最佳途径。如果品牌能够跨越品类心智和品牌心智之间的鸿沟，就有可能成为真正的"超级品牌"。

## 底层逻辑之二：爆品打造

消费品市场每五年就会形成新一代的消费圈层，新生代消费者不断推动消费需求的升级和迭代。过去，老一代消费者倾向于崇拜"洋货"，而如今，年轻人的趋势是追求"国潮"。面对新一代消费者的需求，无论是新消费品牌还是传统品牌，都在不约而同地选择通过"打造爆品"来迎合新的市场。

产品的爆品化和网红化并不是贬义词。在当今时代，"酒香不怕巷子深"的传统理念已经不再适用。如果产品无法在兴趣电商平台上有效传播和"种草"，品牌就难以实现有效且持续的增长。

抖音平台上涌现了无数的网红爆品。有些爆品红极一时，但很快便销声匿迹。而有些爆品则从"网红产品"转变成了"长红产品"，成为超级爆品，其背后的品牌也悄然升级，成为粉丝忠诚度极高的超级品牌。

在消费者购物的完整周期中，存在着七个关键的转化率节点：认知、曝光、互动、"种草"、购买、复购和推荐。在这些节点中，对消费者行为影响最为深远的是第一个节点"认知"，即消费者对产品的了解和认识。在兴趣电商的内容生态中，任何产品都必须被转化成短视频的内容形式，以实现消费者有效触达和"种草"。

"认知"这个转化率节点，实际上等同于"将产品翻译成内容"。当"翻译"更加高效时，后续的每一个转化率节点都有可能得到提升，增长的加速度也会更大。这种加速度随着时间的推移可能会变得越来越显著，最终使产品脱颖而出，成为市场上的超级爆品。

几乎所有品牌都在不遗余力地打造超级爆品，它们在研发技术、品质功效、外观设计、信任背书等方面进行大量投入。这是因为超级爆品不仅是品牌增长的主要驱动力，也是品牌增长的核心动力来源。

### 底层逻辑之三：内容"种草"

在兴趣电商时代，品牌建设已经从过去传统媒体时代的"自上而下"的品牌营销，逐渐演变为内容媒体时代的"自下而上"的内容"种草"。

消费者现在更多地是通过社交媒体平台上的KOL与KOC（关键意见消费者）的一条吸引人的好物推荐短视频，或者一篇详细的产品"种草"笔记，来了解一个新产品或新品牌。通过这些内容，消费者仿佛发现了一个可以激发他们的兴趣、点燃他们的购买欲望的宝藏。从心动再到行动，消费者最终下单购买。

当消费者收到产品并开始使用时，从外包装到产品文案，再到产品的功效和品质，每一步都在加深他们对产品的认可，以及对品牌态度的感受。如果消费者在传播渠道中反复被内容"种草"，并且他们非常认同品牌所传达的价值主张，那么他们将在该品类中对品牌形成强烈的认知，从而建立起足够强的品牌心智。

我认为，我们正处在品牌内容营销的黄金时代，品牌建设的关键不再是能够采买多少媒体资源，而是能否在源头上创造出优质的内容。

如今，"品牌建设"已经越来越约等于"内容建设"，这一转变意味着内容已经不仅仅是品牌的"策略"，而是成为品牌的"战略"核心。内容的质量和数量直接关系到品牌能否在竞争激烈的市场中脱颖而出，赢得消费者的关注和青睐。

因此，在兴趣电商时代，品牌需要将内容"种草"视为一项长期的投资，以此来塑造品牌形象，传递品牌价值，并与消费者建立深层次的连接。

### 底层逻辑之四：全域经营

抖音已逐步发展成为一个完整、规模化且自闭环的兴趣电商生态系统。

在这个生态中，品牌在过去曾以流量驱动、投放驱动、直播驱动等形态的打法"出圈"，但随着抖音全域兴趣电商生态的日趋成熟，越来越多的品牌选择在抖音生态中精耕细作，从内容"种草"到销售转化，构建起一个完整且长效的品牌经营闭环。

在抖音的兴趣电商生态中，内容场和货架场是两个核心的经营场景，它们分别代表着不同的电商逻辑和经营策略。

内容场是兴趣电商逻辑中的"货找人"，涵盖短视频、投流和直播三大板块。短视频是连接品牌和消费者的主要触点，流量则是货品与消费者之间的纽带，而直播则成为品牌高效转化的场域。内容场成为品牌在抖音生态中增长的关键。

货架场则遵循搜索电商的逻辑，即"人找货"，分为搜索、商城和蓝V三大板块。与内容场的公域属性相比，货架场更偏向私域，或者说是先有公域的触达，然后才有私域的连接。货架场是品牌在抖音生态中的运营重点。

内容场与货架场相辅相成，共同构成了品牌在抖音生态中的全域经营策略。品牌通过内容场的互动和"种草"来吸引用户，再通过货架场的精细化运营来加深与用户的关系，从而实现持续的增长和商业成功。

在兴趣电商生态的底层，是云图O-5A人群资产，这是抖音全域电商经营的关键，是贯穿于内容场和货架场之间的经营枢纽。品牌通过营销手段打通内容场，实现人群破圈、"种草"蓄水、拉新转化。同时，通过运营手段经营货架场，实现用户复购、降本增效，从而提升抖音全域电商ROI（投资回报率）。

### 底层逻辑之五：渠道"收割"

在传统媒体时代，品牌依靠营销的"三板斧"——大创意广告、大媒体投放、大渠道渗透，让产品火遍大江南北。随后，通过经销商的订货或线下渠道的分销，品牌完成从新品上市到渠道"收割"的完整闭环。

在兴趣电商时代，抖音平台的营销策略也形成了类似的"三板斧"——小创意的短视频、碎片化的KOL"种草"，以及全渠道的销售"收割"。相较于传统媒体时代，这些操作更为复杂，对精细度的要求更高，自然也更具挑战性。然而，如果操作得当，则其释放的势能不亚于甚至可能超过传统媒体，更可能借助兴趣电商的势能实现弯道超车。对于在抖音上火出圈的超级爆品，其他销售渠道更乐于买账，对于拥有超级爆品的品牌，任意渠道都是"收割"场。

实际上，如今有许多品牌，已经开启了基于抖音兴趣电商的增长内核，打造品牌在抖音平台的势能，这种势能还会形成流量与销量的外溢，从而推动品牌在全渠道 GMV（总成交额）的增长。对于那些拥有强大渠道网络（如达播、私域、线上、线下等）的品牌，抖音的全域经营将赋予它们更大的竞争优势。

品类创新、爆品打造、内容"种草"、全域经营、渠道"收割"，这五个底层逻辑正是兴趣电商时代品牌增长的基石。

在兴趣电商公平的游戏规则之下，我有幸见证了新消费品牌的迅速崛起，传统品牌的成功转型，以及国际大牌的强劲势头。越来越多的品牌正在借助兴趣电商的东风，实现增长的新突破。

这五个底层逻辑是我对品牌兴趣电商增长的洞察与理解，为品牌未来的增长提供了破局之路。

# 第 2 节
# 品牌增长五力模型

在抖音兴趣电商迅猛发展的浪潮中，众多品牌意识到，传统的营销理念在面对抖音时似乎都失灵了。许多品牌陷入了自我怀疑和反复试错的困境。那些能够迅速适应抖音生态、找到合适营销策略的品牌，往往能够突出重围，实现逆势增长。然而，那些未能及时调整策略、仍然停留在原地的品牌，可能会面临市场份额的逐年下滑。

自从 2019 年开始涉足抖音起，我已经操盘了上百个品牌的抖音营销增长全案。基于我在抖音一线的实操经验，以及对传统营销理论在新时代应用的理解，我提出了一个适用于兴趣电商时代的品牌增长理论，如图 1-1 所示，即"品牌增长五力模型"。

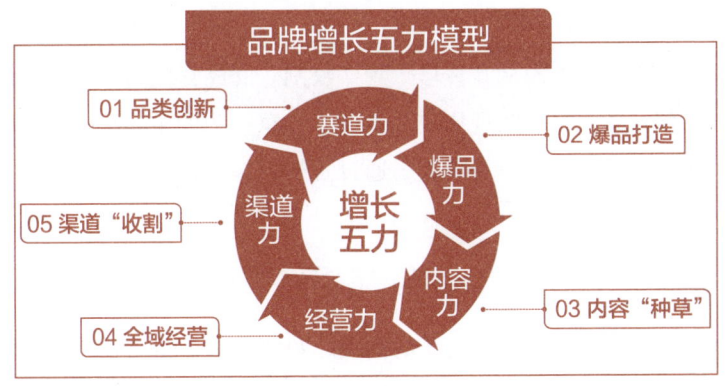

图 1-1 品牌增长五力模型

这个模型通过构建品牌增长所需的五项核心能力，旨在帮助品牌建立一套完整的增长能力体系，并实现兴趣电商时代下的长效经营和增长。

## 品牌增长五力模型

品牌增长五力模型包含了五个关键的能力要素，它们分别是：

### 第一，赛道力

赛道力既是赛道的选择，也涵盖了品类创新的能力。正确的赛道选择，并引领市场趋势，对于品牌的发展至关重要。这种选择往往能够决定品牌未来的发展方向和市场竞争力。因此，品牌需要具备敏锐的市场洞察力和创新能力，以确保在竞争激烈的市场中占据有利位置。

### 第二，爆品力

爆品力即品牌在兴趣电商生态中打造爆款产品的能力。通过精准的市场定位，挖掘消费者的需求和痛点，从而创造独特的产品概念和有吸引力的设计，并能够有效地将产品翻译成抖音短视频语言，创造出在抖音平台上广受欢迎的爆品。

### 第三，内容力

内容力即品牌基于抖音短视频内容，实现产品"种草"的能力。品牌需要创造有吸引力、有价值、能够引起共鸣的内容，以此来激发消费者的兴趣，并推动购买行为的产生。内容力承载着品牌赛道的选择，承载着抖音爆品的打造。

### 第四，经营力

经营力即抖音全域电商从"种草"到"收割"的经营能力。品牌在内容场和货架场之间的有效经营，可以实现用户从认知"种草"到购买转化，再到复购经营的完整购物闭环。通过内容场拉新获客，通过货架场精细运营，从而推动品牌的持续增长和商业成功。

### 第五，渠道力

渠道力以抖音势能作为品牌增长的内核，势能形成流量与销量的外溢，从而推动品牌的渠道分发能力和利润"收割"能力。品牌需要有效地利用抖音平台，将影响力扩展到其他销售渠道，实现多渠道 GMV 的增长和利润最大化。

这五项能力 —— 赛道力、爆品力、内容力、经营力、渠道力，共同构成了品牌增长的动力引擎。它们彼此相互关联，相互作用，共同推动了品牌高效运转和持续增长。在抖音竞争激烈的市场中，品牌若想赢得消费者的青睐，在竞争之中脱颖而出，这五个能力板块缺一不可。

## 增长五力之赛道力

选择大于努力，赛道决定生死。品类赛道的选择，是品牌最为重要的企业战略，它会对品牌未来的发展产生深远的影响。

在多年的实践中，我提炼出了"SGOT品类赛道模型"，如图1-2所示，从品类规模（Scale）、品类增速（Growth）、品类机会（Opportunity）、品类竞争（Threat）这四个维度，来评估和判断品类赛道的选择。

图1-2 SGOT品类赛道模型

品类规模和品类增速这类"已发生"的数据，在互联网电商数据高度透明的当下，相对容易获取。然而，这些数据主要反映了市场的历史状况，对于预测未来的市场走向则显得力不从心。除电商数据之外，我认为兴趣电商的内容数据具有更高的洞察价值。这些内容数据往往揭示了消费者的"新需求"和"潜在需求"，它们在宏观层面更早地体现了用户即将出现的消费趋势，而这些趋势往往是品类创新的源泉。

品类机会和品类竞争更多地关注竞争环境的微观层面。尤其在社交媒体和兴趣电商领域，近年来崭露头角的品牌往往成为市场的强劲对手。这些新兴品牌所对应的品类创新机会，不仅相较于传统市场的机会点有所不同，而且与新环境下的差异化需求紧密相关。

在过去几年中，那些成功的新消费品牌不约而同地选择了开创新品类，以抢占消费者心智中全新的领域。品类创新的壁垒越高，被颠覆的难度也就越大。这要求品牌不仅要有创新的勇气，还必须在激烈的市场竞争中展现出独特的竞争力。

花西子是品类创新的典型代表，其赛道选择在了规模庞大且增长迅速的彩妆市场。在这个竞争激烈的市场中，花西子不仅面临着卡姿兰、美宝莲等传统品牌的竞争，还要与同期崛起的新消费品牌如完美日记、珂拉琪等争夺市场份额。

花西子通过挖掘东方文化美学，成功开创了"东方彩妆"这一品类定位。它将东方文化与美学元素融入产品设计和品牌理念中，重新定义了市场格局，在竞争激烈的红海中开辟出了一片蓝海。在入驻抖音的短短三年时间内，花西子的年销售额已经突破了 50 亿元人民币的大关。

花西子的案例表明，品类创新不仅需要选择一个有潜力的市场赛道，还需要通过独特的文化内涵和产品差异化来实现品牌的脱颖而出。通过这种方式，品牌可以在激烈的市场竞争中找到自己的独特定位，实现快速增长和商业成功。

近年来，内衣市场中最引人注目的品牌无疑是 Ubras，其无尺码内衣的概念已经在抖音等社交媒体上广为人知。目前，它成为内衣消费升级的标志性产品。Ubras 通过无尺码内衣，准确把握了消费者对于更加舒适、便捷的内衣体验的需求，从而实现了品类创新。

Ubras 在市场营销上的大力投入，包括饱和式的广告投放，成功地确立了其无尺码内衣领导者的地位。这种策略不仅加强了品牌的市场影响力，还在消费者心智中牢固地建立了 Ubras 无尺码内衣的品牌形象，是其在竞争激烈的内衣市场中脱颖而出的关键。

Ubras 的案例再次证明了品类创新的重要性。通过精准的市场定位和有效的营销策略，品牌可以在竞争中占据先机，赢得消费者的青睐。

品类创新者一旦形成了品类心智的护城河，消费者往往只会记住领先者，而很难记住第二名。当大品牌意识到新赛道的潜力并试图进入时，它们都面临着一个艰难的选择：是重新定位现有品牌还是孵化一个新品牌来竞争？无论哪种选择，可能都不是最佳方案。

在没有汽车之前，马车就是最好的交通工具。

消费品市场每隔五年，都会有新一代的消费群体崛起，原有的市场格局可能会被打破，新的品类和品牌有机会崭露头角。因此，开创新品类，就成为品牌战略中最高效、最理想的选择。

## 增长五力之爆品力

抖音平台有不计其数的网红产品，有些红极一时而转瞬即逝，有些则从"网红产品"变成了"长红产品"，成为超级爆品。产品的爆红背后确实存在合理的爆品逻辑，但这并不意味着成功仅仅依赖于推广和砸钱买流量。一个产品能否持续受欢迎，最终还是要看它能否经受住时间的考验。如果不能，最终还是归于尘土。

硅谷著名投资人彼得·蒂尔在他的著作《从0到1》中提到："幂次法则，是宇宙的法则，是宇宙最强大的力量。"这一法则同样适用于消费品的增长逻辑，其中"产品力"便是幂次法则中的系数。

在竞争激烈的市场环境中，后来者唯有通过创新，才有可能获得市场份额，实现逆风翻盘。如图1-3所示，产品力系数正如幂次法则所描述的，当其他产品的产品力系数为1时，它们的增长呈现出典型的线性态势。而如果你的产品力系数为1.1，那么长期的加速度将会更快。如果产品力系数达到1.2，则随着时间的推移，你的产品更有可能一骑绝尘，实现指数级增长，最终成为市场上的超级爆品。

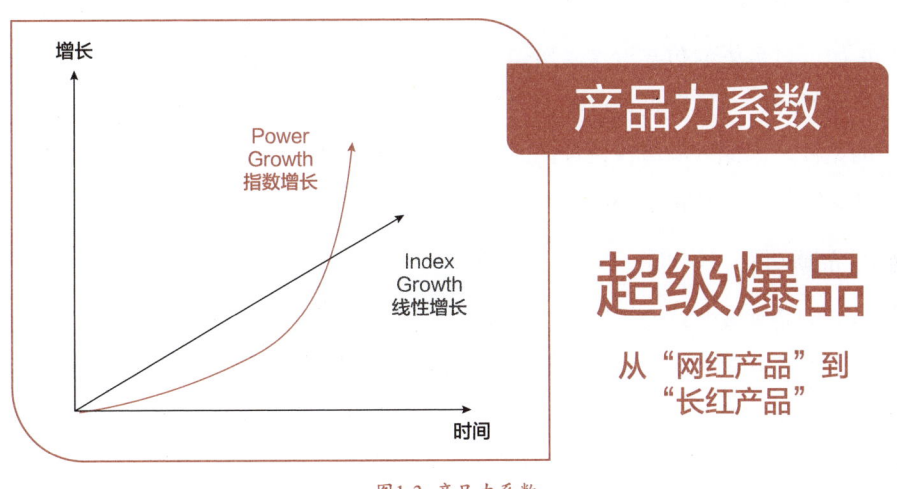

图1-3 产品力系数

什么可以加持产品力系数？

### 1. 品类创新

在品类创新发生质变之前，市场竞争环境往往呈现出零和游戏的态势，市场上的参与者都在争夺有限的资源。然而，品类创新的价值恰恰在于，它能够将有限市场的红海竞争，转变为无限市场的蓝海突破。

以花西子品牌为例，在它诞生之前，市场上几乎没有"东方彩妆"这一明确的品类赛道。花西子通过定位东方彩妆，在产品上创造了独特的东方美学，从而赋予了产品力一个远超1的系数。随着花西子成为品类领导者，它逐渐实现了指数级增长，这正是品类创新带来的巨大增长潜力。

品类创新不仅为品牌创造了新的增长机会，也为消费者提供了新的选择。它打破了市场的既有格局，开辟了新的市场空间，使得品牌能够在竞争中占据有利位置，实现快速的增长。

### 2. 颜值正义

"酒香不怕巷子深"这句古话曾经代表了产品营销的典范，然而如今看来，它可能成为低效营销的代表，消费者都没有机会了解，更未体验，何以知悉酒之香醇？

随着抖音等短视频平台的兴起，产品的外观颜值与可视化卖点表达愈发重要。一个吸引人的外观设计能够引起消费者的注意，激发他们的兴趣，从而促使他们采取行动。产品的颜值不仅是一种视觉上的吸引力，还成为品牌与消费者沟通的一种方式，甚至可以成为消费者的"社交货币"，这是一种从爆品到品牌升华的重要转变。

正如可口可乐的包装设计，历经百年传承，它既是产品本身，也成为全球最大的"品牌符号"。这种设计已经超越了单纯的视觉美感，成为一种情感连接和品牌认同的象征。因此，品牌在设计产品时，不仅要考虑其外观的吸引力，还要考虑其如何能够转化为品牌资产，成为消费者心中的长期记忆。

### 3. 品质功效

在消费品领域，短期内营销策略能够帮助品牌快速提升知名度，但长期来看，产品的品质才是决定品牌能否持续成功的关键。从抖音短视频的内容营销逻辑来看，品牌的产品功效要能够击中刚需或痛点，并给消费者提供问题的解决方案，才能产出好内容，而好内容则会为品牌带来品效合一的效果。

抖音上的爆品往往具有共性，它们的核心逻辑都是找到了消费者的强刚需或强痛点。例如，珀莱雅在经历泡泡面膜的挫折后，凭借"早C晚A"的概念重新赢得了市场。这是因为"双抗精华"作为一款解决护肤问题的强功效产品，真正满足了消费者对于高效护肤的需求。

因此，品牌在内容营销时，不仅要注重短期内的传播效果，更要注重长期的产品品质和功效，这样，才能在竞争激烈的市场中建立坚实的地位。

### 4. 信任背书

在当今媒体高度碎片化的环境中，品牌的传播效率确实面临挑战，消费者对品牌的认知往往是自下而上的，即他们通过社交媒体的"种草"内容，了解和感受到产品，长期往复才会逐渐形成品牌心智。

产品的认知在一定程度上可以代表品牌的认知。品牌作为产品的最大信任背书，不仅提升了爆品的可信度，也在一定程度上传达了品牌的价值主张。如华熙生物从B端代工企业转型为C端玻尿酸品牌，强调其玻尿酸上游企业的专业性和品质保证，这既是产品的品质背书，也是企业的信任状。

华熙生物的成功转型和业绩增长证明了这一点。通过传递品牌故事和产品背后的价值，品牌能够与消费者建立更深层次的联系，从而在激烈的市场竞争中脱颖而出。这种策略不仅能够提升品牌的知名度，还能够增强消费者对品牌的忠诚度和信任感，最终帮助品牌成功转型，实现业绩增长，名利双收。

消费者，始于新奇，鲜于颜值，爱于品质，忠于信任。

回想我在操盘花西子首轮抖音内容"种草"时，面临着不少挑战。当时，很多消费者对花西子这个品牌还不太熟悉，且它的售价在同品类中又是相对较高的，从最初的市场反馈来看，结果并不理想。

那时候，花西子团队最关注的是达人和用户对产品的真实反馈，他们不断对产品进行打磨和升级，力求在品质和设计上达到消费者的期望值。终于，当百鸟朝凤雕花眼影产品上市时，其因内在的文化美学和外在的雕刻工艺，成为花西子品牌的代表。

果不其然，当这款眼影产品推向抖音市场时，合作的KOL中出现了大量爆款视频。这些视频不仅为花西子带来了大量的品牌曝光，还有非常值得称赞的成交数据。更重要的是，这些视频一次次地彰显了花西子品牌的价值主张，让消费者更加深刻地理解了该品牌的文化和理念。

这个过程充分说明，品牌建设并非一蹴而就，而是需要通过不断的市场反馈和产品迭代，以及与消费者的深入沟通，才能逐渐建立起品牌的影响力和消费者的认知。

## 增长五力之内容力

近年来,随着兴趣电商的兴起,越来越多的品牌开始将预算从传统的品牌宣传逐步转向内容"种草"。在社交媒体的内容建设,已经成为品牌建设的重要组成部分,甚至逐渐成为品牌建设的核心。

对于许多新品牌而言,这是一件好事。如果没有媒体时代的巨大变革,新品牌很难有机会实现快速增长,甚至在品类赛道实现弯道超车。兴趣电商时代为新品牌营销提供了前所未有的机遇,只要品牌能够创作出吸引人的内容,成功"种草"消费者的心智,赢得消费者的认知和青睐,就有可能在激烈的市场竞争中脱颖而出。

几年前,我曾服务于一家老牌国货品牌,并与该品牌创始人进行了深入交流。抖音平台高速崛起的那几年,他们的态度从不屑一顾到慌乱跟进。在初期,该品牌也曾享受过一些红利,并取得了一定的成绩。然而,由于对抖音平台的浅薄认知,那段时间该品牌过于注重 ROI,急功近利地追求短期效果。随着抖音红利的衰退和 ROI 的不断下降,该品牌的预算也不断缩减,在竞争对手"跑马圈地"的时候,该品牌迷失了两年。

后来,我再次服务了这个品牌,创始人经历了深刻的反思,认识到社交媒体的内容是品牌的命脉,并亲自参与其中。从产品研发到内容投放,创始人带领团队积极参与,共同寻找突破点。在紧密合作的三个月时间里,我们深入洞察并挖掘内容,凭借优质的"种草"内容和团队的通力协作,成功打造出了新的爆品,实现了品牌向创新品类的转型。

这个过程让我感慨良多,我认为最大的变化是该品牌创始人的心态转变。如果认同内容是战略,那么品牌创始人就应该躬身入局。

在大量抖音品牌内容营销增长的操盘实践中,我总结并提炼了"超级内容体系",构建一个体系化的、以内容驱动增长为核心的抖音内容营销的方法论,它包含了四大内容营销策略,即"云图 5A 人群策略""CAFE 科学选号方法论""SEVA 内容共创方法论""AIMT 品效放大方法论"。

如图 1-4 所示,通过"超级内容体系"的四大内容营销策略,品牌可以在抖音上构建一个高效、可复制的内容营销体系,从而实现品牌在抖音有效的内容"种草",以及高效的闭环"收割"。

## 超级内容体系
重新定义有效内容"种草" 抖音内容驱动增长方法论

| 云图 | CAFE | SEVA | AIMT |
|---|---|---|---|
| 5A人群策略 | 科学选号方法论 | 内容共创方法论 | 品效放大方法论 |

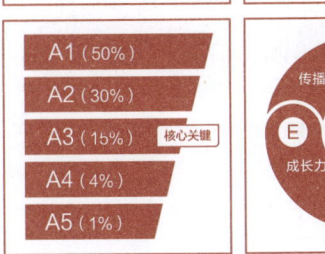

云图 5A人群策略:
- A1 (50%)
- A2 (30%)
- A3 (15%) 核心关键
- A4 (4%)
- A5 (1%)

CAFE:
- C 传播力
- A 商业力
- F 粉丝力
- E 成长力

SEVA:
- S 场景关联
- E 情绪调动
- V 价值传递
- A 行动指令

AIMT:
- Alliance 达人矩阵
- Influence 内容放大
- Magnify 投流放大
- Trade 成交转化

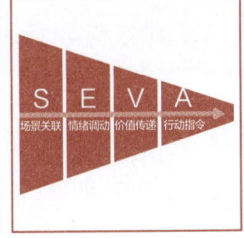

图1-4 超级内容体系

### 人群策略:云图 5A 人群策略

品牌"种草"的第一要务是:种瓜得瓜,种豆得豆,即品牌的"收割"对象,应当与"种草"的目标人群相匹配。基于品牌 A4 购买人群画像分析,八大人群中占比最高的前三名,就是品牌明确的目标用户。

这意味着,品牌在抖音上的所有内容"种草"行为,无论是通过内容曝光触达 A1 人群,还是通过内容心智"种草"A3 人群,都应该紧紧围绕着品牌目标用户进行触达。

A1 曝光人群、A3 "种草"人群与 A4 "收割"人群是否一致,直接影响到品牌在抖音闭环生态中的经营效率。

### 媒介策略:CAFE 科学选号方法论

CAFE 科学选号是基于抖音星图数据,从四个维度,即传播力(Communication)、商业力(Advertising)、粉丝力(Fanspower)、成长力(Expansion),来评估和度量 KOL 的"种草"价值的。

通过对 KOL 在四个维度上的量化分析,品牌可以形成一个科学有效的选号体系,从而规避那些数据造假,或无效的"水号"和"假号",提升品牌的媒介效率与"种草"效果。

CAFE 既是选号的方法论,也是抖音 KOL 的算法引擎。

### 内容策略：SEVA 内容共创方法论

通过大量分析抖音上"种草"成功的爆款视频，我总结了这些视频"种草"成功的共性因素，并结合自身对内容营销的深刻洞察与理解，提出了 SEVA 内容共创方法论。

SEVA 基于以抖音心智"种草"逻辑为核心的内容创作方法论。通过场景关联（Sence）吸引目标受众，通过情绪调动（Emotion）引起用户共鸣，通过价值传递（Value）实现有效的产品"种草"，通过行动指令（Action）完成转化的"临门一脚"，帮助品牌实现品效合一的内容创作与传播。

SEVA 的内容"种草"框架，如今已经被广泛地应用于消费品牌的抖音"种草"实践中。

### 投放策略：AIMT 品效放大方法论

基于 KOL 内容"种草"矩阵（Alliance）的赛马策略，品牌可以利用抖音平台的内容投流放大（Influence），可使用的工具有 Dou+、随心推、内容服务、达人竞价等，来放大 KOL 的内容"种草"效应。

内容"种草"效应的放大，有助于品牌在抖音生态中获取更多的人群资产，再通过效果投流（Magnify）的放大，如千川、AD 等，完成销售转化（Trade）的"收割"。

通过这种全链路的打通，品牌能够实现品效合一的传播效果，即在提升品牌知名度和形象的同时，沉淀有效人群资产，实现 GMV 的增长。

曾经在某个营销增长峰会的圆桌讨论环节，主持人向我提出了一个问题："抖音内容营销的方法论是否可以复制？"我给出的答案是肯定的。这套方法论，无论是对于新消费品牌、传统国货还是国际大牌来说，都已经被无数次验证过。

然而，我认为，尽管这些方法论是极为有效的工具，但它们并不能代替品牌的灵魂，即内容本身。

抖音已为品牌充分证明了"内容驱动增长"的底层逻辑，甚至几乎所有的打法和策略都可以被复制，抖音平台已经没有任何秘密可言，任何品牌都有机会在这个平台上取得成功。然而，实际情况却事与愿违，要做好抖音的内容营销，挑战的是创始人的认知高度，比拼的是团队的操盘能力，更是品牌对兴趣电商增长底层逻辑的理解。

## 增长五力之经营力

抖音已经从最初的单一媒体平台,逐步发展成为一个全域兴趣电商生态系统。在这个系统中,人群、内容、流量和电商之间已经实现了无缝衔接。如图1-5所示,内容场的兴趣电商与货架场的搜索电商在一个统一的生态中达到了融合与平衡。而在这个兴趣电商生态的底层,则是云图O-5A人群资产。

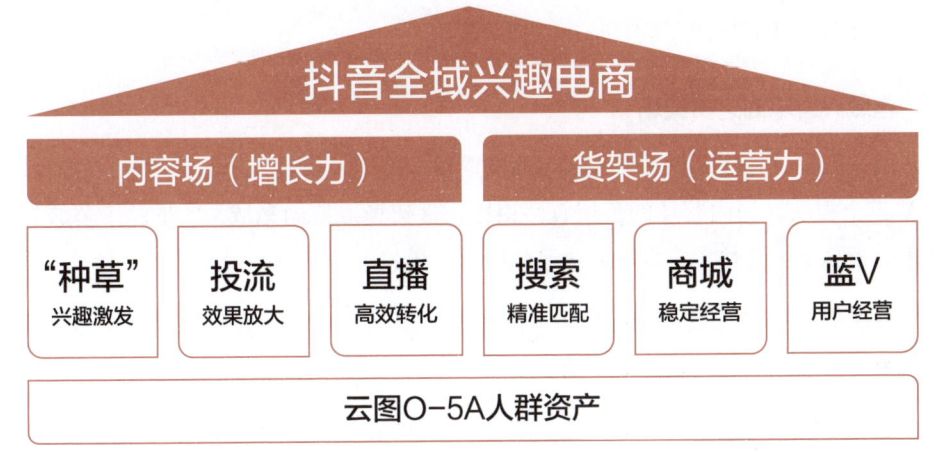

图1-5 抖音全域兴趣电商

随着抖音自闭环电商生态的逐步崛起,我们可以观察到传统电商的影响力日渐式微。很多品牌不再将抖音仅仅视为一个销售渠道,而是将其调整为品牌增长的中心内核。无论是通过在抖音全域多板块地进行深度布局,还是通过调整组织架构来更好地适应兴趣电商生态,品牌都在积极适应这一变化,以期在抖音平台上实现更大的商业成功。

### 全域兴趣电商之内容场

内容场是兴趣电商逻辑中的"货找人"核心,它分为"种草"、投流、直播三个板块。在这些板块中,短视频内容是品牌与消费者连接的主要触点,流量则作为连接的纽带,直播则是实现高效转化的关键场景。内容场构成了品牌在抖音生态中的增长场景。

"种草"板块:以内容为核心的内容"种草"能力是关键。无论是通过KOL或KOC"种草"还是品牌自身的投流素材,内容的核心目的是"种草"消费心智,通过内容创造来提升购买转化效率。

投流板块:投流与内容紧密相连。对于KOL的"种草"内容,使用内容投流工具来扩大流量。而对于直播相关的投放，则使用效果投流工具来实现。

直播板块：品牌兴趣电商销量和 GMV "收割" 的核心。这里包括品牌自身的店播和与达人合作的直播两部分，两者相辅相成，共同推动销售增长。

内容场更注重增长能力，这需要策略、打法和操盘技巧的支持。抖音的早期增长模式，从投放驱动到直播驱动，一直延续到今天的核心能力，都强调了内容场的增长能力。这种打法更侧重于公域拉新，包括人群破圈、"种草"蓄水、首次购买转化等环节，从而形成了从"种草"到"收割"的初步闭环。

### 全域兴趣电商之货架场

前文曾提及，货架场遵循搜索电商的逻辑，即"人找货"，它包括搜索、商城、蓝 V 三个板块。与内容场的公域属性相比，货架场更偏向私域，它依赖于公域的触达来实现私域的连接。货架场构成了品牌抖音生态中的运营场景。

搜索板块：尽管搜索是用户主动的行为，但品牌必须掌握与搜索相关的拦截和优化技巧，这是品牌营销的基本功。

商城板块：商城运营涉及多个方面，包括店铺的日常运营、商城大促活动的联动，以及抖音的"猜你喜欢"等泛商城功能，所有这些方面的核心目标都是提升商品卡的成交转化效率。

蓝 V 板块：品牌可以通过蓝 V 账号建立用户运营体系，从吸引流量到培养粉丝，再到转化为会员，不断推动转化率和复购率的提升。

货架场更注重运营能力，逐渐呈现出天猫化的特点。无论是爆品的搜索引擎优化（SEO）、日常店铺运营，还是大促期间的商城活动，都要求品牌具备精细化的运营技巧。货架场的运营更倾向于私域经营，旨在提升转化效率，涵盖从流量运营到粉丝经营，再到长期的老客户复购。

### 全域兴趣电商之人群资产

抖音生态的底层架构是云图 O-5A 人群资产，O-5A 模型分别对应 Opportunity（机会）、Aware（了解）、Appeal（吸引）、Ask（问询）、Act（行动）、Advocate（拥护），O-5A 模型揭示了消费者与品牌关系的演变过程，帮助品牌更好地理解并管理与消费者的关系。

A1（了解）：消费者被动接受信息，是品牌知名度主要的来源。

A2（吸引）：增加品牌印象，创造短期记忆或扩大成长期记忆。

A3（问询）：适度引发消费者的好奇，引发消费者搜集信息的行为。

A4（行动）：消费者采取的行动是购买，以及购买之后的消费、使用体验。

A5（拥护）：消费者发展出对品牌的强烈忠诚度，并重复购买。

云图 O-5A 人群资产构成了抖音兴趣电商生态的基础逻辑，它在全域电商从内容场到货架场的经营中扮演着核心角色。

在抖音的内容场，品牌通过内容"种草"策略实现 O-A3 人群的破圈，利用内容投流工具放大影响，触达 A2 至 A3 人群，促进"种草"蓄水。千川效果投流则对有效人群进行二次触达，助力品牌店播在 A4 人群中实现首次购买转化。

在抖音的货架场，品牌通过有效的内容"种草"策略，将搜索流量外溢，形成主动搜索的 A3 人群，进而引导他们进入品牌店播或商城进行转化购买。同时，蓝 V 账号和会员体系的良好经营，促进了更多老客户的复购，将其转化为 A5 人群。

品牌在内容场的有效营销，实现人群的破圈、"种草"蓄水及拉新转化，而在货架场的精细化运营，则能够促成用户的复购，降低成本，提高效率，从而提升抖音全域电商的 ROI。

## 增长五力之渠道力

随着抖音生态中流量竞争的日益加剧，流量成本持续上升，ROI 效果也逐步下降。尽管在某些细分市场中仍然存在一定的红利空间，但整体来看，依赖流量投放驱动的获客模式已不再适用于品牌长期稳定的生意增长。

从传统媒体时代的品牌营销，发展到兴趣电商时代，尽管营销的渠道和内容形态发生了变化，但品牌营销的本质并未改变，即"内容在渠道中流动"。无论是过去还是现在，品牌营销的核心都在于内容的创造和分发。

然而，在品牌最终实现利润"收割"的环节，渠道的"收割"能力仍然至关重要。这意味着品牌需要具备在各个销售渠道上高效转化流量的能力，无论是线上电商平台、社交媒体、实体店铺还是直销，品牌都需要确保其营销策略能够在这些渠道实现有效的销售转化，从而提升整体的 ROI。

在抖音平台上，每年防晒类目的竞争都异常激烈，尤其在高峰时期，可能会有数百个品牌同时投放广告，争夺市场份额。我曾服务过的高姿品牌，在防晒品类上全面发力，提前半年开始布局市场。他们从代言、KOL 合作、投流、店播、达播等多个方面进行了深入的策略部署，进行了饱和式的抖音营销投放。

到了 5 月（旺季），高姿的防晒爆品销售额已经突破了 1 亿元人民币，成功占据了防晒品类的市场领导地位。同时，品牌还积极拓展到各大电商平台、直播平台、线下商超和连锁门店，实现了全渠道的分销覆盖。在线上的各个渠道，高姿获得了最多的资源位，在线下的渠道，则获得了最大的展示空间，确保了在各个分销渠道中都能够有效地实现销量"收割"。

这种全方位的市场布局和营销策略，不仅帮助高姿在抖音平台上取得了显著的市场成绩，还确保了该品牌在整个电商生态中的竞争力，实现了多渠道的增长和品牌价值的提升。

如今消费者的购买决策已经前置化，电商平台上的产品详情页浏览时间大幅缩短，从过去的几分钟缩减至现在的十几秒。消费者的购买决策更多地受到内容"种草"而非电商详情页信息的影响。如果消费者了解到某个产品在抖音上非常热门，那么当他们在其他购买渠道接触到该产品时，也更有可能优先考虑购买。

在这种背景下，爆品成为关键，渠道的影响力相对减弱。渠道愿意通过免收上架费、提供更多资源甚至补贴来推广爆品，因为在最终渠道的 GMV 产出上，这种做法的效率非常高。爆品一旦火出圈，就能在消费者心中形成购买心智，品牌在任何渠道中都有较强的议价能力，在任何有流量的地方都能获得最好的资源位，从而实现良好的销售表现。

以抖音兴趣电商为品牌的增长内核，我提出了"品牌全渠道增长模型"，如图 1-6 所示，以在抖音平台打造品牌势能为核心，通过势能的外溢效应，带动流量和销量的增长，进而影响并扩展至外层的销售渠道，最终实现品牌全域 GMV 的有效增长。

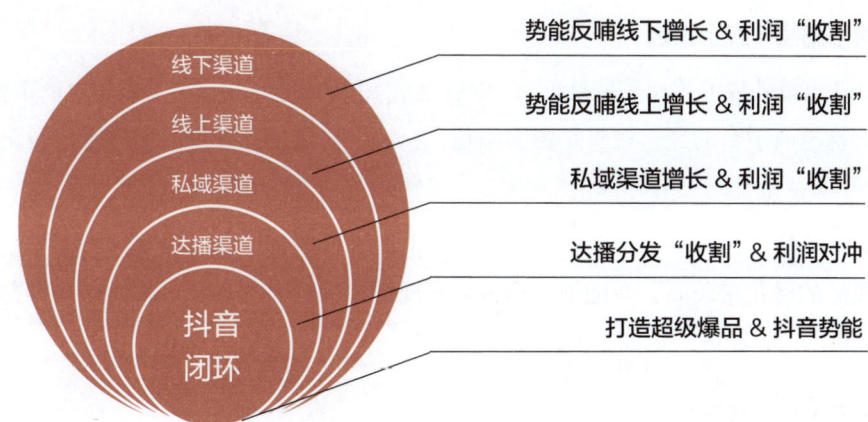

图1-6 品牌全渠道增长模型

**内核圈层"抖音闭环"**

抖音平台形成的"雪球效应"越滚越大,必然涌现"爆品效应"和"品牌势能",它们无疑是品牌增长效率的核心。抖音闭环在全域的价值,不仅局限于单纯的"收割"价值,更在于全渠道的"种草"价值。

品牌在抖音有效"种草""品牌资产",就能在全渠道"收割""销量GMV"。

**第二圈层"达播渠道"**

当品牌在抖音上打造的爆品火起来时,反应速度最快的是主播,不仅包括抖音平台的主播,还包括在淘宝、快手、私域等其他全渠道的直播达人。直播的分发覆盖面和品牌与主播的博弈关系,直接影响到品牌的"收割"效率。

如果品牌在达人直播中都无法实现盈利,那么很有可能从抖音生意规划的初始,货盘的设计就出了问题。

**第三圈层"私域渠道"**

无论是社群私域还是品牌私域,私域渠道的显著特点都是其快速反应能力。私域渠道需要能够快速触达消费者的"钩子产品",因此爆品效应在这里的杠杆作用尤为显著。

私域更依赖于内容与消费者的互动,抖音平台上产生的内容也常用于私域渠道的内容分发,实现内容"一鱼多吃"的价值。

**第四圈层"线上渠道"**

抖音流量外溢的首选平台是天猫，随后是京东、唯品会、拼多多等线上电商平台。如今传统电商平台的经营逻辑是锦上添花，非常需要借助品牌爆品提升销售转化效率。

如果品牌在抖音平台上获得了成功，则电商平台通常愿意提供更多资源支持，因为爆品的转化率较高，有助于电商平台实现销售额的KPI目标。最终来自抖音外溢势能价值，让品牌与电商平台都实现了双赢。

**第五圈层"线下渠道"**

线下渠道的反应速度较慢，但它能有效延长爆品的生命周期。那些在线下渠道具备优势的品牌，在全渠道增长模型中往往占据更大的优势，因为它们的渠道布局更加深入，利润基础更加稳固，这使得它们能够投入更多的资源进行市场竞争。

如果线下渠道品牌在这场竞争中选择了正确的赛道，并且稳健发展，则它们在竞争维度上将对新消费品牌形成"降维打击"。

基于"品牌全渠道增长模型"的原则，那些在达播、私域、线上、线下渠道拥有深厚积累的品牌，将在抖音全渠道经营中占据显著优势。这些品牌也更有可能成为传统品牌转型的典范，借助抖音兴趣电商，实现在竞争激烈市场中的"弯道超车"。

许多新消费品牌被视为烧钱的机器，原因在于它们缺乏渠道利润的支撑，只能通过大量资金投入来打造爆品和品牌，以此获得与渠道议价的能力，才有渠道"收割"的可能性。爆品的打造与渠道的节奏是相辅相成的，渠道的建立并非一蹴而就，而每一步的积累都算数。

品牌增长五力模型，是兴趣电商时代品牌实现有效增长的组合拳，赛道力决定了爆品的效率，爆品力决定了内容效率，内容力决定了经营效率，经营力决定了渠道效率，而渠道力则决定了"收割"效率。品牌的长效经营增长，就是一个螺旋上升的过程。

品牌增长如同"水桶效应"，品牌的未来高度并非由最长的那块板决定的，而是受限于最短的那块板。在兴趣电商公平的游戏规则下，赛道力、爆品力、内容力、经营力、渠道力这五大板块都需要品牌全力以赴，没有哪一个板块是轻松的。

然而，正是因为有了这些挑战，做得好的品牌将有更大的增长机会。

# 第3节
# 兴趣电商消费者认知逻辑解析

品牌营销领域，有一个知名的消费者触达理论叫"七次法则"，该理论指出，消费者通常需要连续七次接触某品牌或广告，才能建立起对该品牌的了解和信任，进而可能产生购买行为。

在抖音兴趣电商生态中，短视频、投流、直播、搜索等多种产品形态共同作用，为品牌提供了在同一生态中多次触达消费者的机会，这种模式相较于传统媒体时代，极大地提高了传播效率。

同时，抖音平台上的电商转化工具，如购物车、落地页、直播间、商品卡等，已经非常成熟，使得消费者从看到内容到直接购买，几乎无缝转换，体验顺畅。这种购物体验大幅提升了品牌的转化效率，使得品牌能够更有效地吸引潜在消费者，并将其转化为实际购买者。因此，抖音平台不仅是一个内容传播的渠道，也是一个高效的销售平台，为品牌提供了全方位的市场推广和销售解决方案。

## 消费者的认知逻辑

在当今的消费环境中，短视频内容成为消费者接触新品牌或新产品的主要途径。如图1-7所示，品牌能够借助抖音的短视频内容，激发消费者的兴趣，实现产品的"种草"效应。通过持续不断的内容"种草"，强化消费者的认知，品牌能够在用户心中形成"消费心智"，这是一个沉淀和积累"品牌资产"的过程。

抖音的商业化模式已经非常成熟，短视频内容与流量之间已建立紧密的连接，而流量的背后，则是电商转化的能力，无论是通过购物车、落地页、商品卡，还是直播间，有效的内容"种草"，都能激发消费者的购买欲望，最终将其转化为购买行为。这是一个从品牌"种草"到销售转化的 GMV"收割"过程。

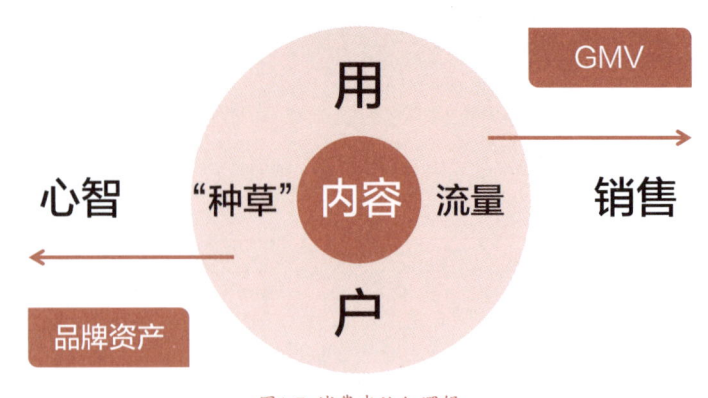

图1-7 消费者认知逻辑

## 品牌增长的"天平效应"

可以将品牌建设与 GMV 之间的关系，比喻为天平的两端。

品牌建设是天平的一端，它通过积累"品牌资产"，如知名度、信任度、内容资产等，为销售收入的增长奠定基础。只有当品牌资产积累到一定程度时，销售收入和 GMV 才能随之增长。如果品牌忽视了品牌建设，不在消费者心中"种草"，而是一味地追求即时销售，甚至试图直接"收割"，那么这架天平很快就会失去平衡。没有坚实的品牌基础，销售的增长是不可持续的，最终可能导致"收割"效率的降低和市场地位的下滑。这就是品牌增长的"天平效应"，如图 1-8 所示。

图1-8 品牌增长的"天平效应"

抖音之所以在所有社交媒体平台中一枝独秀，关键在于它的营销与销售效率是最高的，它能够通过内容直接影响消费者，实现心智"种草"，并助力"品牌资产"与GMV相互促进，共同成长。在抖音兴趣电商模式中，从内容营销的"种草"到电商销售的"收割"，已形成了一个完整的闭环。

这种"品效合一"的特性使得抖音不仅能够帮助品牌建立和提升消费者对品牌的认知和好感度，即积累品牌资产，还能够直接推动销售转化，实现即时收益。品牌通过内容"种草"吸引消费者，激发购买欲望，再通过电商工具实现快速购买，这种"从'种草'到'收割'"的模式大大提高了品牌营销的效率和销售的效果。

## 内容营销时代的变革

在传统的营销时代，品牌通过营销"三板斧"——大创意、大媒体、大渗透，来奠定其市场销售格局。大创意侧重于传播内容的竞争，一条成功的广告片，就足以成就一个品牌；一条经典的广告语，会让人们在多年后仍记忆犹新。在大媒体投放方面，品牌如能拿下央视的"标王"，则几乎可以迅速成为知名品牌。

然而，随着内容营销时代的到来，虽然营销的本质没有改变，但难度却显著增加。如今，媒体变得更加碎片化，不同的KOL相当于不同的电视台，品牌不能再仅仅依赖于一条大创意广告片，来实现高效的传播与知名度的提升。相反，品牌需要成千上万条"种草"的小创意的短视频来触达消费者。

品牌过去的内容创意可能是一个高成本、大制作、定制化的广告片，但现在它需要与每一个KOL共创内容。虽然单条短视频的影响力可能有限，但当这些内容汇集在一起时，它们能够极大且有效地影响消费者的认知，并放大品牌的势能。

因此，在内容营销时代，品牌不再单纯依赖于大创意的广告，而更加注重精细化运营，与众多KOL合作，共同创作针对消费者的"种草"内容，以此来构建品牌的内容建设，实现更广泛的消费者触达和品牌影响力的提升。

# 第 4 节
# 壹零法则：内容驱动品牌有效增长

在品牌增长五力模型中，你认为哪种能力最为稀缺、最为重要呢？随着抖音的高速崛起，品牌组织架构的变化已揭示了这一点，内容力是最为稀缺、最为重要的能力。

兴趣电商的确已经颠覆了整个行业，从品牌传播到电商经营，再到增长形态，都与传统媒体时代有着本质的不同。外部广告代理或服务商的迭代速度往往跟不上市场的变化，其认知水平也不如直接面对市场的一线品牌团队。

为了实现突破，很多品牌要"革了自己的命"，品牌创始人可以当机立断，立刻做出改变，这也就是人们称抖音是"CEO 工程"的原因所在。

## in-house 品牌自建经营团队

近年来在消费品圈内流行一个词语，叫作"in-house 团队"，翻译过来就是"品牌自建经营团队"。为什么在兴趣电商时代，品牌比过往更需要"in-house 团队"的经营模式呢？因为消费者在抖音上的认知、"种草"和转化过程往往是通过短视频来完成的。因此，品牌需要具备强大的内容创作和分发能力，以便有效地与消费者沟通，并推动销售转化。品牌需要能够快速补齐内容的短板，以便在抖音平台上获得更大的优势。

在传统媒体时代，一条电视广告（TVC）可能就足以代表一个品牌的内容。然而，在兴趣电商时代，品牌需要的是成千上万条短视频，而且这些内容需要每月更新迭代，以保持与消费者的持续互动和吸引力。坦白地说，没有哪个代理商能够保证有持续生产这样大量且高质量内容的能力,更不用说与品牌持续迭代更新了。

随着品牌建设越来越依赖于内容建设,内容创造和迭代的重要程度以及不可代替性,就决定了品牌必须下场,通过自建团队补齐自身的内容能力短板,并且跟着抖音生态持续迭代。

长期来看,只有品牌的内部团队能够持续地迭代内容能力。尽管在品牌创建初期,这可能伴随着大量的试错成本和学习过程,但只有通过这样的投入,品牌才有可能做到从量变到质变的突破,将命运永远掌握在自己手里。

## 内容力起到承上启下的关键作用

在品牌增长五力模型中,内容力成为品牌最为稀缺且日益重要的核心竞争力。它不仅承载着品牌赛道选择和爆品打造的重任,还通过内容营销将品牌理念和产品特性有效地传达给消费者,实现品牌与消费者之间的深度连接。

内容力在品牌增长战略中起到了承上启下的关键作用。

承上,即内容力关系着品牌赛道的选择和爆品打造的落地。通过内容营销,品牌能够触达消费者,建立认知,并在消费者心中"种草"。内容力帮助品牌将战略目标转化为具体的营销行动,确保品牌理念和产品特性能够被有效地传达给目标受众。

启下,即内容力还连接着内容与流量,实现成交的高效转化。优质的内容能够吸引和保持消费者的注意力,激发购买欲望,从而将其转化为实际的销售。内容力为品牌在抖音生态中的经营奠定了坚实的基础,帮助品牌在平台上建立起强大的影响力。

最终,借助抖音的势能,内容力还能够撬动渠道,完成渠道的利润"收割"。品牌通过在抖音上的成功内容营销,能够将影响力扩展到其他销售渠道,实现全渠道的增长。

内容力是品牌在兴趣电商时代取得成功的关键,它不仅能够提升品牌的知名度和影响力,还能够促进销售转化,并最终实现品牌的长期增长和市场领导地位。

## 壹零法则:内容是"1",流量是"0"

鉴于内容力在品牌增长中的重要性与价值,我认为在兴趣电商时代,品牌的增长法则就是"壹零法则",如图1-9所示,内容是"1",流量是"0",内容驱动品牌有效增长。

# 壹零法则

# 100000000

内容是"1",流量是"0",内容驱动品牌有效增长

图1-9 壹零法则

内容承载了消费心智,打造了爆品效应,拉升了品牌势能,内容也是势能的原点。而流量是放大器,同比例放大了内容所创造的势能效应,从而增强了内容的传播力和影响力。

当内容的"1"效率足够高时,内容将成为品牌增长的最大杠杆。此时,品牌可以不断加持很多流量的"0",而流量的背后是人群资产,是品牌的GMV。内容的"1"是"品",而流量的"0"为"效",内容1加流量0的组合才是真正意义上的品效合一的增长方式。

然而,当内容的"1"效率不够高时,后面加持流量的"0"要么增长效率不够,要么不可持续,最终品牌也难以获得成功。

兴趣电商的核心增长逻辑,不在于买流量的实力与能力,而在于做好内容的本事,以及将其有效放大的能力。内容是影响品牌增长最大的变量,做好内容的要求很高,要注重细节,环环相扣。正因如此,在兴趣电商时代,拥有内容基因和内容能力的品牌,才有机会获得更大的成功。而相反,无法掌控内容能力的品牌,则可能会在未来的3到5年中销声匿迹。

"壹零法则"强调了内容在品牌增长中的核心地位,而流量则作为辅助力量,两者相辅相成,共同推动品牌向前发展。品牌需深入理解和掌握内容力的本质,将其作为增长的基石,这样才能在兴趣电商激烈的市场竞争中脱颖而出。

第二章

# 增长的破局：赛道力

# 第 5 节
# 新消费品牌兴趣电商崛起的秘密

在兴趣电商时代，新消费品牌快速崛起，花西子、认养一头牛跑马圈地。传统国货逆风转型，珀莱雅、欧诗漫重回巅峰。国际品牌积极入局，欧莱雅、宝洁后来居上。新消费品牌、传统国货和国际品牌在抖音生态中形成了三足鼎立的局面。

面对没有足够的品牌力和资金量的情况，新消费品牌是如何借势兴趣电商异军突起的呢？这无疑是品牌人士最关心的话题。

## 品牌营销的"沸水理论"

经济学家厉以宁提出的"沸水理论"，有一个形象的比喻，要想让水沸腾，必须持续提供热能，倘若在水达到100℃之前关火，所有的努力就会前功尽弃。

我将这个理论引入消费品行业中，借此阐述新消费品牌在市场竞争中所面临的挑战。

品牌在市场上消费心智的建立，就像将一锅水加热到沸腾的过程。当一锅水还没有被烧到沸点时，即使水温达到了99℃，水也不会沸腾起泡。这正如消费者对于品类心智的感知，如果品牌在进行了大量的营销投入和市场教育之后，成功地将消费者心智中的品类认知与品牌建立了强关联关系，那么就相当于完成了将水加热至沸腾的整个过程。

当消费者产生购买需求时，他们会无意识地形成指明购买的消费决策，直接选择某个品牌，这种现象在市场上屡见不鲜，例如：

——当消费者想要购买可乐时，他们可能会不假思索地选择可口可乐。

——当消费者想要在市场上选择凉茶时，会立即想到王老吉。

——在选择气泡水时，元气森林可能是年轻消费者的第一选择。

这些案例表明，品牌通过持续的市场营销和品牌建设，已经在消费者心智中占据了牢固的位置，使得消费者在需要购买相关产品时，能够迅速做出选择。这种品类心智与品牌心智的绑定，是品牌市场战略选择的成功和长期营销投资的结果。

一旦沸水被烧开，品牌成功击穿了消费者的品类认知，占据了品类心智的位置，那么即使品牌在新渠道中入场较晚，甚至在一段时间内品牌的热度有所下滑，但凭借过去在品类心智资产上的积累，品牌仍然保持着大约70℃到80℃的热度。如果品牌想要重新回到之前的市场热度，只需要及时适应并有效利用新渠道的传播，就有可能轻松实现。

在成熟的品类赛道中，传统品牌通常拥有显著的竞争优势，尤其是那些在过去的营销时代中表现卓越的领导者，例如欧莱雅、宝洁和联合利华。这些品牌凭借长期积累的品牌资产、消费者信任、强大的分销网络，往往在成熟品类的竞争中，占据着不可撼动的地位。

新消费品牌面临的挑战在于，它们既缺乏品牌力（其市场影响力热度可能只有20℃到30℃），又没有充裕的预算。在市场竞争中，在头部玩家已经牢牢占据了中心位置的情况下，新品牌想要突破重围，几乎没有可能性。

我曾仔细计算过，对于一个品牌热度仅有20℃的新消费品牌来说，要想突破品类心智的壁垒，即从20℃升温至100℃，以形成短期的压倒性优势，所需的营销预算可能是头部品牌的5~7倍。即便如此，新消费品牌也无法保证在长周期的竞争中，持续保持领先的地位。

因此，新消费品牌面临两种选择：要么在成熟的品类赛道中参与同质化的竞争，以较少的资源去挑战强大的对手，这种"以小博大"的策略往往以失败告终，品牌最终可能被淘汰；要么另辟蹊径，寻找品类创新的机会。

每五年诞生新一代的消费者，带来了新的需求、新的审美和新的消费习惯，品类创新正是在这样的背景下，掀起了新消费的浪潮。对于新消费品牌来说，品类创新是抓住市场机遇、实现品牌增长的关键。

花西子通过挖掘和弘扬"东方文化美学"，成功切入新消费人群市场，开创并定义了东方彩妆这一品类赛道。

认养一头牛则利用"认养"这一独特概念，讲出了养牛的好故事，迅速抢占了新一代乳制品市场的消费心智。

Ubras 将"无尺码"内衣新品类与"舒适"的消费心智绑定，把握住新一代消费者对于更加舒适、便捷内衣的新需求。

Moody 品牌则将美瞳的功能性需求，提升到了"Z 世代"（出生年代在 1995—2010 年之间的人）人群的审美需求和颜值文化的层面，从而在市场中占据了一席之地。

这些品牌的成功，在于它们能够洞察市场趋势，发现并满足消费者的新需求，同时也体现了品牌创新和差异化的重要性。通过品类创新，这些品牌能够在竞争激烈的市场中脱颖而出，赢得消费者的青睐。

新文化、新审美、新趋势、新工艺、新需求、新专业、新场景、新概念等因素，都有可能形成新的品类分化。在新消费升级的浪潮中，新兴品类逐渐取代传统品类，其市场份额逐步扩大。最终，那些在品类创新中表现卓越的品牌实现了市场竞争的"弯道超车"，超越了行业巨头，成为新赛道上的领导者。

## 超级爆品是品牌增长的发动机

提及耳熟能详的新消费品牌，你可能会立刻想到它们各自的爆款产品。品类赛道的选择，决定了品牌发展的大方向和天花板。然而，即便选对了道路，能否走到终点，归根结底，拼的还是产品力。

正如幂次法则所指出的，当其他产品的增长系数为 1 时，它们呈现线性增长。如果你的产品增长系数是 1.1，那么你的增长速度会更快。如果增长系数达到 1.2，那么你的产品更有可能实现指数级增长，从而在市场上脱颖而出，成为超级爆品。

在兴趣电商时代，超级爆品不仅需要具备强大的内容基因，以适应社交传播的"网红属性"，否则"酒香不怕巷子深"就可能会成为低效传播的典型。同时，超级爆品还应该承载品牌的核心品类，具有长生命周期经营的"经典属性"，否则大量的投入可能无法占据品类心智，无法转化为品牌资产，最终可能只是"竹篮打水一场空"。

超级爆品融合了"网红"的传播特性和"经典"的经营特性，既迎合了新消费群体的认知模式，又实现了品牌长效经营的目标。

珀莱雅的双抗精华凭借其独特的配方和科学护肤的理念，成为市场上的超级爆品，"早C晚A"引领了科学护肤的新潮流。

逐本的卸妆油以其优质成分和卸妆效果，赢得了消费者的信赖与认可，这款超级爆品在抖音平台上收获了超过400万件的销量。

Ubras的无尺码内衣以其创新设计和舒适体验，成为超级爆品，在市场上取得了巨大的销量，成功塑造并定义了内衣新赛道。

超级爆品是品牌增长的发动机，追求极致的增长效率。在传播和转化的每个关键节点上，如果都能实现效率的一点提升，则随着时间推移，增长的加速度将会越来越快，越往后越可能会让品牌脱颖而出，并实现指数级增长。

对超级爆品的营销推广，实际上是对品类心智和品牌资产的投资，最终目标是通过超级爆品击穿消费者对品类的认知，实现品类心智的占领和"收割"，提升品牌势能，沉淀用户资产。品牌对超级爆品的投入，无论如何加码都不为过。

## 内容建设约等于品牌建设

在传统媒体传播时代，品牌营销依赖于"三板斧"：大创意、大媒体、大渗透。品牌传播采取自上而下的方式，内容通常是大制作的广告片，通过大媒体的触达来影响消费者。在这种模式下，消费者往往被动"填鸭式"地接受这些信息。

在那个时代，一句简洁有力的广告语，往往成为品牌最核心的传播内容。例如，"农夫山泉有点甜""收礼只收脑白金""怕上火喝王老吉"，这些广告语与品牌紧密相连，只要提起其中一句，人们就会立刻想到对应的广告和品牌。这些经典的广告语，成为传统媒体时代营销的标志，并深深地印在了消费者的心智之中。

如今，我们已经进入以内容传播为核心的兴趣电商时代。消费者接触新品牌和新产品的方式已经发生了变化，他们可能通过一条推荐好物的短视频，或者通过KOL的内容传播了解到这些新产品。这种内容驱动的方式，能够激发消费者的兴趣，点燃他们的购买欲望，从而实现产品的"种草"效应。

从过去到现在，营销的本质并没有发生改变，仍然是有效地连接品牌和消费者。品牌与消费者的视角恰好相反，但这并不矛盾。

从品牌战略的角度来看，品牌定位、产品策略、营销传播，依然遵循自上而下的传播逻辑，传统营销理论仍然适用。关键的挑战在于，如何在兴趣电商时代，将这些策略以短视频的语言"翻译"给消费者，使品牌的营销传播能够有效落地。

在传统媒体时代，营销传播是站在品牌的视角，采用自上而下的策略。品牌会聘请广告公司策划"大创意"（big idea），定义传播口号（slogan）和一句简短有力的广告语。然后，通过"大媒体"如电视、电梯等广告渠道，进行集中式的广告轰炸，将品牌想要推广的产品和理念高效地传递给消费者。

在那个时代，消费者没有太多的媒体选择权，强势媒体的曝光使得品牌能够有效地抢占消费者的心智。直到今天，我们仍然能记住"农夫山泉有点甜""怕上火喝王老吉"等深入人心的广告语。

兴趣电商催生了一代新消费人群，他们的消费行为与上一代风格迥异。对他们来说，手机是了解世界的窗口。他们是社交媒体的重度用户，对新品牌开放而友好，甚至充满热情。他们对国货有强烈的认可感，甚至会为之迅速埋单。他们容易为情绪价值所感动，并为之进行感性消费。

这一代的消费者拥有选择媒体的权利，在抖音平台上，如果他们对某条内容不感兴趣，可以在3秒钟之内迅速滑走。他们对内容的选择是主动的，只为那些他们喜爱的内容停留和互动。

兴趣电商的内容传播是自下而上的认知方式，图2-1展示了消费者认知形态的改变。消费者首先接触到的是内容，他们通常在被内容"种草"之后，形成对产品的认知，随后才逐渐建立起对品牌的认知。这种全新的消费行为模式，为新消费品牌带来了巨大的机遇。

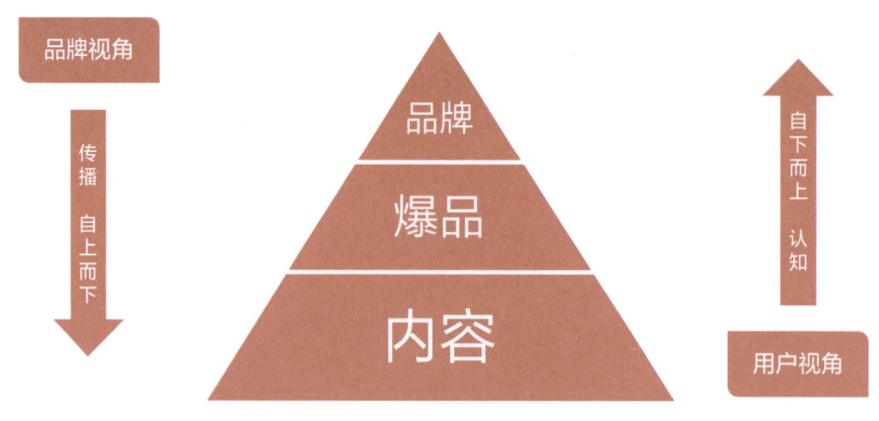

图2-1 消费者认知形态的改变

在过去的品牌传播模式中，品牌依赖于大媒体平台，将大创意和大制作的内容进行集中投放，这种方式下品牌发力的焦点是集中的，其势能也是汇聚的。然而，在当今的传播环境中，传播节点是高度碎片化的，为了达到同样的传播效果，品牌需要与数以万计的KOL建立连接，并进行内容共创，通过"种草"内容的形式来影响消费者。与过去相比，这项任务的难度无疑高出许多倍。

如今，品牌力的概念对很多人来说可能显得有些模糊，但品牌势能对消费者来说却是直观且强烈的。消费者通常通过查看产品是否热门，是否有网红推荐，甚至某个主播是否正在销售，来感知品牌的流行程度。他们也会向朋友询问，但更多地通过刷抖音短视频的方式来获取，而大家的信息渠道往往大同小异。因此，品牌在抖音上的热度，就成为衡量品牌势能的一个重要指标。

新消费品牌更敏锐地抓住了时代的机遇，利用抖音兴趣电商平台，通过与众多KOL合作，创作短视频内容进行"种草"营销，在一定的时间周期内，成功打造了爆品，占据了品类心智，快速完成了兴趣电商生态的品牌建设。

在兴趣电商时代，品牌建设几乎等同于内容建设，这意味着内容不再仅仅是营销策略，更是品牌战略的核心。

品类创新、超级爆品和内容建设这三个维度，是新消费品牌在抖音兴趣电商崛起的最为关键的秘密。

品类创新是新消费品牌实现突破的关键。品牌通过挖掘新的消费需求，创造性地定义了新的品类，从而在竞争激烈的市场中脱颖而出。

超级爆品是推动品牌兴趣电商增长的核心。超级爆品不仅需要具备强大的内容基因，以适应社交传播，还应具有长生命周期的经营属性。

内容建设在兴趣电商时代与品牌建设密切相关。随着消费者行为的变化，品牌需要通过内容"种草"与消费者建立联系。这种自下而上的内容认知与传播方式，能够激发消费者的兴趣和购买欲望，为新消费品牌的增长带来巨大的机遇。

# 第 6 节
# SGOT 品类赛道模型

品牌的赛道选择至关重要，一定是"选择大于努力"，赛道选择既决定了短期的竞争对手，也决定了品牌长期发展的天花板。

我曾见证过一个原本是小众品类的市场需求，通过高效的内容营销策略，助力品牌成功地完成了市场教育，快速占据了新品类的消费心智，并呈现出爆发性的增长趋势。

我也观察到一些品类规模较大，却处于快速下滑的通道之中，即便品牌投入了大量资源，但收效甚微，甚至出现业绩下滑的境况。

顺势而为，事半功倍。逆水行舟，不进则退。

## SGOT 品类赛道模型

基于兴趣电商的特点，我提出并构建了"SGOT 品类赛道模型"，见第一章的图 1-2，该模型从四个维度——品类规模（Scale）、品类增速（Growth）、品类机会（Opportunity）、品类竞争（Threat），来分析市场格局和竞争策略。这一模型旨在帮助品牌在选择赛道时，做出明智的决策，从而在市场竞争中占据有利位置。

品类规模：评估品类市场的容量和潜力，包括现有市场规模、发展趋势及未来的扩展空间。

品类增速：分析品类增长的速度和可持续性，包括市场的增长率、消费者需求的变化以及潜在的驱动因素。

品类机会：识别品类中的机会点，如市场空白、品类创新、消费者未被满足的需求，以及品牌可以利用的独特优势。

品类竞争：评估品类内的竞争环境，包括主要竞争对手的市场地位、竞争策略以及潜在的市场进入者。

通过综合考虑这四个维度，品牌可以更加科学地选择适合自己的品类赛道，从而制定出更为精准的市场战略，为品牌的长远发展奠定坚实的基础。

### 品类规模

品类规模，反映了品类在存量市场中的表现。

近年来崛起的新消费品牌，都倾向于选择规模庞大的赛道。因此，新品牌在选择赛道时，首要禁忌是选择规模小的品类，否则将限制品牌未来销售额的天花板。

随着新人群、新消费、新需求的不断演变，大品类中会分化、迭代、升级出许多细分市场。随着新需求的产生，这些新品类不断侵蚀老品类的市场份额。

以彩妆市场为例，这是一个庞大的品类，传统的主导品牌包括MAC、美宝莲等国际品牌。然而，在兴趣电商时代，我见证了完美日记新一代平价国货彩妆品牌的崛起，以及基于文化和美学的东方彩妆品牌花西子，还有专注于唇部彩妆的珂拉琪和专注于底妆的玛丽黛佳等，都在抖音平台上蓬勃发展。彩妆市场在抖音上呈现出多元化的发展态势。

品牌是选择在大池塘中做一条小鱼，还是在小池塘中做一条大鱼？

我认为这并不仅仅是一个选择题。对品牌而言，应采取长期主义的态度。如果一个品类在3到5年内就接近天花板，那么意味着最初的选择可能存在问题。

当然，在回答这个问题之前，我们还需要考虑另一个问题：大池塘中的小鱼是否有成长的空间？品类赛道模型中其他几个维度能够提供答案。

### 品类增速

品类规模代表着存量市场的基础，而品类增速则预示着市场的未来增长潜力。品类增速反映了消费者需求变化的趋势，它意味着消费者未来的需求是增加还是减少。

从新人群、新消费、新需求的角度来看，品类的增长逻辑是可以预见的。新一代消费者不仅关注价格，还重视产品的外观颜值、功能特性、精神内涵以及社交价值。他们对社交媒体非常熟悉，追求性价比高的产品。新消费群体对新产品、新品类和新品牌充满好奇心，更容易被内容"种草"，拥有民族自信，对国货持开放态度，为新一代消费品牌的崛起提供了肥沃的土壤。

在电商数据中，品类增速通常有较为明确的体现。在分析品类增速时，不仅要关注品类增长的趋势，还要尽可能地查找在该品类下细分品类的占比和增长趋势的变化。通过交叉对比品牌在该品类的数据，如果发现品牌的增速高于行业平均增速，则表明品牌在该品类具有一定的竞争力，或者代表了良好的发展趋势。相反，如果品牌的增速低于行业平均增速，则可能说明品牌对市场的敏感度不高，决策滞后，或者该品类的竞争力较弱。

## 品类机会

市场容量和竞争环境的数据，通过互联网电商和社交平台的数据分析，都可以获取。基于这些数据洞察，品牌能够还原市场的客观情况和趋势，这是品牌进入品类赛道的基本功。

然而，品牌是否要进入一个品类赛道，我认为关键在于是否有品类创新的机会。

根据"沸水理论"，新品牌在营销投入上需要是行业头部品牌的5~7倍，才有可能在短期内形成压倒性的优势。显然，这样的增长效率是非常低的。因此，选择品类创新几乎成为新品牌实现突破的最佳路径。品类创新的壁垒越高，心智占领越彻底，颠覆的难度就越大。例如，新品牌投入了100%的力量突破，而成熟品牌只用一小部分精力来复制，结果往往不言而喻。

品类创新的领先者一旦在消费者心智中建立了新品类认知，消费者很少会记得第二名是谁。消费者对品类创新者的好奇和关注程度，远远高于对普通品牌的记忆，这绝对不是通过大量投放就能实现的，而是依托于消费升级的真实需求。

每隔五年，新一代的消费群体崛起，原有的品牌市场格局都有可能会被彻底打破。

Ubras通过开创"无尺码内衣"这一新品类，凭借品类创新、社交媒体传播和饱和式投放的策略，已经在消费者心中牢牢占据了无尺码内衣品牌的地位，成为这一品类的绝对领导品牌。

创立仅几年时间的三顿半，在电商平台超越了历史悠久的咖啡品牌雀巢，在现磨精品咖啡和速溶咖啡之间找到了切入点，推出了既方便又美味的精品速溶咖啡。其独特的小罐咖啡杯包装，更是成为了三顿半品牌的超级符号。

Moody品牌则将美瞳的功效性需求，做成了"Z世代"的颜值经济，成为代表年轻人生活态度的品牌，不仅提升了自身的市场地位，也整体拉升了美瞳行业审美的天花板。

品类创新是强大的增长策略，但关键在于这个创新机会是属于竞争对手的，还是我们能把控的。

首先，我们需要评估品牌自身的竞争优势。包括企业的基因、强项、团队、渠道、心智、背书等方面的因素能否增加我们的竞争砝码，让我们在品类创新机会出现时，能够发挥企业的能量和优势，快速占领新品类的消费心智。

其次，我们要考虑所在品类的定位价值。对于转型期的品牌来说，如果某一品类是转型的关键所在，具有极大的价值，那么无论多么困难，都值得去争夺，这是战略上的选择。

抖音兴趣电商生态是一个高效地成就爆品的平台。如果品类选择正确，爆品有竞争力，那么市场的决胜，可能就在短短三个月之间。反之，如果只是追求品类的流量爆款，则这样的投资可能毫无意义。

在当前的社交媒体营销环境中，传播节奏快速，内容创造力强，竞争饱和度高。如果品牌没有显著的差异化和竞争壁垒，那么就会面临同质化竞争。产品差异化弱，内容传播也难以避免同质化，这将导致消费者无法做出有效的心智区隔，最终导致品牌竞争效率低下。

因此，品牌需要不断创新，构建独特的竞争优势，才能够在激烈的市场竞争中脱颖而出。

## 品类竞争

品类竞争在宏观层面上，需要关注市场中的主要竞争对手，这通常基于销售额的逻辑。例如，对于电商平台上某品类销量前十名的品牌，销量数据仅反映了已发生的销售结果，并不能直接为竞争策略提供明确的指导。

因此，我们还需要在微观层面上观察社交媒体中竞争对手的表现，这些信息更具参考性和指导性。新消费品牌的崛起几乎离不开社交媒体的力量。抖音、小红书、B站等平台是新消费品牌影响消费者，获取流量和销量的关键阵地。

如今，电商平台的影响力日渐式微，新客户的流量早已匮竭，存量市场中的竞争只能算是品牌电商的基本功。而规模化的新的客户增量，几乎都离不开抖音。基于品类竞争的洞察，我会更关注抖音上的竞争对手的数量、内容与销量表现，以及赛道营销的挤压程度。这些信息对于制定有效的竞争策略至关重要。

以护肤品的防晒品类为例，每年3~6月，大约有数百个品牌同时通过KOL"种草"、信息流广告、直播等方式进行投放，在这样营销过度挤压的赛道，新品牌要想脱颖而出，会是非常困难的。

近期我观察了某个食品品类赛道，电商数据显示该品类规模大，增速快，抖音头部品牌月销售额也达到了几千万元。然而，有趣的是，几乎没有品牌在做内容"种草"，抢占品类心智，建立品牌势能。几乎所有的品牌都在聚焦于"收割"品类上升期所带来的红利。

如果我们反过来看，就会发现对于该赛道真正的头部品牌，或具备品类特性的新消费品牌来说，做好内容传播，经营好抖音闭环，或许更有可能击穿品类，抢占品类心智，"收割"品类销量，成功的概率会更高。

我个人特别偏爱研究美妆日化赛道的品牌，这并不是因为该品类操盘的案例多，而是因为美妆日化行业的竞争非常激烈，一个细分类目就有上百个品牌激烈竞争，但凡能够脱颖而出者，必定有其极具竞争力的撒手锏。在营销增长方面，美妆日化行业也领先其他行业数年。如果以美妆品类的高维认知和打法策略切换到其他赛道，往往会是降维打击。

所有品牌都希望通过"SGOT品类赛道模型"找到最理想的"超级赛道"，我认为最理想的特征如下。

品类市场规模大：意味着存量市场基数庞大，为品牌提供了广阔的市场空间。

品类增长速度快：表明该品类正处于上升期，未来有较高的增长潜力，天花板较高。

品类创新机会大：品牌有机会通过创新来定义新品类，并且品牌自身也拥有一定优势，进而占据市场先机。

品类社交竞争弱：竞品在社交媒体传播和兴趣电商增长方面的相对弱势，为品牌进入该赛道提供了机会。

"SGOT品类赛道模型"能够帮助品牌实现合理、客观、有效的赛道选择，从而在市场竞争中取得先机，实现"先胜而后战"的战略目标。

运筹帷幄，决胜于千里之外。

# 第7节
# 品类创新的八种模式

在兴趣电商时代,新消费品牌的崛起几乎都源于品类创新。随着人们消费升级,新品类逐渐取代老品类,其市场份额逐步扩大,最终品类创新的领先品牌,实现了市场地位的跃升,超越了行业巨头,成为新赛道的领导者。

围绕消费者的需求,我将品类创新分为八种模式,如图2-2所示,旨在探索不同品类的创新路径。

| 消费升级 | | 需求创造 | |
| --- | --- | --- | --- |
| 新需求 | 新趋势 | 新文化 | 新审美 |
| 新工艺 | 新专业 | 新场景 | 新概念 |

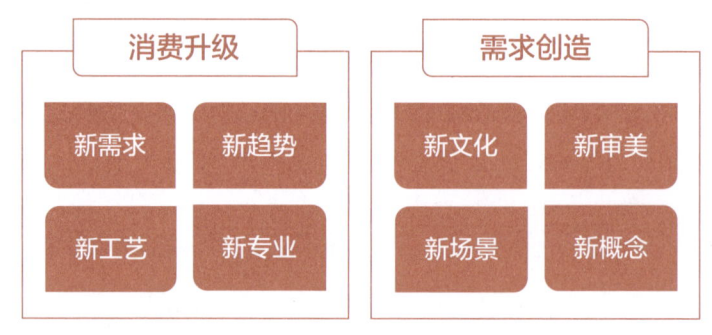

图2-2 品类创新的八种模式

从品类消费升级的大趋势来看,成熟品类中的细分品类,在新需求的高速增长过程中,往往会分化出新的品类。随着消费者认知的改变,这些新品类逐渐获得优势,最终取代老品类。以消费升级方向为代表的品类创新模式包括:新需求、新趋势、新工艺、新专业。

新一代消费人群的出现,新一代传播媒介的变革,共同激发了与过去截然不同的需求势能。这种需求势能不仅推动了品类的创新,甚至在兴趣电商平台创造了全新的市场需求。以需求创造方向为代表的品类创新模式包括：新文化、新审美、新场景、新概念。

### 品类创新模式一：新需求

新一代消费人群带来了新的消费需求，这些需求不仅仅是生理层面的，更多的是心理和社交层面的。例如，年轻人对价格合理、具有社交属性的饮品，如几十元的水果茶，表现出强烈的兴趣。这类饮品不仅仅满足了消费者解渴的需求，更满足了消费者心理和社交需求，成为"圈层"交流的媒介。

在这种消费背景下，网红品牌喜茶应运而生，开创了年轻人新式茶饮的新需求。喜茶以其花式菜单和创新饮品，如芝芝莓莓、多肉葡萄、椰椰芒芒等，满足了年轻人对新奇、时尚饮品的追求。这种新式茶饮不仅仅是一种消费品，更是年轻人社交和表达个性的方式。

喜茶精准捕捉了新一代消费人群的需求，通过茶饮产品创新和社交媒体传播，实现了品牌在新茶饮赛道的快速增长。

### 品类创新模式二：新趋势

消费者始终都在追求以更低的成本或相同的价格，获得更优质的产品，这种消费升级的需求是持续存在的。当一个细分品类的需求在迅速增长时，通常预示着新一代消费趋势的到来。

近年来，内衣品牌Ubras因其创造了开创性的"无尺码内衣"品类而备受瞩目。Ubras通过品类创新、社交内容营销和饱和式媒体投放的策略，成功地在年轻消费者心中树立了"无尺码内衣"品牌的形象。这种内衣以其舒适性和适配性，满足了消费者对于更加自由、个性化的内衣体验的追求。

Ubras对消费者需求的深刻理解，和对市场趋势的敏锐洞察，并通过有效的社交媒体投放和兴趣电商增长，让Ubras成为"无尺码内衣"品类的领导品牌。

### 品类创新模式三：新工艺

当品牌掌握先进的新工艺和技术，并在传统品类产品中展现出显著的竞争优势时，这种工艺的突破往往能够创造新的品类需求。

三顿半通过采用咖啡冻干新工艺，在速溶咖啡和精品咖啡之间找到了一个平衡点，推出了"精品即溶咖啡"。这种产品不仅满足了消费者对便捷性的需求，还为消费者提供了与现磨咖啡相媲美的口感体验。三顿半的咖啡售价低于咖啡馆的现磨咖啡价格，但口味优于传统的速溶咖啡，这无疑是对传统速溶咖啡市场的一次重大创新。

三顿半抓住了消费者的真实需求和消费趋势，将技术转化为具有商业价值的产品。这种创新不仅提升了该品牌在咖啡市场中的地位，也为消费者提供了更好的选择。

### 品类创新模式四：新专业

随着新消费品牌的崛起，和对市场认知的不断深入，越来越多的消费者在购买产品时，倾向于选择那些具有专业背景和强大信任背书的"专家型"品牌。这类品牌通常代表着具有更优秀的产品品质。

奶酪博士，作为中国新兴的奶酪品牌，深刻理解并洞察消费者对奶酪产品的需求。该品牌推出了具有高干酪含量且科学配比的奶酪产品。与市场上的同类产品相比，奶酪博士提供了更专业的儿童营养解决方案，以及更优秀的产品品质。此外，该品牌名称中的"博士"二字也为消费者带来了专业的感知和信任。

奶酪博士凭借其专业形象和高质量产品，获得了新一代消费者的认可。这种"专家型"品牌定位和市场策略，有助于奶酪博士在市场竞争中脱颖而出，并赢得消费者的信赖。

### 品类创新模式五：新文化

随着中国国力的崛起，国货品牌的民族自信日渐提升，在中国年轻消费者群体中形成了"国潮文化"，这种文化在国外的小众圈层中也备受追捧。花西子品牌就是在这样的文化背景中诞生的。

花西子品牌通过挖掘和弘扬东方文化美学，重新定义了东方彩妆的赛道，并成功实现了品类创新。花西子推出过众多爆品，例如，早期的"百鸟朝凤眼影盘"，不仅色彩丰富，更是浮雕艺术的上品之作。其名称"百鸟朝凤"更是蕴含了深厚的东方文化内涵，寓意着"愿卿如凤，有百鸟相拥"。这种文化美学让消费者对花西子品牌留下了深刻的印象。

花西子通过对东方美学的独特表达，不仅赢得了国内消费者的认可，也在国际舞台上展现了中国文化的魅力。这种文化驱动的品类创新和品牌策略，让花西子在激烈的彩妆市场竞争中显得独一无二，成为一个具有文化价值和市场影响力的品牌。

### 品类创新模式六：新审美

"Z世代"已经成为不可忽视的年轻化主力消费群体，他们的消费观念与上一代消费者有着根本的不同。"Z世代"的审美观念独树一帜，他们对新时代、新人群和新审美的追求，往往能够创造出难以想象的新市场。

Moody品牌通过精准洞察年轻人群的需求，推出了日抛型美瞳产品，推动产生了年轻化美瞳消费的新观念。Moody不仅满足了消费者对美瞳产品的基本功效性需求，还使美瞳具有"Z世代"的"颜值经济"层面的价值。这种创新使得Moody不仅仅是一个美瞳品牌，更成为代表年轻人生活态度的品牌。

Moody不仅提升了自身的市场地位，也整体拉升了美瞳行业审美水平，为整个行业的发展树立了新的标杆。

### 品类创新模式七：新场景

如果没有兴趣电商短视频的内容形式，许多家电产品的传播可能会显得空洞无力。短视频通过视觉演示可以直观展现产品功能，以及使用前后的强烈对比，为家电产品提供了一个更好的展示平台。

追觅是近年来在智能家电行业崭露头角的新锐品牌，其核心产品智能无线洗地机将家庭扫地与拖地场景完美结合。借助短视频的内容表现形式，追觅成功地为消费者塑造了产品的良好场景认知，快速实现了市场教育，激发了消费者的购买欲望，也推动了产品在市场上的快速销售。

在新场景下，追觅通过高效的内容传播，在高速增长的品类市场中迅速崛起，成为行业头部品牌。

## 品类创新模式八：新概念

采用新概念模式实现品类创新的难度最大，但一旦成功，则不仅能创造新的市场，还能引发消费趋势的新潮流，其背后的推动者有可能成为最大的赢家。

美妆品牌珀莱雅推出的双抗精华，就是通过抖音 KOL 内容营销成功打造出"早C晚A"护肤概念的典型案例。这一护肤新概念在年轻消费者群体中产生了广泛影响，使珀莱雅成为近年来最火的美容护肤新品牌。珀莱雅不仅带火了"早C晚A"的护肤概念，也成功沉淀了双抗精华的创新品类和超级爆品。

在新概念品类创新的力量和抖音内容营销的推动下，珀莱雅将品类创新的概念转化为实打实的业绩和销量，实现了品牌的成功转型，并迎来了业绩的飞速增长。

在兴趣电商时代，品类创新成为品牌增长的关键因素。通过探索和满足消费者的新需求，品牌能够实现从无到有的市场突破，甚至引发消费趋势的新潮流。

品类创新的八种模式，包括新需求、新趋势、新工艺、新专业、新文化、新审美、新场景和新概念，为品牌提供了多样化的创新路径。

这些模式展示了如何通过创新来捕捉市场机遇，满足消费者的需求，并最终实现品牌的增长和转型。品牌需要持续关注市场动态，深入理解消费者行为，以不断推动品类创新，保持竞争优势。

# 第 8 节
# 品牌超级特性

新消费品牌通过品类创新，借势抖音兴趣电商，实现了快速的市场切入和增长。然而，当我们从 5~10 年的时间维度来看如今活跃的网红品牌时，会发现能够从网红产品走向长红品牌的可能连 10% 都不到。

以 2020 年纽西之谜的"水乍弹面膜"为例，该品牌在抖音上投入了 5 亿元的推广预算，创造了月销量超过一百万件的超级爆品，一时风光无两。然而，除了当年可观的 GMV，纽西之谜的爆品并没有为品牌资产和长期价值作出多少贡献。消费者能用一句话清晰地描述纽西之谜的品牌吗？显然不能，这才是最令人担忧的问题。

在我看来，许多网红品牌面临的最大问题在于：它们没有形成"品牌超级特性"，因此无法沉淀出品牌的"核心资产"。这意味着，这些品牌可能只能在短期内依靠流量和营销策略获得成功，但缺乏长期竞争力和消费者对品牌的忠诚度。品牌需要构建更深层次的品牌价值，与消费者建立情感联系，才能在激烈的市场竞争中立于不败之地，实现长期的品牌价值和可持续的业绩增长。

## 第一性原理

"品牌超级特性"这一概念的提出是受到"第一性原理"的启发。

第一性原理由古希腊哲学家亚里士多德（Aristotle）提出，他认为任何一个系统，都有自己的第一性原理，即它是一个根基性命题或假设，是不容置疑、也不能被违反的。这个哲学概念揭示了任何事物的存在，任何现象的发生，都不是无缘无故的，其背后一定存在本质原因。因此，我们需要回归事物的本质，重新思考应该如何行动。

同理，品牌的存在，必有其第一性原理。品牌在市场中能够长久立足，必须有其存在的意义和价值。

在如今的兴趣电商平台上，随着大量新品牌的涌现，消费者每天都面对着海量的商品，市场已经出现了供大于求的现象，商品的同质化竞争异常严重。在这样的市场环境下，品牌存在的价值和意义是什么？它们的第一性原理又是什么？这是每个品牌都需要深入思考的问题。

### 品牌超级特性

我借鉴了亚里士多德的第一性原理，将其引入品牌营销增长领域，并提出了"品牌超级特性"的概念，如图2-3所示。即品牌的存在，必须拥有独特的差异化特性，为消费者提供不可替代的价值，在长周期的经营过程中，沉淀成为长期的品牌资产。否则品牌在市场中就没有长期存在的意义和价值。

图2-3 品牌超级特性

品牌超级特性犹如树木的根基，虽然人们通常看不到隐藏在繁茂枝叶下的树根，但它决定了树木的成长和命运。品牌超级特性是支撑品牌资产价值形成的根源。

对成熟的品牌来说，品牌超级特性就是品牌的"树根"，它代表了品牌在消费者心中的地位，即是什么决定了消费者选择这一品牌而不是其他品牌。正如许多品牌入驻抖音时非常迷茫，它们不应盲目跟风，而是回归品牌的本质，做回真正的自己。

对新品牌而言，品牌超级特性就是在品牌初创时，创始人为品牌埋下的"种子"。这颗种子决定了品牌未来是成长为一株小草还是参天大树。因此，品牌在初创之时，就需要明确自己的超级特性，为未来的品牌成长奠定坚实的基础。

在兴趣电商时代的消费市场中，随着海量的商品与信息的涌现，消费者面临着选择的烦恼。在品牌所面对的竞争环境中，如果仅仅依靠普通的差异化，不仅难以让品牌脱离同质化竞争的困境，更无法支撑品牌长期健康持续的发展。而"品牌超级特性"提供了一种极致差异化的最佳选择。

从一年的发展视角来看，品牌需要聚焦于打造爆品和吸引流量，以便在当前阶段抓住机遇实现业绩增长。

从三年的发展视角来看，品牌需要考虑更长期的规划，从爆品到品类，再从品类到品牌。

从十年的发展视角来看，品牌需要穿越周期，就需要想清楚，品牌"为何而来""有何不同""何以见得"。

用一百年的发展视角来看，这样的思考虽然困难，但终局思维逻辑会让人深思：我们的品牌凭什么能够存在一百年。

如上这些问题，品牌超级特性可以回答，它是品牌存在的终极意义所在。

品牌超级特性就像一颗与众不同的种子，一年内生根发芽，十年中枝繁叶茂，百年后成为参天大树。

品牌超级特性是品牌资产的"时间复利"，随着时间的沉淀与积累，品牌的竞争壁垒日渐增强，品牌资产的增长亦如"长长的坡，厚厚的雪"。

## 品牌超级特性公式

品牌超级特性代表着品牌的极致差异化，是消费者选择品牌的绝对性理由，也是品牌在发展过程中建立的长周期竞争壁垒。超级特性最理想的状态是具备独占性，或者通过竞争实现的相对唯一性。如图2-4所示是品牌超级特性公式。

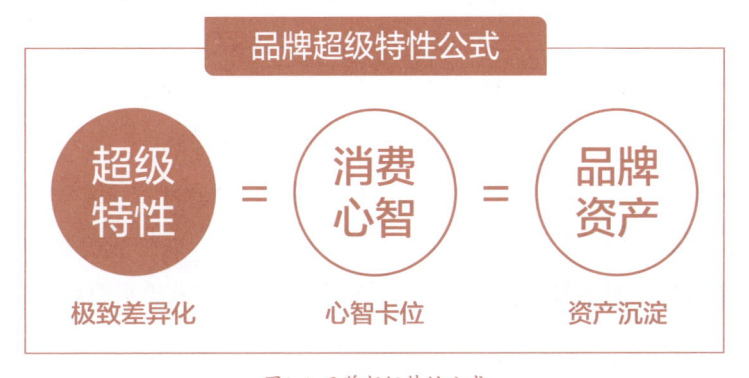

图2-4 品牌超级特性公式

品牌超级特性可以是一种独特的成分，如欧莱雅锁定的玻色因，欧诗漫抢占的珍珠多肽，HBN 品牌力争的 A 醇。

品牌超级特性可以是一种独特的元素，如林清轩的山茶花，轻元素的青汁，松鲜鲜的松茸。

品牌超级特性可以是一种独特的专业，如五个女博士、奶酪博士、每日博士，先天就是专家品牌。

品牌超级特性也可以是一种独特的文化，如花西子代表了东方文化美学，Swisse 代表了澳洲天然原料，欧舒丹代表了法国的普罗旺斯。

品牌超级特性还可以是一种独特的符号，如三顿半的咖啡小杯子，小罐茶的小罐包装，Wonderlab 的益生菌"活性仓"。

此外，超级特性也可以是创造新品类的成果，如珀莱雅的双抗精华液，Ubras 的无尺码内衣，徕芬的高速吹风机。这些新品类的特性可能在一段时间内在消费者心中保持消费心智领先，但随着规模化销量的形成，传统巨头会跟进争夺。

品牌超级特性所形成的极致差异化，会在消费者心中建立相对独有的消费心智，使品牌形成较高壁垒的消费心智卡位，从而在市场之中拥有更高竞争力。

随着品牌销售额的持续增长，品牌在消费者心中的消费心智卡位会持续加深，最终超级特性与消费心智都沉淀为品牌的核心资产。这时，品牌在市场营销上的投入，本质上是对品牌核心资产的投资行为。

### 品牌超级特性案例

花西子品牌在创立之初在消费者心中播下的"种子"是东方文化和美学，之后这一品牌超级特性逐渐生根发芽，深入人心。当人们谈论起花西子时，就会联想到东方彩妆和东方文化美学，这种独特的"种子"支撑了花西子在短短 5 年内，实现从 0 到 50 亿元销售额的突破，并成为东方彩妆领域的领导者。

林清轩品牌专注于"山茶花油"这一超级爆品，其经过长达 8 年的市场投入，成功塑造了品牌超级特性"山茶花"，占据了"修护力"的护肤消费心智，开启了品牌的高端化之路。林清轩通过差异化竞争策略，避免了与欧美高端品牌的直接竞争，也避免了与本土化低端品牌的价格战，走出了一条独特的发展道路。

三顿半品牌开创性推出的"小杯子"咖啡，既是品牌的超级符号，也是品牌的超级特性。这种"小杯子"设计成为三顿半与竞品之间的显著差异化标志。每当消费者看到其他咖啡品牌采用类似的"小杯子"造型时，他们的第一反应是：这是否在模仿三顿半？"小杯子"也成为三顿半独特的品牌资产。

奶酪博士依托其专业科学的研发背景，为中国儿童设计了更专业的儿童营养解决方案，推出了具有更高干酪含量和更科学配比的奶酪产品，并以"博士"命名，进一步加强了其在消费者心中作为"专家品牌"的定位，与竞争对手形成了显著的差异化。在日益繁多的消费选择中，消费者更倾向于选择更加专业的"专家品牌"。

翼眠品牌在抖音上成功打造了"深睡格子枕"这一爆品，"格子"成为翼眠品牌的超级特性，而"深睡"则是翼眠锁定的消费心智。显然，"深睡"已经不再是一个传统的物理品类，而是被创造的消费心智品类。消费者购买翼眠产品的理由不再只是为了买个枕头睡觉，而是渴望拥有深度的好睡眠。这也是翼眠能够在抖音上实现一年销售额达数亿元的原因。

# 第 9 节
# 品牌增长四段论

在兴趣电商时代,品牌增长的路径相比以往发生了显著的变化,传统的品牌发展量化标准可能已不再适用。鉴于此,我提出了适应兴趣电商时代的"品牌增长四段论",如图 2-5 所示。该理论将品牌增长划分为四个关键阶段:商标品牌阶段(从 0 到 1 阶段)、爆品品牌阶段(从 1 到 3 阶段)、品类品牌阶段(从 3 到 10 阶段)、超级品牌阶段(从 10 到 100 阶段)。

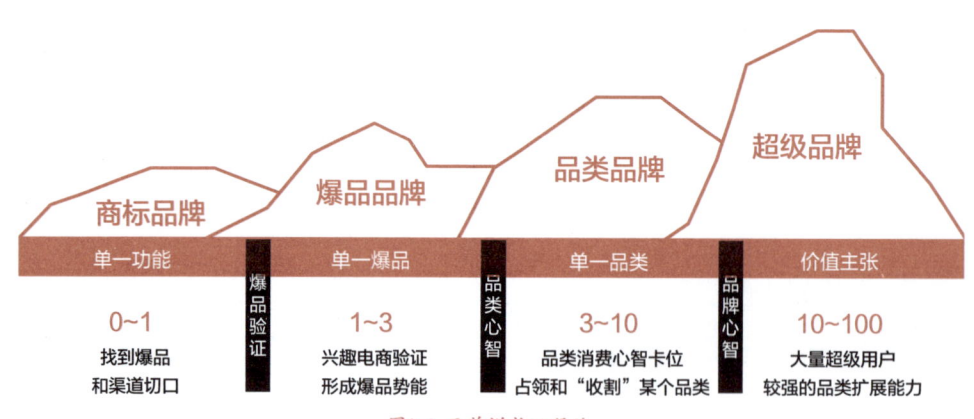

| 商标品牌 | | 爆品品牌 | | 品类品牌 | | 超级品牌 |
|---|---|---|---|---|---|---|
| 单一功能 | 爆品验证 | 单一爆品 | 品类心智 | 单一品类 | 品牌心智 | 价值主张 |
| 0~1 | | 1~3 | | 3~10 | | 10~100 |
| 找到爆品和渠道切口 | | 兴趣电商验证形成爆品势能 | | 品类消费心智卡位占领和"收割"某个品类 | | 大量超级用户较强的品类扩展能力 |

图2-5 品牌增长四段论

通过"品牌增长四段论"的拆解,品牌可以在兴趣电商时代,更好地理解和规划自身的增长路径,从而在激烈的市场竞争中取得成功。

## 商标品牌阶段(从 0 到 1 阶段)

在从 0 到 1 阶段,关键在于利用一切有效的内容传播渠道(如小红书、知乎、B 站)

进行内容"种草"，以此驱动品牌增长。或是，品牌也可以利用特定的销售渠道（如私域、天猫、京东、抖音）来完成一定的销量，从而实现品牌从0到1的突破。

在这一阶段，品牌尚未完全定型，可能会在多个产品上进行尝试。最终，品牌可能会在某一个单一爆品上实现小范围的突破，从而获得销量的提升，成功破局。然而，这种爆品往往受限于消费者对某一具体功能的需求，还未真正进入消费者心智，这可能会导致品牌在流量和销量增长上遇到瓶颈。

因此，品牌在从0到1阶段，除了关注销量增长，还需要注重品牌的塑造和消费者心智的占领，为未来的持续增长奠定基础。

## 爆品品牌阶段（从1到3阶段）

在从1到3阶段，品牌可能仍能享受到从0到1阶段积累的流量红利或渠道红利。但要实现从1到3阶段的突破，关键在于品牌进入抖音渠道之后，其产品是否能在短视频内容生态中得到验证，从而吸引更多新的消费者，实现爆品销量的规模化增长。

在这一阶段，品牌最重要的里程碑是爆品经过抖音这个短视频内容生态的检验。抖音作为中国最大的消费群体流量池之一，已经成为消费品牌最重要的经营阵地。抖音的内容逻辑与小红书、B站、知乎等其他平台截然不同，品牌在0到1阶段被验证的爆品，如果不适应短视频内容生态特性，如强功效属性、效果对比逻辑、视觉演示体验等，原有的爆品就可能无法在抖音平台上获得成功。

通过抖音打造爆品的过程是一个不断试错、验证和优化的过程，直到达到高效的转化和一定规模销量。像花西子这样的品牌，在早期进入抖音时，即使他们选择了在天猫销量排名第一，且李佳琦热推的散粉爆品，在抖音上的内容传播效率也不理想。直到调整为雕花系列产品（如雕花口红、眼影等），才在抖音短视频内容生态中诞生了大爆品，最终实现了品牌从1到3阶段的突破。

## 品类品牌阶段（从3到10阶段）

在从3到10阶段，品牌进入了品类品牌阶段。在这一阶段，品牌不仅要满足消费者的某个功能需求，还要成为细分品类的代表，从而在消费者心中占据品类心智，成为消费者首选的品牌，并"收割"整个品类的流量和销量。

近年来崛起的新消费品牌，大多处于品类品牌阶段。这些品牌的超级爆品非常明确，在抖音上也形成了较高的热度，具有良好的品牌势能。在年轻消费群体中，这些品牌和产品也具有较高的讨论热度，容易形成群体跟风效应。

例如，三顿半的冻干咖啡、"小杯子"咖啡已成为许多打工人的醒神必备。Ubras 的无尺码内衣，在夏季成为许多女性消费者的首选。Moody 的日抛美瞳，以其百变的风格，成为"Z 世代"颜值经济的风向标。珂拉琪的空气唇釉，则成为学生群体中人手必备的彩妆单品。

这些人们耳熟能详的新消费品牌和他们的超级爆品几乎都来自品类创新。品类创新与内容"种草"相结合，使得新品牌能够快速崛起，创造出强大的品牌势能，逐渐成为消费者的首选，并最终占领品类心智，"收割"品类的流量和销量。

## 超级品牌阶段（从 10 到 100 阶段）

在从 10 到 100 阶段，品牌需要依赖其超级特性来构建足够的差异化竞争壁垒，并通过强有力的价值主张对消费者产生深刻影响。品牌的价值主张能否触动消费者并引发共鸣，让消费者为之向往，这是关键所在，而不仅仅是靠产品的价格或价值吸引消费者。要让消费者通过购买某品牌的产品，愿意贴上品牌标签，并为之感到荣耀。

苹果的经典广告《Think Different》(非同凡想)就是一个绝佳的例子。通过向甘地、爱因斯坦、毕加索等相信自己能改变世界的巨人致敬，乔布斯和苹果向世界宣告了他们的回归。这些巨人特立独行、桀骜不驯，他们不喜欢墨守成规，也不愿安于现状。你可以认同他们，反对他们，颂扬或是诋毁他们，但唯独不能漠视他们。因为他们改变了寻常事物，他们推动了人类向前迈进。

苹果的经典广告，会让"果粉"为之振奋和动容，并心甘情愿为品牌埋单。因为人们认为拥有了苹果，就拥有了对"Think Different"的追求。

苹果的超级用户对品牌十分痴迷，他们不在意价格，热衷于苹果品牌出品的各类产品，在新品上市的第一时间通宵排队，为的只是比身边人早几天拥有产品，追求品牌所带来的心理优越感。

一旦品牌形成了某种"宗教式"的价值主张，这种理念便会深刻影响并渗透至消费者心中，培育出众多忠实的超级用户。这些用户在品牌拓展新品类时，往往是第一批勇于尝试的先锋。一旦产品赢得了消费群体中意见领袖的青睐，随后的销售往往会引发羊群效应，带动大量消费者的跟风购买，助力品牌跨越品类界限，成就其超级品牌的地位。

第三章

增长的抓手：爆品力

# 第 10 节
# 超级爆品的定义

消费品市场每五年就会形成一代新的消费圈层，新生代消费者推动着品牌的年轻化浪潮，依靠着社交媒体的内容传播与兴趣电商的势能放大，市场上诞生了不计其数的爆品。

元气森林的无糖气泡水以其独特的定位和形象，年销售额突破 10 亿元大关，在竞争激烈的饮料市场中脱颖而出，成为年轻人钟爱的饮品之一。

花西子的蜜粉在短短 5 年内销量超过 100 万件，成为蜜粉品类中的佼佼者，也确立了花西子东彩妆领导者的地位。

珀莱雅则推火了"早 C 晚 A"的护肤理念，沉淀了双抗精华液，依靠超级爆品，实现了品牌的转型与升级。

## 网红产品的"社交属性"

很多人一提到爆品，往往就想到"网红产品"，这确实体现了爆品核心的属性——"社交属性"，即基于社交媒体传播的特性，能够迅速在年轻消费者群体中流行起来，甚至成为一种社交身份的象征。爆品具备网红属性是毋庸置疑的，如果缺乏这种属性，就意味着产品在传播效率上大打折扣，更是难以获得消费者的关注。

然而，拥有网红属性的爆品也面临着生命周期短暂的现实问题。这些产品可能会迅速走红，但同样可能很快被市场遗忘。因此，对品牌而言，将短期流行的爆品转变为长期稳定的销售额，实现"长红"，是一项极具挑战性的任务。

## 明星产品的"经典属性"

爆品有时也被称为"明星产品",这类产品通常是品牌的标志性款式,具有广泛的市场接受度和持久的销售生命力,具备品牌的"经典属性"。明星产品代表了品牌的精髓,它们的成功往往依赖于品牌长期以来的经营策略和市场投入,它们甚至在一定程度上塑造了品牌的基因。

尽管明星产品能够保证品牌销售的稳定性,但它们也可能因为与年轻消费者有距离感而被视为老派。这些产品的形象可能会让年轻消费者觉得,这些产品与自己不相关,更像是他们父母那一代偏好的产品。因此,许多传统品牌面临着品牌老化的魔咒,这成为一个难以回避的问题。

## 超级爆品兼具网红与经典效应

在兴趣电商时代,消费者的认知和购买行为,在很大程度上受到社交媒体内容的影响。如果一个产品不具备能够引发社交传播的"网红效应",则它很难吸引消费者的注意,更不用说激发他们的兴趣和购买欲望了。传统的"酒香不怕巷子深"的营销方式,在当今快速变化的市场环境中可能显得效率低下。

同时,产品还需要具备长期经营的"经典效应",即能够代表品牌的核心价值,并具有持久的生命力,能够穿越经营周期,最终沉淀成为品牌的核心资产。如果一个爆品只是短暂地成为网红,很快就被市场遗忘,那么品牌在营销上的大量投入将会变成资源浪费。

因此,超级爆品应当是"网红效应"和"经典效应"的结合体,如图3-1所示。它不仅要能够顺应新消费人群的认知逻辑,快速吸引消费者的关注和带来销量,还要能够支持品牌的长效经营,为品牌带来长期的经营价值和稳定的市场地位。

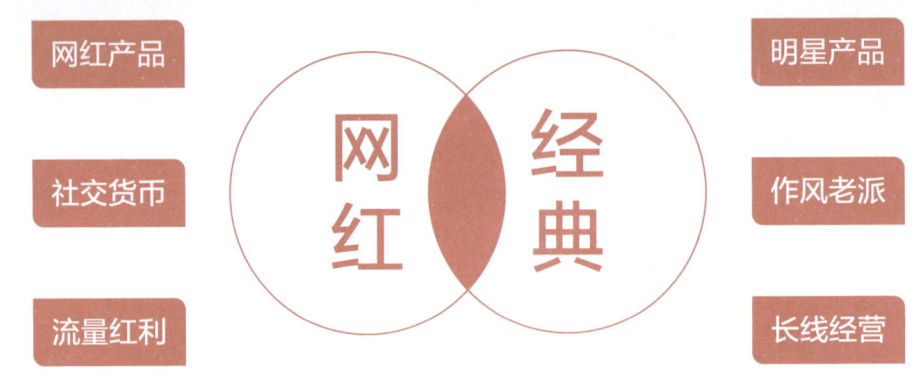

| 网红 | | 经典 |
|---|---|---|
| 网红产品 | | 明星产品 |
| 社交货币 | | 作风老派 |
| 流量红利 | | 长线经营 |

图3-1 超级爆品的定义

1982年,雅诗兰黛推出小棕瓶精华液(简称"小棕瓶"),出道至今已经火了40多年,并产品已经升级到第七代。小棕瓶不仅是品牌的经典之作,也是品牌在社交媒体上的网红产品,更成就了雅诗兰黛的美妆帝国。

2020年,珀莱雅启动了超级爆品战略,通过"早C晚A"的概念营销,成功打造了"红宝石"和"双抗"两个超级爆品。珀莱雅对这些超级爆品进行了持续的投入,将产品升级到第三代,并且在研发、营销、品牌建设方面不断加码,从而推动了珀莱雅公司业绩的高速增长。

超级爆品是品牌的核心资产。通过大量的营销行为,它们能够击穿品类消费心智,成为消费者心中某个品类的代表,成为消费者指名购买的第一选择。

因此,品牌对于超级爆品的不遗余力地投入,实际上是对品牌核心资产的投资行为。这种投资能够帮助品牌建立强大的市场地位,提升品牌知名度和消费者忠诚度,从而实现长期的商业成功。

# 第 11 节
# 超级爆品的七个转化率

超级爆品是品牌增长的火车头，是品牌增长的发动机，它对于品牌增长的重要性不言而喻。

在抖音生态中，超级爆品的增长可以通过"C-5A-R 转化模型"来衡量，这个模型包括七个关键节点：认知、曝光、互动、"种草"、购买、复购、推荐。

如图 3-2 所示，超级爆品的七个转化率对于品牌在抖音平台上的增长至关重要。品牌需要精心运营和优化这些转化率，实现转化率的持续提升，从而品牌才能在抖音平台上，建立起强大的品牌影响力和忠实的消费群体，并最终实现商业上的成功。

**超级爆品的七个转化率**

| 认知 | 曝光 | 互动 | "种草" | 购买 | 复购 | 推荐 |
| Cognition | Aware | Appeal | Ask | Act | Advocate | Referral |

C-5A-R转化模型

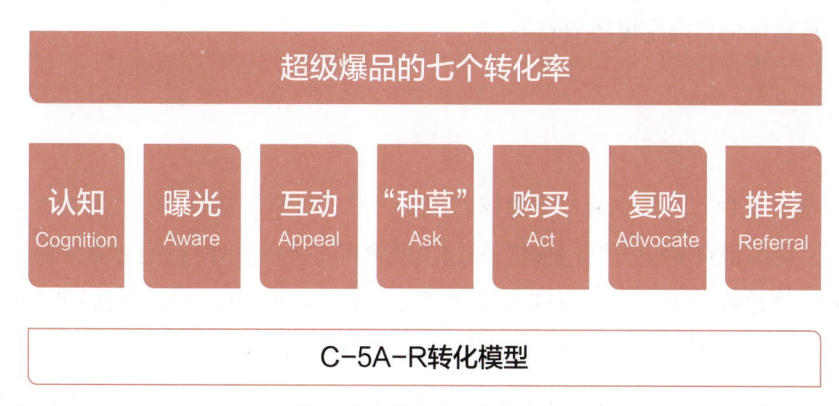

图3-2 超级爆品的七个转化率

## 第一个转化率：认知（从产品到内容）

在抖音平台上，品牌要实现的首要转化是认知，即将产品以符合短视频的语法形式"翻译"成内容，以此融入抖音的内容生态并影响消费者的认知，从而打破圈层壁垒，触及更广泛的受众。

这一转换过程颇具挑战性，因为抖音的内容生态与传统的"口号式广告"或"图文信息"有着显著区别。在抖音的内容生态里，品牌的内容创作更加注重利用短视频来展现产品使用的真实场景，以及直观的效果对比。这要求品牌在短视频的内容创作上，不仅要具备更加生动和吸引人的表现力，还要具备更强的"种草"能力，激发观众对产品的兴趣和购买欲望。

## 第二个转化率：曝光（从内容到传播）

将产品"翻译"成内容的效率，对产品的传播效果有着直接影响。在短视频内容传播的过程中，能够为产品带来大量的人群曝光机会。基于抖音对人群资产的定义，"曝光"为 A1 人群，指的是那些通过短视频内容传播而获得有效曝光的受众。

虽然行业内通常使用"CPM 千次曝光成本"作为衡量内容曝光量的参考指标，但我认为这种算法可能并不够精确，因为曝光量有可能被人为地刷高，存在着虚假成分。相比之下，"千次人群资产成本"是一个更加真实、可信的衡量曝光量的参考指标，因为它反映的是接触到内容的真实人群，而不是单纯的曝光次数。这个参考指标更能反映品牌的广告投入与实际接触受众群体数量之间的关系，从而帮助品牌更精准地评估其内容传播的效果。

## 第三个转化率：互动（从传播到互动）

在抖音平台上，品牌通过大量曝光关于产品"种草"的内容，能够吸引那些对产品感兴趣的消费者。当消费者被产品的短视频内容所吸引时，他们可能会进行互动，如点赞、评论或分享。在抖音的人群资产定义中，这类被吸引并进行轻度互动的人群被称为"A2 人群"，其中点赞是最明显的"A2 行为"。

在信息流广告中，类似的兴趣行为通常通过"CTR"（点击率）参考指标来衡量，即用户点击视频或广告的比例。这个指标反映了用户对内容的兴趣程度和潜在购买的意愿。

对品牌来说，提高 CTR 和吸引 A2 人群是至关重要的，因为这些互动行为不仅提高了内容的可见性，还能够进一步推动用户向下一个转化节点迈进。

## 第四个转化率:"种草"(从互动到"种草")

在内容传播的过程中,当消费者对产品产生深度兴趣时,他们可能会表现出潜在的购买倾向。在抖音的人群资产定义中,这类消费者被称为"A3人群",他们的行为包括评论、分享、视频完播、搜索相关内容、点击购物车等。

A3"种草"人群的获取主要得益于内容营销的效果,无论是通过头腰部的KOL(关键意见领袖)还是长尾的KOC(关键意见消费者)进行推广。有效的内容营销不仅能够让消费者"种草"产品,还能够提高转化效率。这是因为当内容能够引发消费者的深度参与和互动时,更有可能激发消费者的购买行为。

品牌在抖音上内容营销策略能否成功,主要取决于能否有效触达和影响A3人群。

## 第五个转化率:购买(从"种草"到购买)

当消费者被产品深度"种草"并形成强烈的购买意愿时,他们可能会通过短视频中的购物车或到品牌的抖音直播间来购买产品。在抖音的人群资产定义中,这类初次购买的消费者被称为"A4人群"。

尽管在抖音平台上,通过KOL短视频"种草"产品的消费者的直接购买转化率通常低于2%,但这些活动却贡献了高达98%的具有品牌认知和心智的人群资产。这意味着即使消费者初次购买的转化率不高,"种草"内容对于建立品牌认知和消费者心智仍然至关重要。

这部分人群资产可以通过抖音的千川广告投放平台进行二次触达,从而实现更高效的转化率。千川平台允许品牌根据用户的行为和兴趣数据精准投放广告,以提高广告的转化率和ROI。通过这种方式,品牌可以利用前期通过"种草"内容建立的消费者认知,进一步推动用户完成购买行为。

## 第六个转化率:复购(从购买到复购)

通过精细化的消费者运营,品牌能够培养出更多的复购人群。在抖音的人群资产定义中,这些复购的消费者被称为"A5人群"。

A5人群的增长不仅反映了品牌在抖音平台中的经营能力,即从"种草"到"收割"的完整经营闭环。随着抖音对商城建设的日益完善和营销发力,品牌通过在公域内容场的营销投入，以及在私域货架场的运营沉淀，能够持续提升消费者的复购次数。

公域内容场和私域货架场的结合使得品牌能够在抖音平台上构建起一个全面的营销和销售生态系统，从而有效提升消费者的复购率，增强消费者对品牌的忠诚度。

## 第七个转化率：推荐（从复购到推荐）

完成了前六个转化率并不意味着品牌经营的结束。消费者的经营是一个需要长期投入的过程，涉及客户关系管理（CRM）、产品口碑、品牌私域运营等多个方面。

抖音全域经营只是连接品牌与消费者的起点，而对消费者的长效经营才是品牌发展的终点。品牌希望消费者不仅忠诚于品牌，持续消费，还能形成良好的口碑效应，带来更多的消费者，从而帮助品牌实现裂变式增长。

在兴趣电商时代，品牌的增长逻辑确实符合幂次法则，其中产品力扮演着幂次法则中"系数"的角色。这个"系数"代表了产品在市场上的相对优势。如果一个品牌的产品力系数高于市场平均水平，那么它在每个转化节点上都可能获得更高的效率，从而推动品牌的快速增长。

如果一个产品的产品力系数是1.1，而市场均值是1，则意味着在从产品到内容，从内容到传播，从传播到互动，从互动到"种草"，从"种草"到购买，从购买到复购，从复购到推荐这七个转化节点上，该产品的转化都有机会比市场平均水平高10%的效率。这种效率的提升会随着时间的推移而累积，推动品牌获得良好的ROI，以及更快的增长加速度。

因此，超级爆品不仅是品牌增长的发动机，也是品牌增长效率的放大器。通过不断优化产品力和提高每个转化节点的效率，品牌可以实现在竞争激烈的市场中持续增长和处于领先地位。

2019年，花西子作为一个新兴品牌入驻抖音时，面临着知名度不高和定价高于竞品的挑战。尽管最初的KOL营销效果并不理想，但花西子团队并没有放弃，反而开始关注达人和用户的真实反馈，并以此不断优化和升级产品。这种对产品品质和用户体验的追求，最终让其在百鸟朝凤雕花眼影产品上市时得到了回报。

当这款眼影产品被推向抖音时，花西子通过KOL营销产生了大量爆款视频，这些视频不仅为花西子带来了大量的品牌曝光和可观的成交数据，更重要的是，它们一次次地展示了品牌的价值主张，加深了消费者对品牌的认知。

复盘花西子通过抖音"起盘"的关键，我们可以看到，花西子的关键变量在于不断提升"产品力系数"。通过坚持对产品的打磨和创新，在抖音平台进行高效的内容传播，花西子最终实现了产品的质变，并由此引发了品牌的指数级增长。

# 第 12 节
# 六维选品模型

在品牌通过抖音进行内容营销的初始阶段,选择爆品确实是一个挑战。由于抖音的营销成本相对较高,选品错误可能会导致大量的投放预算浪费,甚至削弱品牌对抖音平台的信心。因此,一个科学合理的选品模型对品牌来说至关重要。

如图 3-3 所示,六维选品模型正是在这样的背景下诞生的。该模型综合涵盖了品牌在电商平台中的六个关键数据维度:销量、成交率、复购率、消费者评价、站内 ROI、价格。基于这六个维度的数据表现,品牌可以更科学地选择出最有效率、最有潜力的爆品进行抖音内容营销。这种方法不仅提高了选品的准确性,降低了风险,还增强了抖音营销效果的可预测性。

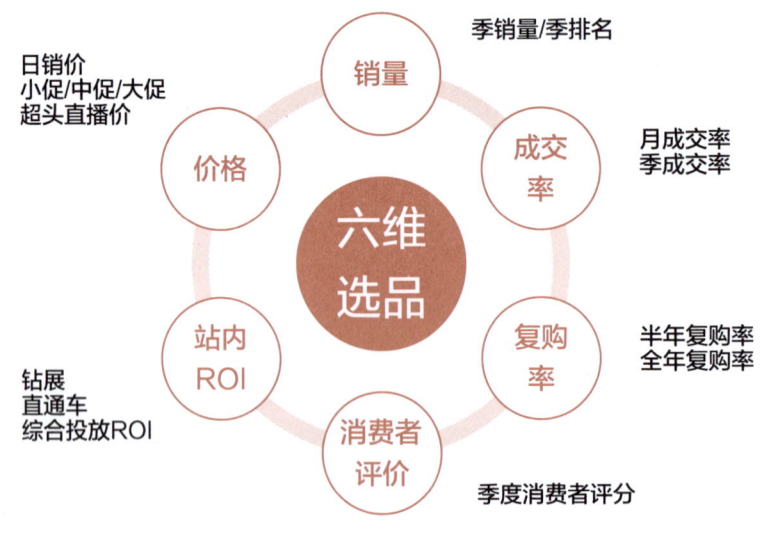

图3-3 六维选品模型

### 第一维度：销量

品牌抖音旗舰店内的产品销量排行榜，是衡量产品热销程度的重要指标，反映了产品在市场上的表现。无论是通过品牌的过往营销推广还是通过自然销售积累，排名靠前的产品通常已经得到了消费者的认可，并展现出爆品的潜力。

然而，由于传统电商和兴趣电商在内容逻辑上有差异，传统电商的爆品可能并不完全适用于兴趣电商的生态。因此，我通常会参考品牌销量TOP10的产品数据进行比对，以确保有一个相对宽泛的选品范围，防止错过任何潜在的爆品。

### 第二维度：成交率

成交率即产品的支付转化率，是衡量产品的销售效率的一个非常直观的指标。成交率的高低直接反映了消费者购买转化率，同时也揭示了消费者购买产品的意愿强烈程度。在比较不同产品间的销售效率时，成交率是一个至关重要的参考因素。

成交率越高，意味着消费者购买产品的意愿越强烈，这通常也预示着产品在市场上的传播接受度不会差。高成交率的产品往往能够更快地吸引消费者的注意，并促使他们采取购买行动。因此，在选择和推广产品时，品牌应当特别关注成交率这一指标，因为它不仅关系到产品的销售效率，还影响着产品的市场表现和消费者的品牌认知。

### 第三维度：复购率

复购率是衡量消费者忠诚度和产品的市场表现的重要指标。一般而言，品牌会以半年或年度作为复购周期参考。在复购周期内，产品复购率越高，意味着产品在长期内能够持续保持占据市场的优势，对品牌战略的价值越大，因此也越值得品牌进行长周期的投入。

复购率不仅反映了产品的品质和消费者对产品的满意度，还间接表明了产品的生命周期。高复购率的产品不仅有可能成为爆品，而且更有可能支撑品牌在兴趣电商平台上获得更高的ROI。

### 第四维度：消费者评价

消费者评价是评估产品品质的重要依据。而消费者真实评价提供了关于产品实际表现和消费者体验的详细参考，这些信息可以帮助我们深入了解产品的品质、核心卖点、亮点以及可能的不足之处。

在短视频内容营销中，被验证的产品卖点往往与消费者评价中的反馈相呼应。这些评价不仅反映了消费者的满意度和产品的市场接受度，还为品牌提供了宝贵的市场洞察和产品改进的方向。

### 第五维度：站内 ROI

天猫等电商平台提供的基础营销工具，如钻石展位、直通车等，是品牌进行站内推广的重要手段。这些工具可以帮助品牌提高站内推广的 ROI，方便品牌对不同产品之间的"收割"效率进行对比。通常情况下，爆品在转化效率上相比一般产品具有显著优势，这往往体现在它们能够实现更高的 ROI。

在站外推广某个产品时，品牌不能仅仅关注站外推广投放的效果。站外推广带来的大量新客户对品牌来说同样重要。品牌通过站内营销工具可对这些新客户进行二次或多次触达，进一步实现对新客户的"收割"和转化。站外"种草"与站内"收割"的联动，可以实现品牌全链路增长闭环。

### 第六维度：价格

在电商平台上，价格是影响消费者购买决策的重要因素。品牌可以设置日常销售、促销活动和直播销售等多种价格体系。这些价格体系与促销策略紧密相关，对品牌的价格策略有着重要影响。

品牌也需要关注直播销售对日常销售价格体系的影响。如果产品在直播销售中的价格过低，则可能会对产品的日常销售产生冲击，影响品牌价格体系的稳定性和健康程度。因此，品牌需要平衡直播销售价格体系和日常销售价格体系，确保既能利用直播的流量优势提升产品的销量，又不会对产品的日常销售造成负面影响。

如果产品在以上六个数据维度中展现高效率，则表明消费者对产品的功能和价格给予了高度认可。通过对这些数据的分析，我们可以比较出不同产品在转化率上的差异。如果产品在电商端的转化率较高，那么它在抖音端的转化率也很有可能会有良好的表现。遵循这一逻辑，我们可以对产品在抖音端的表现进行有效的预判，从而减少品牌在投放过程中的试错成本。

## 六维选品模型的三大价值

### 价值一：提高选品效率

从品牌内部的角度出发，我们可以通过分析品牌电商平台的数据维度，来评估不同产品之间的转化率。在电商成交端转化率较高的产品，理论上在传播端也会有良好的表现，因为它们已经证明了其市场吸引力和消费者接受度。

### 价值二：降低试错成本

品牌基于选品的结果，进行最小可行性产品（MVP）的投放测试是一种明智的策略。这意味着品牌不是一开始就全力投入所有资源于一个产品，而是对潜在的爆品进行小规模的投放测试。通过这种方式，品牌可以收集实际投放结果数据，验证产品的市场反应，并根据数据反馈优化内容或营销链路，从而有效降低试错成本。

### 价值三：全链路 ROI 测算

电商平台中的六个关键数据维度（销量、成交率、复购率、消费者评价、站内 ROI、价格）是从电商平台的后链路的核心转化率节点中提取的，这些数据反映了产品在电商平台上的实际表现。而抖音等社交媒体平台的前链路投放转化指标，如 CPM（每千次展示成本）、CTR（点击率）和 CVR（转化率），可以根据不同品类的历史数据进行预估，这些指标构成了抖音前链路的投放基准。

当品牌从站外的抖音"种草"阶段过渡到站内的转化购买阶段时，整个链路的数据就被有效打通了。品牌已经知道了核心节点数据，如成交率、复购率等，并且能够预估前链路的投放转化指标。这样，全链路的 ROI 就可以被准确测算出来，品牌就有机会实现抖音营销的"先胜而后求战"。

## 六维选品模型的实践

我曾经帮助彩妆品牌玛丽黛佳从色彩品类向底妆品类进行定位升级与转型。

在深入分析彩妆品类的竞争环境之后，我发现虽然唇妆品类曾是此品牌的强项，但随着市场竞争的加剧，特别是新消费品牌的崛起，如花西子、完美日记、珂拉琪等，唇妆市场的竞争已变得异常激烈。

通过应用六维选品模型对品牌销量的 TOP10 产品进行分析，我确认了此品牌的唇妆产品的转化率、复购率、站内 ROI 等关键数据表现并不理想，这进一步证实了唇妆市场竞争激烈。然而，在这些数据维度中，我发现了一个新的机会：玛丽黛佳品牌的底妆产品 900 目粉底霜在六维数据模型中的表现突出，多个核心指标均优于其他产品。900 目粉底霜作为底妆赛道的创新产品，定价在 150 到 200 元之间，拥有良好的品牌价值支撑，是品牌转型升级的关键。

在与此品牌进行多次讨论后，我们一致决定以 900 目粉底霜作为品牌进入抖音平台的切入点。通过 KOL 内容营销，我们成功地激发了消费者的购买兴趣，并在加大推广力度的推动下，成功在抖音平台上将这款产品打造成爆品。仅仅三个月，900 目粉底霜的销售额增长达到上千万元，为品牌成功转型奠定了坚实的基础。

# 第 13 节
# 黄金三角法则

抖音兴趣电商是基于短视频内容生态的营销模式,在这个平台上,信息的传递必须与内容属性相契合。抖音平台上涌现了众多爆品,它们不仅仅是销量上的成功,更重要的是,它们都符合兴趣电商的内容特性和游戏规则,即优质的内容易于传播,能够有效让消费者"种草",激发消费者的购买欲。

通过研究大量的抖音爆品案例,我提炼出了一个共性法则:"黄金三角法则",如图 3-4 所示。一个成功的爆品必须具备三个核心要素:一个好名字、一个好买点、一个好故事。

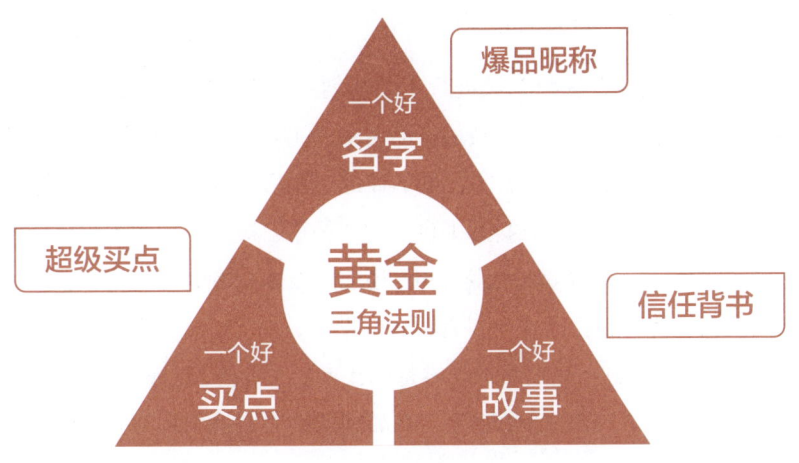

图3-4 黄金三角法则

## 第一要素：一个好名字

一个富有吸引力的产品名字，能够显著提升消费者对产品的记忆度。当你想要向朋友介绍一款产品时，如果不能脱口而出它的名字，那么产品传播的效率无疑会受到影响。

美妆行业是好名字创造的集大成者。诸如"小棕瓶""神仙水""雕花口红""动物眼影"等，这些产品名字不仅悦耳动听，而且易于记忆，它们是让产品易于传播的基础，使得消费者不仅能够轻松记住产品，还有可能实现对品类心智的深刻绑定。

此外，一个好名字还影响着产品在电商平台上的搜索结果。许多品牌的爆品名字的搜索量常常是其品牌名字搜索量的数倍。即使在短视频中嵌入了购物车功能，消费者可能也不会在观看短视频时立即购买。他们可能还在犹豫，或者可能在某个时刻产生购买需求。如果消费者忘记了产品名字或品牌名字，尽管已经被产品有效"种草"，最终却与产品失之交臂，则十分令人遗憾。

在我过去服务的客户中，联合利华旗下的凡士林品牌，近年推出了一款旨在改善肌肤暗沉状态、让肌肤亮白的美白身体润肤乳。该产品采用了微晶流光技术，在身体上涂抹后能够营造出高光的效果，因此产品取名为"钻石霜"。这个名字与产品功效相得益彰，让消费者能够轻松联想到如同钻石般闪亮的肌肤，从而给人留下深刻的印象。这款产品被推向市场后，消费者反响十分热烈，在抖音内容传播上也展现出了极高的转化率。"钻石霜"成为凡士林品牌近年来的超级爆品。

彩妆品牌玛丽黛佳在底妆领域进行了品类创新，推出了采用987孔弹力膜粉霜体验技术的粉底精华霜产品，其独特的产品名字"900目"由此诞生。对消费者来说，"900目"是一个新颖且独特的名字，虽不知道它背后的技术含义，但会激发他们的兴趣与好奇心。在这种背景下，抖音平台上的"种草"短视频发挥了内容传播优势，它不仅展示了"900目"粉底霜的独特之处，还通过技术专利和信任背书，解释了"900目"的含义及其优势所在。得益于抖音营销的助力，"900目"粉底霜迅速成为玛丽黛佳品牌的超级爆品，其产品名字的搜索量同比增长了9倍，远超品牌本身的搜索量。这一数据也充分证明了，"一个好名字"在品牌营销中对搜索行为有着巨大的影响。

## 第二要素：一个好买点

你可能会好奇：为何是"买点"而非"卖点"？

首先，从消费者的立场出发，"买点"强调的是品牌需要站在消费者的角度，思考他们购买产品的动机是什么。品牌需要自问："我们提供了哪些独特的价值？消费者选择我们的产品而非其他品牌的理由是什么？"这涉及解决消费者的实际问题、满足他们的需求，以及提供相应的解决方案。

其次，"买点"还涉及品牌如何从消费者的认知角度出发，通过短视频内容实现有效的信息传递和"种草"。这意味着品牌不仅要考虑自己想表达的内容，还要考虑如何让这些内容与消费者的兴趣和需求相契合，从而激发他们的购买欲望。

因此，"买点"是一种以消费者行动为视角，"自下而上"的内容认知方式，它要求品牌从消费者的需求出发，逆向思考品牌传播的策略。

在抖音平台上，那些在市场中获得良好销量的超级爆品，往往拥有一个显著的"超级买点"。这个买点之所以强大，是因为它能够直接满足消费者的刚需和解决消费者的痛点，在短视频内容中展现出强大的吸引力。消费者能够与这些产品产生强烈的共鸣，有利于对消费者进行"种草"，进而提高转化率，最终促成品牌的超级爆品的形成。

相比之下，那些在卖点表现上不够突出的产品，往往在抖音平台上难以展现出强大的内容表现力，其"种草"效果和转化率也会因此大打折扣。

讲好并讲透一个"超级买点"，就像是挖井。其中的关键不在于挖很多口井，而在于找到一个最合适的井口，把井打穿，这样才能让消费者能够牢牢记住它。一旦达到这个目标，成功就不远了。

翼眠格子枕以"深睡"这一超级买点为核心诉求，它解决的不仅仅是消费者选购枕头的物理需求，更是实现消费者希望拥有良好睡眠的深层次需求。通过将"深睡"这一概念与"格子枕"这一易于记忆的产品名字紧密结合，翼眠成功地在消费者心中树立了"格子枕"等于"深睡"的强关联。在传播产品的过程中，"深睡格子枕"这一口号被不断强调、重复，直至深入人心。这种持续的宣传不仅巩固了品牌信息，也推动了品类创新，使得"深睡"成为新的消费趋势，引领了枕头市场的革新。

我曾协助欧诗漫品牌实现在抖音平台上的转型，我们选择美白精华液作为营销切入点，并为其赋予了"小白灯"这一产品名字。欧诗漫品牌以珍珠美白为核心特色，珍珠亦是品牌超级特性，通过将珍珠与美白效果相结合，成功地在消费者心中建立了深刻的品牌印象。"小白灯"这一名字不仅准确传达了产品的核心功效，还极大地提升了消费者对产品的记忆度，与产品特性完美契合。借助抖音平台的内容营销策略，"小白灯"迅速成为爆品，大大加速了欧诗漫传统国货在抖音上的转型进程。

### 第三要素：一个好故事

品牌的名字也可以是一个顶级的好故事，例如"认养一头牛"和"农夫山泉"。这些品牌名字本身就足以激起消费者的无限遐想，它们天生就是内容品牌。

而更多的好故事则是通过信任背书的形式来增强产品超级买点的可信度：无论是通过短期的实证，来证明爆品的买点真实性，还是长期内建立起来的品牌形象。在激烈的市场竞争中，如果品牌不能讲好故事，缺乏内容基因，则很可能在未来的竞争中惨遭淘汰。

认养一头牛品牌以其独特的定位，在竞争激烈的乳制品市场中脱颖而出，与传统的行业巨头形成了鲜明对比。其品牌创始人明确提出："我们不仅是一家牛奶企业，更是一家专注于养牛的企业。"根据品牌的核心理念，品牌生产的内容都与养牛息息相关。然而，无论内容如何展开，最终都会巧妙地回归到"奶牛养得好，牛奶才会好"这一品牌核心价值主张上。这样的品牌故事不仅加深了消费者对品牌的认知，也增强了品牌与消费者之间的情感联系。

珀莱雅品牌是"早C晚A"护肤理念的倡导者，这一理念主张消费者早晨使用富含VC的护肤品来提亮肤色，夜晚则使用含有A醇的产品来抗衰老。这种护肤理念旨在同时实现美白和抗衰老的双重效果。借助抖音平台强大的内容传播能力，珀莱雅的双抗精华产品成功吸引了消费者的广泛关注，成为"早C晚A"护肤理念的最大受益者。这一创新产品的成功不仅沉淀了"双抗精华"这一新品类，甚至一度使珀莱雅成为"双抗"概念的代名词。珀莱雅凭借一个好概念，讲了一个好故事，并通过抖音的内容营销成功实现转型。而"双抗精华"产品的成功，更是让珀莱雅成功占据了护肤品类的制高点。

在兴趣电商时代，品牌爆品的基础构成，必须具备"黄金三角法则"的三要素：一个好名字、一个好买点、一个好故事。这三个要素共同构成了抖音平台上爆品的核心竞争力，是爆品在激烈的市场竞争中脱颖而出的关键。

这样的爆品才能在抖音生态的七个转化节点，即认知、曝光、互动、"种草"、购买、复购、推荐中实现全面提升，从而大幅提高整体的 ROI。

爆品作为品牌的增长引擎，其 ROI 决定了品牌的增长效率。随着时间的推移，品牌会形成更快的增长加速度，从而在市场竞争中占据优势。

# 第 14 节
# 超级爆品矩阵

超级爆品不仅是品牌增长的引擎,更是品牌的核心资产。

如何更好地延续超级爆品的生命力,将其从"网红"转变为"长红",并确保品牌持续有效地增长,是许多品牌都在探索的问题。

其中一个常见的策略是品牌将产品从单一爆品开发和打造成更多爆品,以构建更加稳定的爆品矩阵结构,并有机会开拓第二增长曲线。这个策略听起来简单,许多品牌也尝试过,但成功者寥寥。

我曾与一些在操盘能力上表现优秀的品牌合作,他们能够敏锐地捕捉到流量红利,每年推出新的爆品,并紧跟平台规则的迭代。不可否认,这些团队在打造爆品方面实力强劲,但最终未能形成预期的爆品矩阵,甚至每年都在重复这样打造爆品的工作,品牌的增长也未能稳定持续,问题出在哪里?

我认为,爆品没有"品牌超级特性",就没有可沉淀的"品牌核心资产",也就难以延伸成有效的"超级爆品矩阵"。

### 超级爆品要拥有品牌超级特性

如果一个爆品缺乏品牌超级特性,则它很可能无法在品牌资产中沉淀下来,最终只是为品牌贡献了 GMV。这样的爆品可能会在短时间内红极一时,但很可能在 3~6 个月后,其生命周期便会结束。它不太可能成为品牌的超级爆品,更不用说以此为基础,扩展出爆品矩阵。

品牌需要基于其品牌超级特性来打造超级爆品，并对这些超级爆品进行持续的升级和迭代，以创造品牌经典之作的消费认知。同时，品牌还要不断强化品牌的信任背书，不断增强品牌核心资产的价值。

### 依托品牌超级特性延伸爆品矩阵

品牌超级特性作为品牌的极致差异化优势与核心资产，是实现有效延伸并构建爆品矩阵的最佳策略。即使基于品牌超级特性延伸出新的爆品，在初期推广尝试中未能立即成功，但它仍为品牌的核心资产价值作出贡献。

品牌超级特性的价值体现在两个方面：首先，它赋予爆品足够的差异化优势，从而延长其市场生命周期，并助力爆品从网红产品向经典产品转变。其次，这些具备品牌超级特性的爆品矩阵，不仅继承了原有爆品的市场势能，也承袭了品牌的核心资产。这样的爆品矩阵因此具有更强的市场稳定性和竞争力。

### 持续对品牌超级特性做长期投资

品牌超级特性是品牌的核心资产，是品牌增长的基石。因此，品牌在市场中的营销投入，既是用于打造爆品和扩展其爆品矩阵，同时也是对品牌核心资产的投资。通过延伸品牌超级特性爆品矩阵，如图 3-5 所示，品牌在营销上也能够显著受益。爆品矩阵继承了品牌已有爆品的势能，降低了品牌在营销上的投入成本，并提高了消费者的认知效率。

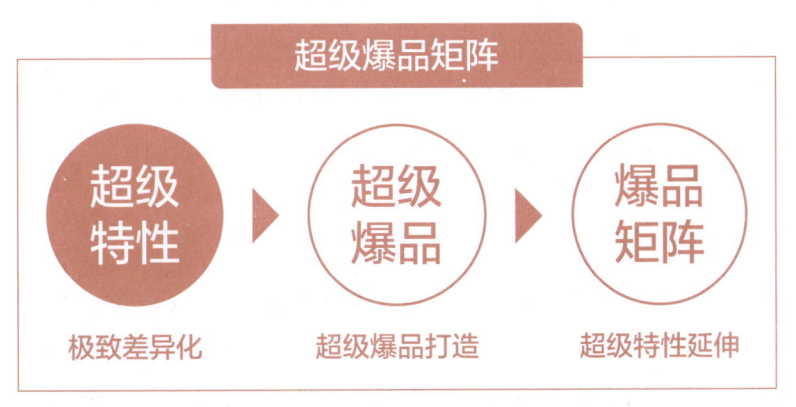

图 3-5 超级爆品矩阵

这种积累不仅增强了品牌的市场地位，也为品牌的长远发展奠定了坚实的基础。

雅诗兰黛的小棕瓶精华液，在上市时曾风靡一时，成为当时的超级网红。经过四十多年的不断升级迭代，小棕瓶精华液已经发展到第七代，其外观设计、功效品质和经典形象已经深入人心，成为雅诗兰黛品牌的超级爆品，亦是品牌的经典之作。

在小棕瓶精华液成功之后，雅诗兰黛于若干年内陆续推出了小棕瓶眼霜、高能小棕瓶、小棕瓶胶囊等产品，构建起一个小棕瓶系列的爆品矩阵。在每年大量的营销预算加持之下，这一系列产品取得了优异的销售业绩，不仅持续为品牌注入增长动力，也是对品牌超级特性的核心资产的持续投资。

花西子在天猫推出的首个超级爆品空气蜜粉，成功继承了其独特东方文化美学的品牌超级特性。在抖音兴趣电商的内容营销中，花西子的色彩品类产品，如雕花口红、雕花眼影等最终实现爆红，这些产品仍是一脉贯穿地继承了品牌超级特性，构建了花西子早期的爆品矩阵。随后，花西子向底妆赛道发力，陆续推出了翡翠气垫、蚕丝蜜粉饼等新品，进一步丰富了东方彩妆的爆品矩阵。

花西子的新产品在上市后并不总能保证立即成功，但每一款产品都继承了其东方文化美学的品牌超级特性，这不仅提升了消费者对产品的认知度，也降低了营销成本。在市场中大获成功的爆品，进一步增强了花西子爆品矩阵的势能，也加深了品牌资产价值的沉淀。

林清轩锁定了山茶花这个品牌超级特性，成功打造了超级爆品"山茶花精华油"，并在数年里不断对其进行升级迭代，至今已推出第四代产品。经过多年的市场投入和品牌建设，林清轩成功在消费者心中塑造了山茶花修护专家的消费心智，使得消费者一提到山茶花就会联想到林清轩。山茶花成为其品牌的核心资产。

在稳固了山茶花精华油在市场的领导地位之后，林清轩进一步拓展了山茶花系列的产品线。2022年，林清轩推出了红山茶花系列新产品，其中"红熨平"精华水一经上市便引起了市场的热烈反响。红山茶花精华水、眼霜、精华等产品都紧密围绕山茶花的品牌超级特性，进一步强化了林清轩品牌的核心资产。

一旦拥有品牌超级特性，品牌无论是在构建爆品矩阵还是在开拓新品类时，都将拥有显著的优势。品牌超级特性不仅能够帮助品牌，在已有的市场领域中巩固和扩大影响力，还能够帮助品牌在新兴消费群体中快速建立品牌认知和信任，从而加速市场渗透和提高产品销量。

因此,品牌超级特性是品牌战略中极为宝贵的资产,对于品牌的长期发展和市场竞争力的提升至关重要。

第四章

增长的杠杆：
内容力

# 第 15 节
# 内容"种草"的四大价值

在当前多元化的传播媒体环境中,短视频内容营销成为消费者了解新产品或新品牌的重要途径。尤其是在抖音短视频内容生态中,富有吸引力的短视频内容能够有效引发消费者产生兴趣,激发他们的购买欲望,从而在消费者的心智中成功"种草",并最终促使他们采取购买行动。

尽管各个品牌所处的行业和赛道不同,他们在抖音平台上所采取的"种草"策略也各异,但那些拥有强大的内容基因,以及卖点可视化表达能力的产品,往往更符合抖音的"语法规则",也更容易在竞争中占据优势。然而,我们很少看到有品牌仅凭信息流广告、千川投流素材,或是激进的网红带货,就能成为家喻户晓的知名品牌。

大多数品牌在"种草"策略上会选择持续加大对达人内容的投入,以此提升内容传播效率和品牌势能,抢占品类消费心智,甚至力争成为品类领导者。在如今的媒体环境下,内容建设已经越来越约等于品牌建设,内容"种草"也为品牌的长远发展奠定了坚实的基础。

内容"种草",作为一种高效的营销手段,为品牌带来了四大核心价值:内容心智、信任背书、品牌势能和人群资产,如图 4-1 所示。

```
        内容"种草"的四大价值
```

| 内容心智 | 信任背书 | 品牌势能 | 人群资产 |
|---|---|---|---|
| 抢占消费心智 | 借助信任关系 | 提升品牌影响 | 沉淀人群资产 |

图4-1 内容"种草"的四大价值

## 内容"种草"价值之一：内容心智

在抖音平台的多种品牌营销方式中，如品牌广告、信息流广告、直播间投放等，KOL（关键意见领袖）通过短视频进行内容"种草"的能力最为强大。这是因为KOL拥有独特的人设，例如真实、热烈、果敢、毒舌等，吸引了大量粉丝的关注，并拥有较高的粉丝黏性和忠诚度。他们往往能够利用短视频这一载体，通过较强的故事叙述能力，巧妙地激发消费者的购买欲望，实现深度的"种草"效应。

在短暂的几十秒视频里，KOL经常将一半的时间用于分享个人故事，这是一个情绪调动的过程，目的是让粉丝产生情感共鸣，并增强信任关系。消费者在受到这种内容"种草"的影响后，其购买行为不仅仅出于对产品有需求，更多的时候，他们是在为KOL所讲述的故事和情绪价值而埋单。通过这种方式，KOL不仅推广了产品，更让品牌在消费者心中种下了种子。

显然，KOL通过精心的内容"种草"，在消费者心中为品牌塑造了"内容心智"。当消费者基于这种内容心智购买产品，并认可品牌的产品价值时，他们便开始形成对品牌的认知，才会逐渐形成"品牌心智"。

内容心智是品牌心智构建的前提和根基，它为品牌打造市场认知和提高消费者的忠诚度奠定了基础。

### 内容"种草"价值之二：信任背书

在抖音这个充满活力的内容生态中，除了那些家喻户晓的大品牌，大多数的品牌对消费者来说可能是相对陌生的。然而，一些新品牌仍然能够获得不错的市场接受度，这在很大程度上得益于 KOL（关键意见领袖）的影响。

每位 KOL 对其粉丝群体都有着显著的影响力，粉丝对 KOL 的信任，使得他们更愿意接受 KOL 推荐的新产品或新品牌。这种信任关系是 KOL 与粉丝互动的核心，也是其与品牌广告、信息流广告内容最本质的区别。

在抖音平台的内容生态中，KOL 的可信度往往远超品牌本身。因此，当 KOL 愿意为某个品牌提供信任背书时，消费者也更倾向于相信他们的推荐。这意味着新品牌将和传统品牌在内容平台上公平竞技。哪个品牌能够赢得 KOL 的支持，哪个品牌就能更有效地与消费者建立信任关系，从而增强其品牌影响力。

### 内容"种草"价值之三：品牌势能

抖音作为当今最具影响力的传播平台之一，其上最有力的声音来自于 KOL。在这些 KOL 中，超级头部 KOL 拥有最大的影响力，他们个人就有能力极大地提高一个品牌的知名度，甚至可以一个人带火一个品牌。而头部 KOL、腰部 KOL、尾部 KOL 及"素人"KOC 的影响力则依次递减。

在内容营销的舞台上，KOL 的个人魅力和影响力往往超越了品牌本身。因此，品牌需要与具有强大势能的 KOL 建立合作关系，利用抖音平台和 KOL 的双重力量来共同塑造和提升品牌势能。通过这种策略，品牌不仅能够触及更广泛的受众，还能够更有效地与消费者建立情感联系，从而在竞争激烈的市场中脱颖而出。

### 内容"种草"价值之四：人群资产

KOL 的内容"种草"策略不仅对品牌的流量价值产生了显著影响，更重要的是，它为品牌积累了宝贵的人群资产。通过 KOL 的内容"种草"，品牌会获得大量的曝光机会，以及与消费者的互动和反馈。这些真实且有效的曝光与互动，直接对应着抖音云图中的 5A 人群资产。

5A 模型是由营销大师菲利普·科特勒在《营销革命 4.0》中提出的概念，前面曾提到，它将用户与品牌的关系分为了解（Aware）、吸引（Appeal）、问询（Ask）、行动（Act）、拥护（Advocate）五个阶段，揭示了用户与品牌关系的深度和广度。抖音云图的5A人群资产概念已被广泛运用于品牌经营策略之中。

如今，抖音的兴趣电商算法已经高度成熟，消费者任何深度的互动行为和潜在的购买行为，都会被算法识别并标记为"种草"行为，从而推动品牌在抖音全域的高效营销。随着抖音商业化的闭环形成，"种草"行为得以通过云图人群资产的大数据分析来充分利用。品牌可以利用这些数据对目标人群进行多次触达，最终在品牌直播间实现高效的转化"收割"，从而构建起一个从"种草"到"收割"的完美闭环。

# 第 16 节
# 内容"种草"的七大误区

内容"种草"的重要性不言而喻,没有哪个品牌会不重视。然而,尽管所有品牌都认识到这一点,但遗憾的是,许多品牌在理解和执行层面都未能有效地实施这一策略。他们在尝试中走了不少弯路,甚至付出了巨大的代价。

那么导致品牌在抖音平台内容"种草"失败的原因究竟何在?如图 4-2 所示,我将其概述为七大常见误区。

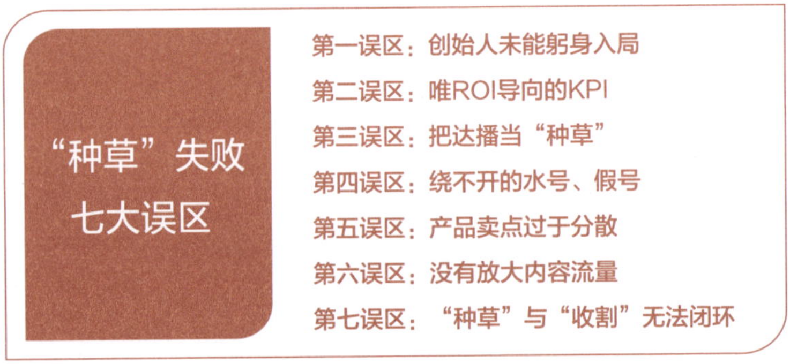

"种草"失败七大误区

- 第一误区:创始人未能躬身入局
- 第二误区:唯ROI导向的KPI
- 第三误区:把达播当"种草"
- 第四误区:绕不开的水号、假号
- 第五误区:产品卖点过于分散
- 第六误区:没有放大内容流量
- 第七误区:"种草"与"收割"无法闭环

图4-2 "种草"失败七大误区

## 第一误区:创始人未能躬身入局

在过去的三年中,品牌在寻求新的增长渠道和 GMV 增量来源时,几乎不可避免地要涉及抖音这个平台。许多品牌在发展过程中遇到的难题,也往往与抖音这个平台紧密相关。品牌在抖音的经营,已经上升到了 CEO 工程,如果创始人或决策层对抖音平台缺乏足够的了解,没有意识到内容对于品牌增长的驱动作用,那么在公司最高层的决策和战略规划中，就可能会出现重大的误判，甚至老板本人可能成为品牌发展的最大障碍。

近年来，我明显感觉到许多品牌创始人对抖音平台的态度发生了显著变化：从最初的不以为然，到后来的慌乱跟进，再到最终以空杯心态全身心投入。这种态度的转变，也清晰地反映在品牌的销量和势能上。

如果抖音平台已经成为品牌增长的战略关键，那么第一步就应该是创始人躬身入局。

### 第二误区：唯 ROI 导向的 KPI

在抖音平台的发展历程中确实出现了多个流量红利期，那些能够及时抓住这些红利的品牌，在短期内往往能够获得可观的 ROI。然而，随着时间的推移，抖音平台的流量红利逐渐减少，窗口期也越来越短，没有任何品牌能够仅依靠流量红利长期生存。如今品牌在抖音的经营，更加注重精细化的运营和营销策略的组合，从而提升品牌整体的经营效率。

我曾经接触过一个品牌，其老板对团队在"种草"方面的 KPI 要求是 ROI 必须大于 2。由于这个 KPI 难以实现，团队每个月的预算都未能完全使用，随着他们不断减少投入，其品牌势能和销量也开始持续下滑。为此，品牌进一步严格控制预算，从而陷入了恶性循环。

过度强调 ROI 导向的 KPI 导致许多品牌错过了进入抖音平台的最佳时机，这反而使得后期的入场成本变得更高。

### 第三误区：把达播当"种草"

许多品牌对"种草"与达播有很深的认知误区。"种草"通过内容营销在消费者心中播下品牌种子，注重的是品牌资产的长期积累，助力品牌建设的实现。相反，达播往往只是消耗品牌现有资产，它侧重于短期内的销售转化。根据我使用云图人群资产工具的经验，达播在推广平台对人群资产权重的影响非常有限，几乎不增加品牌的人群资产。达播实质上是在"收割"品牌已经积累的红利，这种做法长期来看会导致品牌资产的持续减少。

以某个早年非常著名的品牌为例，它在达播红利期间大量"收割"，虽然通过直播"破价"的方式在短期内获得了销量，但长期来看却损害了渠道生态。当这一波红利退去后，品牌的销量持续下滑。在这种情况下，品牌不进行直播销售会立即导致销量下降，而继续直播则像是饮鸩止渴：虽然能解一时之渴，但长期来看对品牌是有害的。

在我看来，这样的品牌实际上已经失去了良性发展的可能，处于名存实亡的状态。

### 第四误区：绕不开的水号、假号

品牌开始入局抖音平台，往往难以规避水号、假号这一普遍存在的问题。在MCN（网红机构）大量孵化标准化账号以实现商业变现的背景下，为了满足Agency（广告代理公司）的数据需求，保量CPM（每千次展示成本）和CPE（每次互动成本），数据造假现象屡见不鲜，甚至为了维持表面的ROI，还形成了一条完整的黑色产业链。

我曾经为某个世界500强集团旗下品牌提供咨询服务，协助客户对其过往的KOL投放进行复盘，结果令人震惊。品牌投放了大量低质或无效的KOL账号，其中至少有90%的数据是虚假的。在深入了解品牌的KPI和Agency的收费模式后，我发现了问题所在：由于品牌提出KPI的要求是保CPM和CPE，这促成了Agency要刷假数据才能达成KPI。而Agency不收取服务费，因此其只能通过推荐高返点的"水号"来盈利。最终，这种投放方式与品牌的实际目标背道而驰，虽然看似节省了10%的服务费，但实际上导致了超过90%的投放是无效的。

这些被刷出来的假数据，以及曝光和互动数据中的水分，在云图后台的人群资产数据中，都是不存在的。

### 第五误区：产品卖点过于分散

许多品牌在制定产品营销简报时，往往会罗列出一系列产品卖点，希望在与达人合作进行内容"种草"时，能够尽可能多地传达卖点，有时甚至期望达人能够在短短一分钟的短视频中，介绍5~6个卖点。然而，这种做法往往适得其反，因为在一分钟左右的视频中，消费者通常只能记住一个卖点。卖点越多，内容的焦点就越分散，消费者听了也是云里雾里的，最终什么都没记住。

我认为产品的卖点应该简化，只需突出一个"超级买点"就足够了。这个买点不应该仅仅从品牌的角度出发，考虑传达什么信息，而更应该站在消费者的立场上，思考他们选择购买你的产品而不是竞争对手的理由是什么。一旦这个理由被清晰地传达出来，就能够穿透消费者的心智，然后通过不断的重复、再重复，让你的产品有可能成为爆款。

"超级买点"的核心在于：找到最关键的井口，然后集中力量将其打通，而不是四处挖井，分散了力量。

## 第六误区：没有放大内容流量

选择合适的账号，制作良好的内容，并投入一些 Dou+ 和随心推广告，这看似是一种有效的"种草"策略，实际上却是一个常见的误区。KOL 的内容推广成本相当高昂，如果不能将优质内容的流量放大 50~100 倍，那就是对内容的极大浪费。

根据我过去负责的投放项目经验，内容投流（包括 Dou+、随心推、内容服务、内容热推、达人竞价等）的预算应该是 KOL 内容投流预算的 1 倍甚至更多。通过这种方式，我们可以将单条视频的播放量推向 5000 万人次的天花板，这也是为什么一些爆款视频能够带来较高的 ROI，其根本原因是内容投流成本相对较低。

内容投流实际上是一种基于内容的赛马机制，它放大了优质内容的影响力，以及背后的高质量 A3 人群资产，从而提高了品牌在抖音平台生态闭环中的"收割"效率。

## 第七误区："种草"与"收割"无法闭环

许多品牌可能没有充分认识到抖音人群资产的重要性，或者是由于内部跨部门协作不畅，导致内容"种草"与销售"收割"之间往往处于割裂状态，这种状况会产生大量的资源浪费，并严重影响到品牌在抖音平台生态中的经营效率。

抖音平台生态闭环一体化是未来的发展趋势，品牌需要摒弃过去的部门界限，将整个抖音平台生态闭环整合成一个超级部门，甚至应该成为品牌的一把手工程，从而扫清从营销端到销售端中可能存在的一切障碍，这样才有可能将抖音"种草"与"收割"的闭环效率最大化。

以上总结的抖音平台内容"种草"失败的七大误区，都是众多品牌在抖音平台上走过的弯路，交过的高昂学费。那么，你们在抖音平台经营过程中陷入哪个误区了呢？

# 第 17 节
# 抖音内容"种草"的底层逻辑

在抖音内容生态中,消费者往往通过短视频内容认识一个新品牌或新产品。品牌可以通过抖音的短视频内容进行营销,激发消费者对品牌产品的兴趣,实现品牌产品的有效"种草"。品牌通过进行持续的抖音内容"种草",在消费者心中形成"消费心智",并沉淀"品牌资产"。

抖音构建了一个"货找人"的内容生态,其核心逻辑是将产品"翻译"成内容,再通过智能算法将这些内容推送给精准的目标用户,不同产品"翻译"成内容的效率和算法推送流量的效果各不相同。品牌利用这一机制,通过流量杠杆的作用来获取规模化的目标人群,并扩大品牌的影响力,最终实现规模化销售的目标 GMV。

针对于不同品类的人群规模、品类发展的不同阶段、市场竞争的激烈程度,内容"种草"的打法和策略也会截然不同。因此,抖音"种草"策略的核心可以归结为三个底层逻辑,这些底层逻辑也深刻影响了各个品牌在抖音的"种草"策略。

## 底层逻辑之一:品类人、货、场适配(人群"种草")

品牌在抖音上进行产品"种草"时,产品所对应的品类适配人群规模越大,通过内容触达的潜在消费者群体就越广泛,从而更容易获得免费流量或溢出流量。美食、服饰、本地生活等品类在抖音上拥有庞大的流量基础,因为这些品类的受众覆盖了男女老少。因此,这些热门品类在抖音上的 GMV 规模十分可观,并且能够吸引大量的自然流量。这种能广泛覆盖人群的"种草"模式具有普遍适用性,触及的消费者群体最为广泛,如图 4-3 所示,笔者将其称为人群"种草",即品类人、货、场适配。

## 人、货、场优势
**抖音自然流量的本质**

**受众广**（自然流量多） 人多 刚需 **易转化**（转化率高）

图4-3 品类人、货、场适配

想象一下，在深夜刷到一个播放热气腾腾的诱人螺蛳粉的视频，这种深夜"放毒"的场景往往让人难以抗拒。你可能会对该视频进行点赞来表达你的共鸣，或者当即下单抚慰一下饥饿的灵魂。这样的视频会被算法推荐给更多渴望美食的消费者。

这样的产品品类，在抖音上天然拥有"人、货、场"的优势：一方面"人多"，即消费人群庞大，视频内容的观看者或潜在购买者众多；另一方面"刚需"，即易于转化，产品通常具有较高的成交转化率。当然，成功"种草"的关键还在于遵循"抖音语法"，即通过短视频将产品的卖点以视觉化的方式有效表达出来。

### 底层逻辑之二：卖点可视化表达（产品"种草"）

根据抖音的"货找人"机制，产品"翻译"成内容的效率越高，其内容基因就越强大，越符合"抖音语法"，在短视频中产品卖点可视化表达的能力就越占优势，从而使得产品更容易实现"种草"效应。能够突出展示卖点可视化表达能力的产品会直接被"种草"给消费者，并迅速完成销售转化。如图4-4所示，笔者将这种高效的"种草"模式称为产品"种草"，即卖点可视化表达。

# 卖点可视化

**抖音产品"种草"特性**

- 功效性：产品功效
- 演示性：视觉展示
- 对比性：效果对比

图4-4 卖点可视化表达

产品"种草"的三大显著特征如下。

第一，强功效。产品能够满足某些刚性需求或解决消费者的痛点，具备较强的产品功能或功效属性。

第二，强视觉。产品的卖点能够通过短视频形式来表现，具备较强的可视化表达能力，这在抖音的内容传播中具有显著的优势。

第三，强对比。产品能够展示使用其前后的鲜明对比效果，这种真实而直观的效果对比能够深刻影响消费者。

色彩鲜艳的彩妆产品是最具代表性的例子，产品的颜值、试色效果以及模特变妆前后的反差，都是产品在短视频中展现可视化表达能力的体现。这也是诸如完美日记、珂拉琪、INTOYOU等新品牌能够在短短几年内实现爆发式增长的原因。相比之下，护肤品类的产品在卖点可视化表达上缺乏这样的优势，因此在"种草"过程中更加依赖KOL信任背书和人设推荐。

除了彩妆产品，还有诸如Spes、BABI等喷雾类产品，只需轻轻一喷，就能即刻拥有高颜顶的发型。家清品类的水卫仕、蔬果园等产品，一喷一擦之间，厨房便恢复干净亮洁。奥伦纳素、让提丝这类高客单价的涂抹式面膜，其使用过程本身具有一种生活仪式感的体验。这些产品也都具有出色的卖点可视化表达能力。

产品"种草"模式同样是信息流广告投放的常见策略。那些成为大爆品的产品通常具备以下特点：满足刚性消费需求、卖点可视化突出、相对较低的客单价和决策成本。在这种情况下，产品通过卖点可视化表达能够直接被"种草"给消费者，再结合流量杠杆的放大效应，通过大量的广告投放，最终实现规模化销售GMV。

### 底层逻辑之三：信任背书强支撑（人设"种草"）

实际上，在抖音的内容生态中，各品牌方都面临着不小的挑战。这并非由平台决定，而是因为消费者拥有了选择媒体的权利。在传统媒体中，比如当消费者看到电视剧高潮时被插播广告也只能等待，当看到封闭的电梯空间的广告时，消费者也无法关闭。而在抖音上，消费者可以在3秒钟之内对所播内容做判断，并轻松地划走不感兴趣的内容。在抖音平台上，消费者往往更加信任KOL，而非品牌本身。

许多新品牌的产品，既不具备强大的品牌影响力，也未必有显著的视觉表现力，例如护肤品类，同时可能还处于竞争激烈的市场环境中，如快速消费品行业。在这种情况下，品牌更需要借助KOL的影响力、人设和信任背书来为产品"种草"，如图4-5所示，这种模式笔者称之为人设"种草"，即信任背书强支撑。

**强人设背书**
抖音人设"种草"特性

讲故事（心智） — 人设 信任 — 强背书（转化）

图4-5 信任背书强支撑

简而言之，品牌自身的知名度并不是最重要的，关键在于谁为你的产品背书，消费者更倾向于信任谁。

例如，花西子在早期与某主播合作，迅速完成了从零到一的起步阶段。新消费品牌HBN通过每月超300位KOL的密集投放，销量迅速攀升至国货品牌前五名。而2024年异军突起的美容仪品牌极萌更是一鸣惊人，仅用半年时间，通过25位明星的"种草"投放，凭借强大的信任背书，实现了从0到10亿元销售额的飞跃。

这些成功案例都有一个共同点，即投放的KOL（包括明星）都拥有真实可信的人设，并拥有一群忠实的粉丝。这些KOL擅长讲述故事，分享个人的经历和感受，甚至是个人血泪史，他们讲述的内容能够引起消费者的共鸣，从而建立更强的信任关系，为产品推荐提供信任基础，最终实现"种草"目标，甚至直接促进销售转化。

品牌借助 KOL 的影响力，选择具有强大势能和影响力的 KOL 进行合作。尽管 KOL 媒介具有碎片化特点，但如果能在抖音上覆盖所有具有真实影响力的 KOL，那么就能在最大的内容流量生态中，实现对目标人群的饱和式投放。你会发现很多品牌往往都处在极度内卷的赛道，惨烈的竞争环境倒逼了品牌的"种草"能力和操盘水平，没有谁能比他们更加深刻地理解人设"种草"的价值。

竞争最可怕的不是同行之间的激烈竞争，而是来自更加内卷的品类的玩家切换赛道所带来的降维打击。

最后，总结一下抖音内容"种草"的三个底层逻辑。

第一，品类人、货、场适配，即人群"种草"。

适用于人群规模大、需求刚性的产品，如美食、服饰、本地生活等。这些产品在抖音上具有天然的优势，能够吸引大量自然流量。

第二，卖点可视化表达，即产品"种草"。

适用于具有强烈视觉效果，以及使用前后具有鲜明对比效果的产品，如彩妆。这些产品能够通过短视频的形式突出展示卖点，易于实现"种草"效应。产品"种草"的特点包括强功效、强视觉和强对比。

第三，信任背书强支撑，即人设"种草"。

适用于新品牌或视觉表现力不强、竞争激烈的产品，如护肤品。品牌需要借助 KOL 的影响力和信任背书来实现"种草"。成功的关键在于 KOL 的真实人设和内容能够引起消费者共鸣，建立信任关系。

总之，抖音"种草"策略的关键在于理解并利用这三个底层逻辑，品牌应根据自身和产品的特点选择合适的"种草"模式，从而在竞争激烈的市场中脱颖而出。

# 第 18 节
# 超级内容体系"种草"方法论

客观而言，品牌在抖音上进行内容"种草"的挑战，无论是在难度还是在复杂度上，都要比直播或投流这类可直接量化 ROI 的营销手段高很多，因为毕竟以销售成果为直接目标的策略具有明确性，而以塑造消费心智为导向的内容"种草"的目标往往是抽象的，量化成果也相对困难。

对于 KOL "种草"来说，其初始阶段借助 KOL 的影响力，在消费者心中植入品牌印象。而后通过 KOL 的内容来提升消费者的认知，渗透他们的消费心智，借助投流工具为杠杆，实现品效合一的传播与转化，并提升品牌的整体势能。而随着抖音云图 5A 人群资产的成熟，"种草"的目标逐步变为了获取可规模化、具有消费心智和品牌认知的有效人群资产，通过千川后续的有效触达手段，提升店播 ROI 和 GMV 的"收割"效率。

随着抖音平台生态的日益成熟，内容营销的投放目的、打法策略和经营方法论都在不断进化。然而，内容始终是核心，内容是"1"，而流量是"0"，内容驱动品牌有效增长的本质始终是不变的，它为品牌长效增长提供了动力。

## 超级内容体系

抖音"种草"的策略围绕"内容心智"这一核心，旨在通过对品牌目标人群的精准定位，结合最适合的媒介"种草"打法，从 KOL 的数据化筛选到精细化的内容创作，再到优质内容的投流放大，形成完整的品牌"种草"与"收割"闭环，实现品效合一的协同作用。这正是笔者所创立的"超级内容体系"方法论，该方法论重新定义了有效内容"种草"的标准,推动了系统性与精细化的执行落地,以及品牌实现内容驱动的有效增长。

如图4-6所示,"超级内容体系"包含了品牌内容"种草"的四大策略,即人群策略、媒介策略、内容策略、投流策略。通过"超级内容体系"的四大策略,品牌可以在抖音上构建一套完整、高效、可复制的内容营销方法论;通过严谨且精细化的执行,品牌可以在抖音实现有效的内容营销,并形成高效的闭环"收割"。

图4-6 超级内容体系四大策略

### 人群策略:云图 5A 人群策略

品牌"种草"的第一要务是:种瓜得瓜,种豆得豆,即品牌的"收割"对象应当与"种草"的目标人群相匹配。基于抖音云图的后台数据,清晰可知品牌 A4 购买人群画像,抖音八大人群的前三名("Z世代"、精致妈妈、新锐白领)都是品牌明确的目标用户。

这意味着,品牌在抖音上进行的所有内容"种草"行为,都应紧密围绕这些有效的目标人群来设计和执行:内容曝光的 A1 人群,参与互动的 A2 人群,以及最重要的"种草"的 A3 人群。

"种草"与"收割"的人群一致性,决定了品牌在抖音闭环生态中的经营效率。

### 媒介策略:CAFE 科学选号

CAFE 科学选号从四个维度,即传播力(Communication)、商业力(Advertising)、

粉丝力（Fanspower）、成长力（Expansion），形成一个科学有效的选号体系，来评估和度量 KOL 的"种草"价值。

通过对 KOL 的四个维度以及十多个指标的量化分析，帮助品牌选择"种草"及带货能力较好的 KOL，规避那些数据造假或无效的"水号"和"假号"，大幅度提升品牌的媒介投放效率与"种草"转化效果。

CAFE 既是选号的方法论，也是抖音 KOL 的算法引擎。

## 内容策略：SEVA 内容共创

笔者通过分析与拆解抖音成功的爆款"种草"内容，总结产品"种草"成功的共性归因，并结合自身对内容"种草"的洞察与理解，提出了"SEVA 内容共创方法论"。

SEVA 内容创作方法论以抖音短视频内容心智"种草"为核心，通过场景（Scene）关联吸引目标受众，通过情绪（Emotion）调动引起用户共鸣，通过价值（Value）传递实现有效的产品"种草"，以及通过行动（Action）指令完成转化的临门一脚，从而帮助品牌实现品效合一的内容创作与传播。

SEVA 内容共创方法论是极其高效的"种草"内容创作框架，已被众多消费品牌应用于抖音"种草"实践之中。

## 投流策略：AIMT 品效放大

品牌可以基于达人内容矩阵的赛马策略，利用抖音平台的内容投流工具，如 Dou+、随心推、内容服务、达人竞价等投流工具，对优质内容进行投流放大以此放大 KOL 的内容"种草"效应。

达人内容"种草"效应的放大，既广泛影响了用户的消费心智，也助力品牌在抖音生态中获取更多的人群资产，尤其高质量的 A3"种草"人群，再通过效果投流的放大，最终完成销售转化的"收割"。

通过实现从"种草"到"收割"的全链路整合，品牌能够达到品效合一的传播效果。这意味着在提升品牌知名度和形象的同时，也能够积累有效的目标人群资产，从而实现 GMV 的持续增长。

"超级内容体系"的方法论，已在众多主流消费品牌的内容营销策略中得到了广泛的应用，甚至被不少头部品牌采纳为内部执行的标准方法。这套方法论通过环环相扣的"种草组合拳"，让品牌少走弯路，少花冤枉钱，显著提高了品牌在抖音上进行内容种草的效率和效果。

# 第 19 节
# 人群策略：云图 5A 人群策略

云图是抖音的数据平台，其核心功能是管理品牌数据资产，旨在助力品牌营销决策。云图能够度量真实的营销效果，并提供品牌人群资产模型、增效优化、投后复盘等工具，使品牌能够实时监控、洞察和优化营销策略。云图通过其提供的工具和功能，可以帮助品牌更好地理解和分析用户画像和行为，从而实现更精准的营销策略和更有效的品牌推广，帮助品牌在抖音等社交电商平台中更有效地进行内容营销和品牌建设。

品牌 KOL "种草"的终极目标是积累"人群资产"。经过近两年的功能迭代，云图已经围绕抖音电商的能力，成为支撑兴趣电商底层最核心的组成部分。云图能够将品牌的营销行为量化到内容背后的人群资产一致性、真实性和有效性，使我们不再盲目判断内容的好坏和效果，而是通过云图人群资产工具，清晰地看到品牌每一次营销行为的成效。

## 抖音云图 5A 人群资产

云图构建了完善的品牌 5A 人群资产和内容资产的方法论体系，经营品牌与用户的关系和用户对品牌的感知。品牌通过持续的内容"种草"，提高用户对品牌的认知度，激发用户兴趣，拉进用户与品牌的关系，推动用户实现从认知到购买的跨越。

前文曾提到，A1 代表了解（Aware），即顾客被动接受信息，了解是品牌知名度（Brand Awareness）的主要来源；

A2 代表吸引（Appeal），吸引可以增强顾客对品牌的印象，创造短期记忆或增强成长期记忆；

A3 代表问询（Ask），通过适度问询引发顾客的好奇，从而引导顾客主动搜集信息；

A4 代表行动（Act），顾客出现购买行为，并在购买之后使用产品和售后服务；

A5 代表拥护（Advocate），顾客出现对品牌的强烈忠诚度，这会反映在顾客保留率、重复购买以及向其他人宣扬品牌上。

品牌竞争的终极目标是影响消费者心智。内容"种草"心智的影响是消费者购买决策的关键，也就是品牌 A3"种草"人群。通过"种草"后人群资产的有效性，我们可以判断品牌营销的有效性，而云图已经实现了这一目标。

在抖音"种草"的流程中，第一步是确立人群资产策略。如果"种草"人群的定位出现偏差，那么即使后续的内容制作得再精妙，也可能难以达到预期的效果。

如图 4-7 所示，在评估"种草"人群资产策略是否得当时，笔者会特别关注以下三个维度："种草"人群的一致性、真实性和有效性。

### "种草"人群资产策略

**一致性（A4）** × **真实性（数量）** × **有效性（质量）**

- 种对目标用户（八大人群前三）
- 不要假数据（从曝光到人群）
- A3占比10%~15%（消费心智）

图4-7 "种草"人群资产策略

## "种草"人群的一致性

除了 5A 人群资产概念，还有另一个非常重要的人群概念，就是抖音八大人群："Z 世代"、精致妈妈、新锐白领、都市蓝领、小镇青年、资深中产、都市银发、小镇中老年。

在抖音平台上，"种草"营销的关键在于精准触达目标人群。这是基本的营销常识，但在现实中，超过 90% 的品牌并未真正意识到这一点。品牌应该检查抖音云图后台，看看自己的 A4 人群，即八大人群中的 A4 购买人群，再对应查看 A3 "种草"人群和 A1 曝光人群，但有多少品牌能确保这些人群相对一致呢？

例如，如果一个品牌的产品是面向高端市场的护肤精华，那么"种草"内容应该针对的是高端消费者，如精致妈妈、资深中产，而不是"Z 世代"、小镇青年。品牌往往喜欢谈论人群"破圈"，但笔者认为更重要的是确保"种草"内容的受众与产品定位相匹配。

在抖音的全域生态中，品牌沟通的各个场景都贯穿着一个核心原则："种瓜得瓜，种豆得豆"，"种草"的目标人群一致性是至关重要的，无论是 A1 曝光人群，还是 A3 "种草"人群，最终的目标都是为了与 A4 购买人群一致，从而在抖音上实现全域"种草"与"收割"的高效经营闭环。

## "种草"人群的真实性

品牌的市场经理们应该有勇气打开云图，查看"种草"曝光后的真实人群资产。在追求高 CPM（千人成本）的当下，许多 Agency（广告代理商）承诺在不投流的情况下保证 CPM，但实际情况可能并非如此。笔者曾帮助客户诊断，发现营销曝光量高达 5000 万次，而实际有效的人群资产却只有 500 万，这意味着 90% 的数据是虚假的。

这种情况，品牌不仅没有赚取"利息"，反而失去了"本金"。品牌在 KOL 进行内容营销的底线至少是不要投到"假号""水号"，规避人群资产的水分。

KOL 视频的播放量代表了其曝光量，但曝光次数与实际人群资产规模之间存在差距。在同一时期内，可能存在多次触达同一人的情况，或者同一个人观看多次视频。此外，数据刷量带来的假数据也进一步扩大了这一差距。

在 KOL "种草"的过程中，从曝光到人群资产的转化，笔者认为在理想状态下，其有效率应该至少不低于 60%。这意味着每 100 次的视频观看（曝光），至少有 60 次是由真人观看的。例如，如果一个视频有 5000 万次曝光，但只有 500 万人群资产，那么其人群资产的有效率仅为 10%。

因此，我们在评估 KOL "种草"的效果时，不仅要关注其带来的曝光量，还要看真实的人群资产数量。对于大多数消费品牌来说，每月稳定积累 1000 万以上的人群资产规模，是经营抖音电商的基础和底线。

### "种草"人群的有效性

抖音近期发布的数据显示，其用户群体对"种草"营销极为敏感，被称为"A3体质人群"。高达93%的用户表示曾因内容触动而被"种草"，其中76%的用户在抖音被"种草"后（A3阶段）有了购买行为（A4阶段），这反映出抖音在内容营销方面的效率极高。

此外，"种草"人群的转化效率（A3效率）极为显著，A3人群的转化率是O/A1/A2人群的23倍。从品牌营销的角度来看，增加A3人群的数量直接关系到品牌生意增长的高效性。

"种草"行为还与消费心智的形成密切相关（A3心智）。数据显示，在过去60天内被打上A3标签的人中，有25%的人在未来15天内会产生购买行为。内容的"种草"效果不仅表明了人群的有效性，也反映了品牌在消费者心中形成的消费认知。

人群的有效性，就是"种草"内容能否真正影响消费者的心智。云图通过A3人群占比来衡量这一点。A3人群合理比例在10%~15%，A3人群占比越高，代表整体人群质量越好，可"收割"的可能性越大。反之，"种草"效果差，人群质量或匹配度差，这对于店播"收割"效果的负面影响是巨大的，甚至可能破坏直播间的人群模型。

KOL内容"种草"也会出现有A3人群数据却没有"种草"心智的问题，原因是"种草"内容太过于软性，或用户的关注点在于内容而非产品。因此，在抖音上，品牌必须对人群资产的有效性有深刻的认识，以确保对营销预算的有效利用，避免浪费。

品牌在进行"种草"营销时，应重点关注A3人群的绝对数量、占比及成本。当前的A3"种草"人群很可能成为未来店铺直播中A4购买人群的主力军。

在广告行业有一句广为流传的话："我知道一半的广告预算被浪费了，但我不知道它们被浪费在哪里。"在抖音平台上，这种预算的浪费正是由于对"种草"人群的一致性、真实性和有效性的忽视而产生的。

### 抖音"种草"的起点：内容心智

虽然许多抖音星图达人的报价相对较高，但优质KOL的内容创作能力较强，能够创造出具有较强"种草"心智的"内容模型"。在内容放大的投流支持下，这些内容模型可以实现良好的 ROI，并提高"种草"产品在挂车投放的效率，以及在品牌店播和达播中的转化效率。

对于深度"种草"类的内容，品牌更倾向于与垂直类口播博主合作，主要是为了确保"种草"效果能够深入消费心智，从而形成良好的深度"种草"或购买转化。

如图 4-8 所示，优质内容是"种草"的起点，能够影响消费者的认知和心智，实现产品"种草"的效果，增强品牌的势能，提升 ROI，最终获得规模化的有效人群资产。在当前环境下，这些内容指标已成为"种草"过程的关键考量指标。如果内容未能触及消费者的心智，那么即使播放量再高，曝光和互动再热闹，可能最终也只是虚假的繁荣。

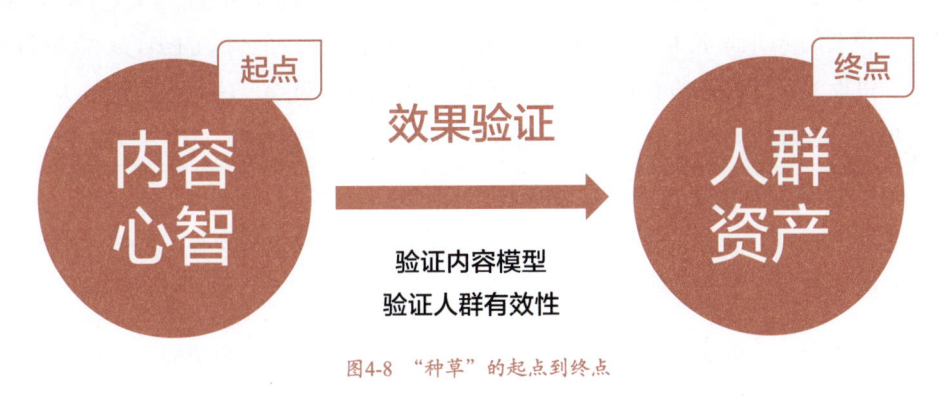

图4-8 "种草"的起点到终点

## 抖音"种草"的过程：效果验证

在 KOL "种草"环节选择挂购物车的主要目的是评估内容模型的 ROI，即通过内容投流产生的销售额与流量成本之间的比例关系，基于 ROI 即可得知"种草"的有效性。这个比例关系可以直观地反映"种草"的有效性，ROI 越高，意味着"种草"视频背后的目标人群越精准，人群资产有效性越强。这是内容投流放量的原则，有助于实现 A1 到 A3 有效人群资产的规模化积累。

内容模型的 ROI 评估有两个核心要点：一是评估 KOL 的"种草"能力，这可以通过评赞率、购物车点击率、GPM（千次曝光成交额）等指标来预先衡量；二是评估 KOL 的"粉丝购买力"，可以通过粉丝的性别和年龄、设备使用情况、粉丝差异率等指标来判断。如果 ROI 表现良好，就意味着"种草"心智与人群资产都实现了有效达成。

即使在没有挂购物车的情况下，品牌也可以通过投后搜索、A3人群资产、全域ROI等过程指标来对种草的有效性进行判断。在"种草"过程中，品牌需要能够清晰有效地衡量KOL的"种草"效果，抖音云图就是一个重要的工具。

## 抖音"种草"的终点：人群资产

由于抖音云图对5A人群资产的重视，内容"种草"视频在平台上的权重较高。通过与KOL合作，并辅以内容投流，可以显著提高在抖音平台上获取5A人群资产的效率，进而提升品牌店播的"收割"效率。

品牌通过KOL的有效内容"种草"，实现了对人群资产的心智"种草"，并通过内容模型的ROI完成了效果验证。基于这些数据，品牌可以制定内容放大的投流策略，进而实现规模化的有效A1~A3人群资产的积累。最终，这些人群资产为抖音店播提供了有效的"蓄水"，实现了高效的ROI转化和规模化的GMV"收割"。

当KOL成功对消费者进行有效的内容、心智"种草"，并创造了有认知、有心智的人群资产时，品牌也将从中获益，实现有效的人群积累。这些人群资产最终流转至品牌直播间，完成购买转化。

云图作为一个重要的数据平台，为品牌提供了强大的工具和功能，以帮助品牌更有效地进行5A人群资产管理、内容营销和品牌建设。"种草"的起点是"内容心智"，意味着有效的内容不是凭借感觉创作的，而是需要通过数据来验证的，以确保内容的质量和播放效果。

"种草"人群策略的一致性、真实性和有效性是保障最终目标——有效"人群资产"的根本。这意味着品牌在选择"种草"目标人群时，需要确保策略精准，避免无效的曝光和"种草"对象。同时，"种草"人群的真实性和有效性也是至关重要的，品牌需要确保"种草"行为能够真正影响消费者的认知和心智，从而实现有效的购买转化。

通过云图的数据分析，品牌可以实时监控、洞察和优化其营销策略，确保内容与目标人群的有效连接，从而实现更好的"种草"效果和品牌建设。

# 第 20 节
# 媒介策略：CAFE 科学选号方法论

CAFE 科学选号方法论是笔者设计的抖音 KOL 选号"算法引擎"，如图 4-9 所示，它基于大量的抖音 KOL 内容营销项目的验证，提炼出了一套以"内容心智"为核心的 KOL 选号方法论。这一方法论的开发，旨在为品牌的抖音媒介策略提供一套数字化、可度量的科学选号体系。

图4-9 CAFE科学选号方法论

CAFE 科学选号方法论基于抖音星图的大数据，从四个维度——传播力、商业力、粉丝力、成长力，对 KOL 的核心数据指标进行量化。通过对这些核心指标的计算，系统能够得到以"种草"能力为导向的指数排名，从而科学地度量 KOL 的"种草"价值。这一方法论不仅形成了有效的科学选号体系，而且规避了"水号""假号"的风险，提升了选号的效率，同时也有助于提高投放效果。

CAFE 科学选号方法论被广泛流传和使用，其通过笔者的公众号"飞扬讲增长"的文章分享，以及线下培训课程《超级增长》，成为许多品牌公司内部媒介选号的执行标准。

CAFE 科学选号方法论的四个核心维度如图 4-10 所示。这四个维度综合考量了 KOL 在抖音平台上的表现和潜力，为品牌提供了全面而科学的 KOL 选择依据。

**C** Communication 传播力 30%
互动率　完播率　CPM

**A** Advertising 商业力 30%
评赞率　购物车点击率　GPM

**F** Fanspower 粉丝力 30%
24-30指数　iPhone指数　八大人群占比

**E** Expansion 成长力 10%
30天涨粉数　90天涨粉数

图4-10　CAFE科学选号方法论的四个核心维度

## 传播力

在分析 KOL 内容的传播力时，笔者通常会参考互动率、完播率、播放量中位数、CPM 及账号活跃度等关键指标。这些指标共同构成了视频内容在抖音平台上的表现基础，帮助我们评估 KOL 的基础内容能力。

传播力不仅反映了 KOL 在个人内容创作上的优势，而且衡量了 KOL 的商业价值。在进行数据比对分析时，我们需要确保个人视频与广告（星图）视频的传播力数据能够相互匹配，避免出现个人视频表现出色而一旦承接广告任务就出现数据下滑的情况。通过这样的分析，我们可以更准确地评估 KOL 的整体传播力，并据此做出更合理的商业决策。

### 互动率：（点赞 + 评论 + 分享）/ 播放数

在内容互动行为中，点赞、评论和分享是最常见的三个动作。其中，点赞行为占据了主导地位，因此，这一数据通常以点赞为核心进行指标的构建。通常将互动率与评赞率进行对比分析，垂直类博主在这一指标中表现为评赞率较高而互动率较低，而非垂直类博主（如剧情号）则可能相反。对于垂直类口播达人来说，互动率这一指标的权重一般，可作为参考，但不应作为唯一的评价标准。

### 完播率：完整播放数/播放数

完播率在一定程度上反映了KOL创作内容的能力及其粉丝的黏性，但它并不是一个绝对的指标。首先，视频的时长是一个重要的考量因素。例如，某知名美妆博主在商业合作视频中的平均时长为3分钟，但完播率却不到1%。尽管如此，这并不影响其在带货方面的能力。其次，内容的类型也会影响完播率的解释。有些机构达人擅长制造热点，但这并不一定意味着他们的内容具有商业价值。因此，在评估KOL时，需要综合考虑视频时长和内容类型，以更全面地理解完播率背后的意义。

### 播放量中位数：短视频自然播放量

播放量中位数是星图后台基于KOL短视频表现所做出的自然流量测算，可以被视为KOL的自然流量，这同时也代表了KOL账号的权重。这个指标对于评估垂直类达人基础流量和内容流量放大都有很高的参考价值。

- 头部KOL（粉丝量超过500万）的播放量中位数通常大于100万；
- 腰部KOL（粉丝量在50万至200万之间）的播放量中位数则大于30万；
- 尾部KOL（粉丝量在5万至50万之间）的播放量中位数则大于10万。

然而，这也揭示了一个残酷的事实：对于腰部KOL（粉丝量在50万至200万之间），特别是那些星图报价在5万元至10万元区间的KOL，他们的真实播放量中位数可能只有30万。按照这个播放量，仅靠KOL的自然流量，ROI可能会非常低，但这并不意味着这样的合作没有意义。相反，对于垂直类KOL而言，其目的是构建内容模型，并通过内容流量来实现"种草"效应的放大和投流ROI的提升。

### CPM：千次播放成本

在强场景非垂直类的"种草"策略中，对应播放量中位数核算出来的CPM对内容力的考验尤为严峻。尤其是对于非垂直类KOL，他们在大多数情况下是没有内容投流加持的（内容模型不适合投流放大）。如果CPM不及预期或者CPM足够低，但内容模型转化率不高（即无法实现深度"种草"），那么建议尽快放弃这样的合作。在这种情况下，内容的力量和CPM的核算至关重要，它们共同决定了"种草"策略的成功与否。

**账号活跃度：KOL 月更频率**

如果一个 KOL 每月只发布寥寥几条视频，那么这个账号的状态可能不太理想，这可能意味着 KOL 已经放弃了这个账号或者近期状态不佳。虽然更新频率不能完全决定内容质量，但在短视频平台上，低频更新往往是非常致命的。稳定的更新频率（每月发布 10 条以上视频），以及个人视频与商业视频的平衡，都是 KOL 对粉丝负责的表现。如果 KOL 失去了内容的基石和粉丝的支持，那么与之合作的价值也会大打折扣。因此，对于品牌来说，选择一个活跃度高、更新频率稳定的 KOL 是非常重要的。

## 商业力

在分析 KOL 的"种草"带货数据时，笔者通常会关注几个核心指标，如"种草"指数、评赞率、购物车点击率、GPM 及品类偏好等，以评估 KOL 的"种草"或"带货"能力的基本面。

对于垂直类 KOL 的"种草"策略，笔者特别重视"商业力"这一维度。商业力不仅反映了 KOL 在特定领域的专业性和影响力，也体现了其在带货方面的潜力和价值。通过深入分析这些指标，我们可以更准确地评估 KOL 的商业潜力，并据此制定更有效的"种草"策略。

**评赞率：（评论 + 分享）/ 点赞**

评论和分享是重点基数的核心指标，也是一个强"种草"和强黏性的指标。如果一条短视频获得了大量的评论和分享，则可能表明以下三种情况：第一种，内容引发了强烈的共鸣，产生了大量讨论；第二种，博主的粉丝黏性高，粉丝参与度强；第三种，内容具有价值，被用户分享给了他人。

无论是这三种情况中的哪一种，都是非常好的"种草"现象。从过去大量投放的带货结果倒推，也验证了评赞率的有效性。即使在不挂购物车的情况下，笔者也可以使用这个指标来度量内容的"种草"效果，即在云图中，笔者将 A3 "种草"人群的获取权重进行了拆解，其中评论、分享和搜索行为是 A3 种草人群的主要权重。

**购物车点击率：购物车点击数 / 购物车播放数**

从有多少人观看视频（即播放量），到有多少人点击了购物车（即购物车点击数），这一系列行为都代表着潜在的进店行为，进而体现了进店效率。购物车点击率越高，说明潜在的"种草"或带货的效果越好。

购物车点击率对应的是A3"种草"人群权重，因此，购物车点击率越高，A3"种草"人群的效果也越好。这个指标的核心策略是"种草蓄水"，主要关注A3"种草"人群的增长。

**GPM：千次播放成交额**

当KOL在抖音小店挂上购物车后，其带货相关数据会被纳入统计。每一千次播放量所带动的成交金额，即构成了GPM这一关键指标。此外，笔者运用投流ROI模型的计算原理，以GPM为基础进行推导，大体上可以预估出KOL的内容投流模型。这一模型即为之前提到的"内容模型"，并可作为选号前的参考依据，甚至帮助提前规划内容投流预算。

**投流ROI模型：GPM / CPM**

通过星图后台的GPM指标，能够推算出投流ROI模型。KOL的投放实际上涉及两类ROI模型：一类是基于短视频销售产出与KOL成本关系的内容ROI模型。这类模型以KOL的自然流量为基础，但由于星图达人的费用相对较高，因此内容ROI往往较低。另一类是基于投流的销量产出与投流成本关系的投流ROI模型。

当KOL的内容具有较强的"种草"心智时，通常会拥有非常好的"内容模型"。基于自然流量，已经能够预知千次播放量所带来的成交额，从而计算出投流ROI模型。例如，某个KOL的20万播放量产生了2万元销售额，GPM为100元，以投流CPM成本为50元计算，投流ROI模型为2。

**品类偏好**

同一个KOL在推荐不同品类和产品时，可能会展现出截然不同的结果，甚至在带货能力上相差十倍。这是因为KOL本身具有明显的品类偏好，这可能是人设定位之故，也可能是内容匹配度之故。抖音平台也为KOL打上了明显的标签，以反映他们的偏好。

在过去，笔者更注重通过KOL的前端"爆文"来对其进行判断。而现在，星图后台的带货分析可以与前端数据进行再次校对，从而实现品类偏好的双重保障。因此，在选号过程中，能够匹配品类偏好的KOL在带货能力上往往能展现出更高的效率。

## 粉丝力

在分析 KOL 的粉丝画像时，笔者通常会参考几个核心指标，包括 24-30 年龄指数、iPhone 指数、女粉比例以及一线城市占比等，从而评估粉丝的购买力，即"粉丝力"的基本面。

同时也会将 KOL 的观众画像与粉丝画像进行比对，如果出现较大的差异率，则很可能是粉丝画像造假的迹象。通过这种方式，我们可以更准确地评估 KOL 的粉丝群体，确保其购买力的真实性。

### iPhone 指数

iPhone 指数即 iPhone 用户在粉丝中的占比，这通常被视为一个相对"白富美"的指标。尽管在国内市场，iPhone 的占有率已经不如以往，但在抖音平台上，iPhone 指数依然像风向标一样，成为顶尖带货 KOL 高比例的标准。iPhone 指数的理想指标一般是 40% 以上，而一些极其优秀的 KOL，其 iPhone 指数甚至会超过 50%。

### 24-30 指数

24~30 岁的人群是年轻消费的中坚力量，这部分用户比例能够反映达人粉丝的消费质量。一般来说，这个年龄段用户的理想占比是 25% 以上，占比越高越好。在年龄指数上，如果 KOL 的粉丝数据造假，那么在观众画像与粉丝画像的比对中，年龄占比的差异率往往会出现巨大的异常。这意味着 KOL "种草"背后的人群失真，无论内容创作如何，其"种草"效果大概率是无法有效实现的。

如果目标"种草"的是高消费人群，那么笔者通常还会关注 31~40 岁这一年龄段的人群占比，或者计算其占比与 24~30 岁这一年龄段人群占比的总和，以更全面地评估潜在的消费群体。

### 一线城市指数

一线城市人群占比、新一线城市人群占比是笔者重点分析的维度之一。笔者发现，那些"种草"能力较强的 KOL 在这些城市的用户人群占比通常较高。这不仅与城市人群的购买力有关，也反映了传播的路径，即从购买力强的头部人群开始，逐渐渗透到下沉市场。

这个指数的理想范围是 30% 以上，占比越高，说明 KOL 的传播能力和"种草"能力越强。当然，这个指数也可以反向使用，如果品牌主攻下沉市场，那么可以重点关注三线以下城市人群的占比，占比越高，越有利于下沉市场的推广和"种草"。

### 女粉指数

大多数"种草"产品以女性为目标用户，因此女粉占比对于评估 KOL 的影响力至关重要。一般优秀 KOL 的女粉占比是 80% 以上，以确保"种草"内容的精准触达和营销效果的最大化。

此外，结合观众画像和粉丝画像的比对，可以有效识别 KOL 是否造假。如果存在差异率较大的情况，则很可能意味着粉丝构成存在问题，进而影响"种草"效果。

### 八大人群

抖音定义了八大人群，品牌在抖音通过 KOL "种草"时，必须明确目标用户，即 A4 购买人群，并确保 A3 "种草"人群的方向与目标人群一致。

在选择 KOL 时，我们需要关注 KOL 前三名的八大人群占比，并与品牌前三名 A4 购买人群的八大人群占比进行比对。这两个占比的交集越大，说明目标人群的一致性越高，"种草"效果也越好。

随着抖音兴趣电商闭环化的趋势不断扩大，云图 5A 人群资产的精确度也越来越高。为了获得长期经营增长，品牌需要在抖音生态中持续进行目标人群的"种草蓄水"。KOL 的观看和粉丝画像已经明确了八大人群的占比分布，品牌可以选择人群匹配度高的 KOL，至少能保证规避无效"种草"。

## 成长力

在分析 KOL 的成长力时，笔者通常会参考涨粉指数、30 天涨粉数、90 天涨粉数等几个核心指标。这些指标有助于我们评估 KOL 的"成长力"基本面。

### 30 天 / 90 天涨粉数

KOL 的 30 天 / 90 天涨粉数能够帮助我们捕捉到成长性非常好的 KOL。通常，在尾部至腰部成长阶段的 KOL 的性价比最高，这个阶段的 KOL 的涨粉速度非常快，投放于这个阶段的 KOL 能够享受到其成长期的红利。

### 30 天 / 90 天掉粉数

抖音会定期进行 KOL 清粉行动，以剔除 KOL 的异常和虚假粉丝。因此，我们会看到很多水号（即虚假账号）在清粉行动中掉粉异常惨烈，有时一天会掉几万名粉丝。这种情况意味着这些账号在当年刷"粉"时，是按照每天几万名粉丝的量来刷的。因此，在选择 KOL 时，遇到这类账号需要特别谨慎。

## CAFE 科学选号方法论的关键点

前面曾提到，CAFE 科学选号方法论的四大维度是科学选号的关键点，从传播力到商业力这一阶段，看重 KOL 前端的"种草"能力这一阶段，再到粉丝力与成长力这一阶段，看重 KOL 后端的人群匹配，如图 4-11 所示。这些维度构成了一个全面评估 KOL 的框架，帮助品牌找到最适合的 KOL 合作伙伴。

| 前端："种草"能力 | | 后端：人群匹配 | |
|---|---|---|---|
| **C** 传播力 | **A** 商业力 | **F** 粉丝力 | **E** 成长力 |
| 个人 VS 商单<br>账号权重 | 关键指标<br>带货模型 | 粉丝 VS 观众<br>八大人群 | 涨粉趋势<br>正向 |

图4-11 CAFE科学选号方法论的关键点

**传播力：个人 VS 商单账号权重**

播放量中位数可作为衡量 KOL 账号权重的一个指标，其与行业均值的比较能够反映出 KOL 的流量基础是否具有竞争力，以及其性价比如何。此外，个人作品与广告作品的数据对比也至关重要。如果两者数据相近，则通常意味着内容稳定性良好；如果广告作品的数据优于个人作品的数据，则可能表明 KOL 的商业化能力较强；如果个人作品的数据更佳，则可能意味着 KOL 的商业化能力较弱，或者 KOL 的品类偏好较为严重。

**商业力：关键指标带货模型**

商业力是对 KOL 进行评估的非常重要的维度，特别是在抖音闭环化的背景下。越来越多的 KOL 开始挂上小店购物车，因此评赞率、购物车点击率、GPM、销售额区间及投流 ROI 模型等指标，都成为衡量其"种草"或带货能力的关键。对这些指标的交叉分析有助于揭示 KOL 的真实带货能力、品类偏好及其目标用户的消费水平。

### 粉丝力：粉丝 VS 观众八大人群

粉丝力则关注粉丝与观众之间的差异率。近期视频的观众画像能够提供真实观众群体，而粉丝画像则可能反映了观众的历史沉淀。如果两者之间存在较大差异，则可能表明粉丝数据存在造假情形，或者账号在转型期间通过内容重新吸引粉丝。确保粉丝画像与品牌目标购买人群的匹配，是实现"种草"效应的关键。

### 成长力：涨粉趋势正向

成长力关注 KOL 的涨粉趋势。处于成长期的 KOL 通常具有较高的投放性价比，甚至可能带来惊喜。理想的 KOL 应处于高速涨粉期，即便没有达到这一状态，也应保持稳定的粉丝增长。如果掉粉严重，则需要对账号进行重新评估。

通过对 CAFE 科学选号方法论的四大维度进行严格筛选，基于数据的理性判断，可以有效规避"水号"和"假号"，大幅提升品牌媒介效率，从而提高品牌 KOL 投放的成功率。

# 第 21 节
# 内容策略：SEVA 内容共创方法论

在抖音平台上，广告内容的策略往往呈现出两个极端。

一方面，我们看到了纯品牌广告的极端。这类广告以高端品牌形象和高品质产品的拍摄为特点，无论消费者是否喜欢或给予反馈，都通过 TopView 等广告形式，完成自上而下的传播，试图将电视媒体的 TVC 广告模式迁移到抖音，期望长期占领消费者心智，从而促进产品销售。客观而言，不评判广告质量的优劣，仅从传播效率来看，消费者在抖音上观看品牌电视广告的可能性极低，其效果与其他传播策略相比也难以令人满意。

另一方面，我们观察到了纯效果广告的极端。这类广告缺乏品牌心智和信任背书，完全依靠切中消费者的需求痛点，从而实现短期内的销售目标。在以算法为核心的流量平台上，生意的"收割"效率取决于算法和竞争对手。早期享受红利的品牌，随着时间的推移，红利逐渐减少，流量成本上升，投放的 ROI 下降。尽管其生意并未完全崩溃，但大部分利润已被平台蚕食。在这种情况下，投放广告变得困难，不投放广告则更为痛苦，品牌完全被流量所控制，陷入了"流量陷阱"。

对于前者，虽然传播效率不高，但品牌心智尚存，国际品牌往往采用此类策略，其凭借自身的历史积淀，虽然反应速度慢，也很少捕捉到红利，但基本盘稳固。当红利耗尽时，能够"收割"市场的往往是国际品牌。

对于后者，很多本土品牌和新消费品牌，由于生存压力和增长需求，往往追逐红利，哪里有红利就往哪里投放。然而，多年的追逐之后，品牌建设被放弃，"种草"ROI 不高，但投流成本高，导致品牌形象逐渐崩塌。

笔者认为，抖音的内容逻辑是"品效合一"。内容的"种草"心智实现了品牌的有效传播，而商业化的成熟使得"所见即所得"，购买转化效率更高，品牌资产与销量 GMV 可以平衡增长，这并不是顾此失彼的关系。

## SEVA 内容共创方法论

SEVA 内容共创方法论如图 4-12 所示，它以抖音"种草"心智为核心，帮助品牌找到与 KOL 联合共创内容的有效方案，最终实现"品效合一"的内容"种草"。

图4-12 SEVA内容共创方法论

SEVA 内容共创方法论通过对大量抖音"种草"成功的爆款视频进行深入拆解（将视频分为四个阶段），来实现"品效合一"的内容创作与传播。

第一阶段"场景关联"（Scene），目的是吸引精准的目标受众。这一阶段通过创造与用户日常生活紧密相关的场景，激发用户的兴趣，同时筛选非精准用户，从而影响算法的有效流量推送。

第二阶段"情绪调动"（Emotion），通过触及的痛点、恐惧、好奇、信任、精神等情绪需求，激发用户强烈的"情绪共鸣"，增强内容的吸引力或对 KOL 的信任度，进而引发用户更深入的关注，为产品"种草"做好铺垫性的工作。

第三阶段"价值传递"（Value），聚焦于产品推荐，实现有效的"种草"。这一阶段是品牌 Brief 中"超级买点"特性的体现，通过展示产品使用体验的"视觉演示"和内容逻辑中的"效果对比"，让用户产生强烈的购买欲望。

第四阶段"行动指令"（Action），是"种草"转化的关键，通过语言、手势、促销活动、信任背书等手段，发送明确的"行动指令"，引导用户"买它"，完成转化的最后一步。这一阶段通过有力的指令，确保用户采取行动。

如图 4-13 所示，通过 SEVA 内容共创方法论的四个阶段，使得产品功效、品类心智、品牌态度在抖音内容创作中实现深度融合，并确保"种草"的有效性。无论是 KOL 共创内容、信息流广告、直播间引流素材，还是产品 TVC，基于 SEVA 的内容"种草"框架都能实现品效兼顾，提升内容营销的效果。

| **S**cene 场景关联 | **E**motion 情绪调动 | **V**alue 价值传递 | **A**ction 行动指令 |
|---|---|---|---|
| 吸引 3s | 共鸣 15s | 心动 30s | 行动 5s |
| "需求场景"关联，切中需求和痛点，吸引目标人群关注，同时劝退非精准用户，进而影响算法有效流量推送。 | 通过激发用户痛点、威胁、好奇、信任等情绪需求，对内容产生强烈的"情绪共鸣"，引发用户进一步的关注。 | Brief"超级买点"特性的表达，产品使用体验"视觉演示"，内容逻辑突出"效果对比"，让用户被"种草"，并产生强烈的购买冲动。 | 通过语言、手势、促销活动、信任背书等行为，发送"行动指令"，引导用户"买它"，完成转化的临门一脚。 |

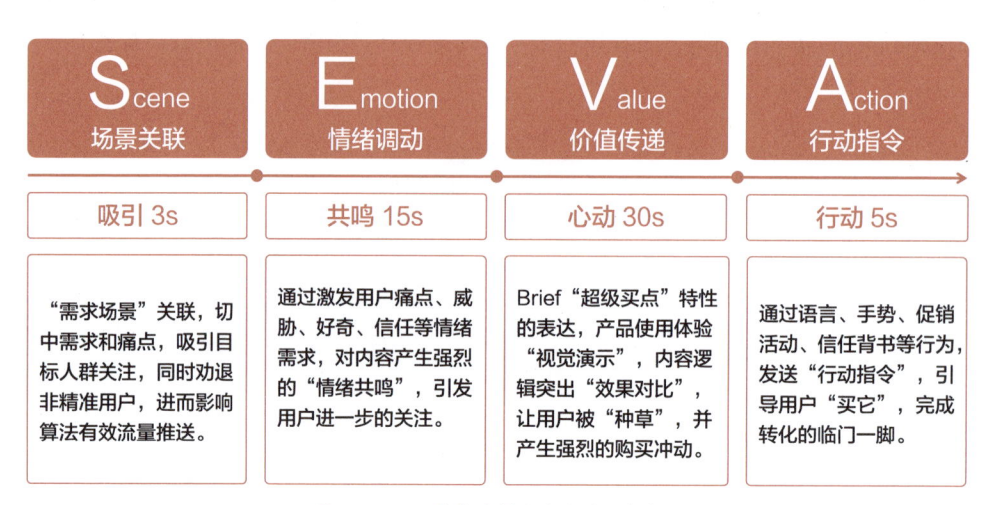

图4-13 SEVA内容共创方法论的四个阶段

## 场景关联

在抖音短视频内容创作中，通常采用"黄金 3s"作为场景话题的切入点，以吸引目标用户的注意力并促使他们停留观看。同时，这也是对非目标用户进行筛选和劝退的过程。大约在前 3s 左右，第一波用户流失（即正常流失）会结束。如果在这之后用户流失仍然严重，则通常是因为场景关联吸引了非目标用户群，导致无效人群的延迟流失。

抖音并非纯粹的购物平台，大多数用户仍以非消费需求为主。因此，场景关联的策略直接影响着所吸引的用户质量。从吸引用户和用户留存的角度来看，存在对消费群体的"精准吸引"和对社会群体的"广泛吸引"这两种情况。

对消费群体的"精准吸引"侧重于垂直类口播 KOL，通过强烈的需求和痛点话题，吸引精准的目标消费群体。被吸引的用户群体通常在话题上存在两个明显的共性：

与我"有关系"和对我"有益处"。

例如，一条卫生巾的 KOL "种草"视频，前 3s 提出的问题："你知道吗？一个月有 1/4 的时间，你可能都坐在垃圾堆上"，对于女性用户而言，这是一个非常能被触动的点，促使她们认为与自己"有关系"，从而继续观看视频。再举个例子，一条护肤精华产品的 KOL "种草"视频，前 3s 开场提到："你想不想睡一觉皮肤就像开了美颜一样"，于是爱美的女人一下就心动了，她认为可能对自己"有益处"，从而引发好奇与对视频的关注。

对社会群体的"广泛吸引"则通常由非垂直类 KOL 实现，通过强场景逻辑切入"种草"，以"有意思"和"有期待"的内容吸引泛消费人群。这类视频由于曝光量足够大或者泛消费人群流量池大，能够带来较大的播放量。尽管转化率远低于"精准吸引"带来的目标消费受众，但高曝光量和低转化率仍能实现 GMV 产出目标和广泛"种草"的作用。

举个例子，笔者曾经投过明星类的"种草"视频，内容形式是"明星化妆间的秘密"，广泛吸引女性用户的猎奇心理，利用明星效应和高颜值的彩妆产品植入，在千万级曝光的"有意思"剧情下，产品最终实现了六位数的销售额。

在场景关联环节设置上，一定要警惕"毒药流量"，即非目标受众，这类流量几乎是无效流量。如果视频的前 3s 内容吸引了非目标用户，则可能会严重干扰算法的正常过程，导致内容无法精准推送或反馈不佳，进而影响短视频的转化效果。如果是信息流广告，则无效人群会在 3s 之后出现第二波流失高峰，严重影响短视频的转化效果。

例如，一个以助眠产品为主题的视频，如果以失眠导致的脱发问题作为话题切入点，则实际上涵盖了失眠人群和脱发人群。然而，当视频中出现助眠产品时，由于脱发人群发现这并非他们所需的产品，可能会选择离开，这导致了视频在 3s 之后出现新的流失高峰，严重影响了视频的转化效果。

### 情绪调动

在第一阶段通过场景切入吸引目标受众后，用户被激发出了继续观看的兴趣。第二阶段大约持续 10~15s，这个阶段的目标是强烈调动用户的情绪。情绪的强烈程度与内容共鸣的程度成正比，这对于第三阶段的产品"种草"起到了至关重要的铺垫作用。

痛点、威胁、好奇、信任和精神这五种需求共同构建了情绪调动金字塔，如图4-14所示，通过深度理解用户心理，激发内在的情感共鸣，来增强内容吸引力，为后续的产品推广打下坚实基础。

图4-14 情绪调动金字塔

### 第一种情绪：痛点

痛点源于基础的生理需求，关注的是如何解决问题，让用户意识到问题的存在。需求的强度越高，痛点越痛，情绪调动的效果就越明显。

### 第二种情绪：威胁

威胁源于安全需求，通过揭示潜在的危害，激发用户的恐惧心理，进而引发用户对威胁的关注。

### 第三种情绪：好奇

好奇属于消费升级的需求，用户对内容充满期待，好奇心驱使他们产生兴趣，期待后续的内容。好奇心也能引发感性（情感）消费，这是抖音兴趣电商的魅力所在。

### 第四种情绪：信任

信任源于尊重需求，建立在人设的真实性之上。无论是KOL还是品牌，真情实感都能让用户产生信任。用户关注的不仅仅是解决问题，更是如何解决问题。

**第五种情绪：精神**

精神源于自我实现，一些KOL之所以能够火爆，是因为他们的人设让用户憧憬并向往成为那样的人，至少在精神层面上想要与其一致。一些品牌之所以拥有极高的粉丝忠诚度，正是因为品牌的价值主张满足了用户对精神实现的向往。

痛点和威胁是用户的基础需求，当这些需求被"种草"之后，往往会触发理性的消费行为。强烈的刚需和痛点能够促使用户愿意购买产品，但不太可能接受更高的溢价。相比之下，好奇和信任是更高层次的消费需求，它们满足了用户的情感价值或对某个KOL的信任，从而引发感性消费。进一步上升到自我实现的情绪，例如创业故事、价值主张、民族自豪感等，都能激发用户的精神消费。

以抖音信息流广告为例，大多数内容停留在痛点和威胁情绪，虽然这些情绪也能产生购买转化，但没有触及内容心智，难以帮助品牌在品类赛道中占据有利位置，也无法在用户心中留下品牌心智。当产品能够满足用户的强刚需，并且具有极高的性价比时，当然可以在抖音开展这样的生意。

用户对抖音KOL的"种草"通常介于好奇和信任情绪之间。KOL拥有人设、信任和势能，用户最初可能并不认识品牌，但出于对KOL的信任而产生购买行为。从这个意义上说，KOL也满足了用户的信任需求和情绪价值。抖音的超头部KOL或极其个性化的KOL，往往能满足用户的精神需求。

那么，为什么KOL的内容能够创造强烈的情绪调动呢？因为这些内容是KOL自身的"真情实感"，甚至是他们的"血泪史"，内容越真实，用户记忆越深刻，就越能直击用户痛点，让用户感同身受，产生强烈的情感共鸣，为产品价值传递阶段打下坚实的基础。

内容共创的精髓在于借势，借助KOL的影响力、人设、粉丝的信任，最终通过KOL的口，实现了品牌从品类定位到品牌态度，再到产品功效的有效传播。

以一个正面案例为例，我们曾参与操盘薇诺娜品牌的投放，与客户共创了Brief，锁定了干痒、泛红和敏感三大皮肤症状。在筛选KOL的过程中，我们发现一位KOL的皮肤症状比这三种症状更为严重，而KOL本人也拥有深刻的敏感体验。最终，我们选择放手让其创作了第四种症状的内容，结果视频反响热烈，因为其案例的真实性和情感的深刻性，引起了粉丝的强烈共鸣，使得该视频成为一条带货近百万元销售额的火爆视频。

再来看一个反面案例。许多 MCN 机构批量孵化 KOL，这些 KOL 的颜值高，视频内容制作精良，后台数据维护也做得很好。笔者和客户踩过很多坑之后，深入分析了原因，如果 KOL 的人设是被"包装"出来的，即便 KOL 拥有强大的脚本演绎能力，那么他们也更像个演员，用户对此必然有所感知。KOL 的人设可以被包装，数据可以被维护，但真情实感和信任感的建立却远非易事。

### 价值传递

如果第二阶段的"情绪调动"已经成功埋下了伏笔，那么第三阶段的"价值传递"就需要提出解决方案了。

在这一环节，品牌需要清晰地定义产品的 Brief，如何在短视频的有限时间内有效地传达产品的核心价值，这直接决定了用户能否被打动，能否被"种草"。

如图 4-15 所示，价值传递环节可以分为四个关键要素：超级买点、辅助功能、信任背书和效果演示。这些要素共同构成了产品"种草"策略的核心，确保用户能够真正理解并接受产品的价值。

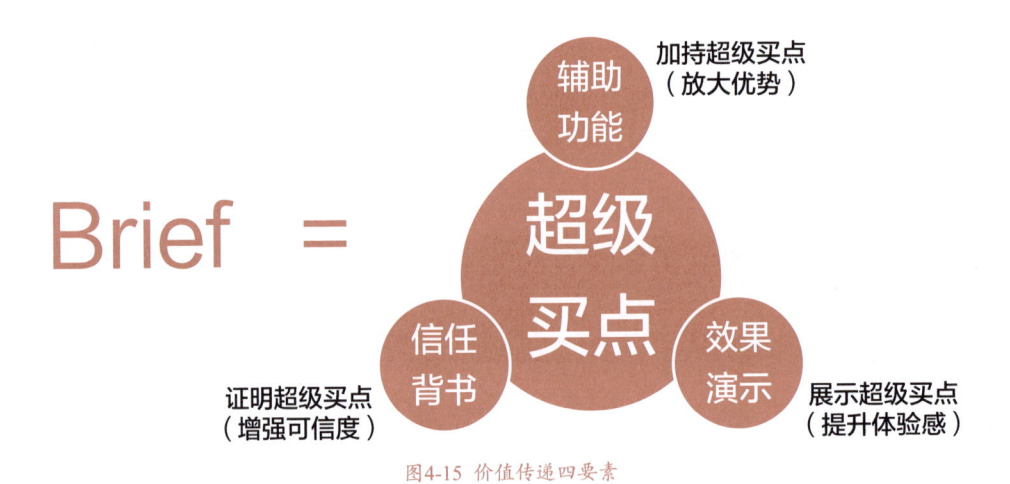

图4-15 价值传递四要素

#### 第一要素：超级买点

在超级爆品的"黄金三角法则"中，笔者曾提到使用"买点"而非"卖点"的重要性。买点是从用户的角度出发，思考他们购买产品的理由是什么，为什么要买自己的产品，而不是买其他竞品。买点是品牌站在用户的认知立场上，通过短视频实现有效的内容"种草"，而非品牌自说自话。

在今天的竞争环境中，仅靠普通的差异化已经难以赢得用户，这要求品牌要么提供极致的差异化，要么讲述足够有分量的故事。在定义产品 Brief 时，品牌首先要找到产品的差异点，明确产品好在哪里，让用户相信你的产品比其他品牌的产品更好，有足够的差异和优势。

超级买点只能有一个，它需要直击人心，直击痛点。辅助功能、信任背书、效果演示都是为了增强和放大这个超级买点。这就像"挖井"，不是来回浅尝辄止地打井，而是要找到井口并穿。如果产品 Brief "既要、又要、全都要"，包含了平行的五六个卖点，那么即使 KOL 真的在直播时勉强讲完，用户听着也是云里雾里的，最终什么都没记住。

### 第二要素：辅助功能

辅助功能是超级买点之外的次要卖点，它们不与主要卖点冲突，并且能够增强和放大超级买点的优势，而不可喧宾夺主。辅助功能点通常只需要一到两个，并不是越多越好。因为用户的记忆是有限的，他们需要记住的是核心的超级买点，其他的辅助作用都是为了凸显超级买点的价值，而不是分散注意力。

### 第三要素：信任背书

证明超级买点的真实性，并让用户选择相信品牌，需要展示产品的信任状。这些信任状通常来自企业的背书、成分的可靠性、科技专利，甚至品牌创始人的故事。信任背书的最终目的是增强超级买点的可信度和竞争力，在产品"种草"心智的基础上，再加一层信任力，从而提升产品的转化率和用户对品牌的认知度。

### 第四要素：效果演示

产品在短视频中即时展示效果，超级买点的视觉表达，可以更有效地激发用户的兴趣，并放大用户购买的期望，从而实现更好的"种草"效果。抖音短视频非常注重视觉表现，其中产品具备两个特性可以显著提升转化率：一是产品的"演示性好"，这意味着内容创作更加丰富和生动，提供更强化的体验感，使用户更容易被"种草"，并产生强烈的购买欲望；二是"效果对比"逻辑，尽管广告禁止直接展示效果对比，但用户在购买决策中，内容中的效果对比逻辑仍是核心关键。彩妆品类之所以比护肤品类在抖音上表现力更强，是因为其效果对比更加明显且合理合规。

价值传递的四要素并非平行关系，而是围绕"超级买点"构建的核心加持关系。辅助功能旨在强化超级买点的优势，信任背书则旨在增强超级买点的可信度，而效果演示则旨在顺应短视频的语法规则，以达到最佳的"种草"效果。在所有要素的合力加持下，超级买点得以"把井打穿"，实现品牌价值的最大化传递。

在笔者曾操盘的欧诗漫小白灯这个护肤爆品案例中，抖音广告审核对护肤产品功效有严格限制，尤其是美白产品的效果对比更是被明令禁止的。然而，我们依然通过巧妙的策略实现了美白对比逻辑的有效运用。

我们首先确定需求，将美白作为核心话题，并针对应季时节的刚需和学生群体进行介绍。超级买点聚焦于美白功效，主打欧诗漫小白灯的核心成分"珍珠多肽"。信任背书则来自品牌核心基因"珍珠"，以及一种专利的核心成分，这在市场上几乎是独一无二的。我们通过讲述品牌在珍珠美白领域的专利技术和科研投入，进一步强化了超级买点的可信度。

在效果演示方面，我们以童年时期的"小黑炭"形象（通过照片举证）和成年后的"白富美"形象（通过视频出镜）做比较，实现了"效果对比"逻辑，这种对比直观而引人入胜，反响非常热烈，达到了非常好的"种草"效果。

最终，我们通过投放流量，进一步放大了这条视频的影响力，销售额达到了近百万元，该视频也成为欧诗漫品牌当年的大爆"种草"视频之一。

## 行动指令

很多女性朋友对一些超头部主播的直播既爱又恨，这是因为她们真心喜欢观看这些主播的直播，主播的一个"OMG"或者一声"买它"，往往让人无法抗拒，导致冲动消费，花了不少"冤枉钱"。这里实际上涉及消费心理学的一个现象，即"心理暗示效应"。人们担心错过当天的优惠，明天不会再次出现优惠，因此在当下做出了冲动的消费决策。

在第三阶段价值传递完成后，我们需要做最后的临门一脚，即发出行动指令，让心动变成行动。行动指令通常会有四种模式：信任背书、产品指引、利益优惠、行动暗示。

#### 第一种模式：信任背书

KOL 使用自身的信任为产品背书，这是行动指令最强的力量。为什么与 KOL 合作的价格如此昂贵，但品牌仍然愿意投入呢？因为 KOL 的内容往往能够成为最佳的"内容模型"，通过内容放大流量，实现品效合一。

在第二阶段的"情绪调动"中，KOL 往往会讲述亲身经历的故事，展现他们的真情实感甚至惨痛的过往，这正是他们获得用户信任的关键。到了最后阶段的"行动指令"，KOL 通过自身的信任背书，完成了行动指令的发送，这种双重信任的加持，大幅提升了"种草"转化的效率。

#### 第二种模式：产品指引

在最后阶段，以产品功效完成最后的推荐，类似于用产品解决用户的需求，将产品作为信任背书，完成行动指令的触达。产品指引模式也会用在有多种产品供用户选择时，例如，什么样的肤质，应该选择哪种类型的产品。产品指引模式相比信任背书模式，信任力的程度要弱一些，但仍然是一种明确的"种草"效果引导方式。

#### 第三种模式：利益优惠

在信息流广告中，由于前面的信任背书相对有限，通常会在最后阶段通过利益优惠来引导用户，如限时折扣、优惠券、满减活动等。这种策略利用用户对价格的敏感性，激发他们的购买欲望。例如，在大促期间，通过提醒用户错过"618"或"双11"等大型促销活动就要再等一年，或者提供粉丝专属的优惠，如报暗号享受独家优惠等，这些方法都能够有效地促进销售。

#### 第四种模式：行动暗示

当 KOL 的粉丝量级较小，或者品牌担心广告痕迹过于明显时，KOL 可能就会选择使用一种暗示类的弱指令触达方式。这种方式更加委婉，不会直接命令观众采取行动，而是通过一些隐晦的提示来引导观众。在电视广告中，这种模式也很常见。例如，在广告的最后一帧画面，可能会停留一些内容，如"搜索品牌天猫旗舰店"的提示，这样的方式既不会过于生硬，又能有效引导观众采取进一步的行动。

SEVA 内容共创方法论被广泛应用于品牌"种草"心智类的内容框架。该方法论选择有真实人设的 KOL，通过场景关联、情绪调动、价值传递、行动指令四个阶段，品牌与 KOL 共同创造影响用户心智的"种草"内容，最终实现"品效合一"的内容创作与传播。

SEVA 的内容框架不仅适用于品牌"种草"的内容构建，也可以成为品牌拆解竞品爆款短视频内容的利器。通过拆解这些视频四个阶段的内容和逻辑，品牌可以参考或复制其核心要素，并将其应用于自身的"种草"行动中。

当然最好的老师往往来自竞争激烈行业中的顶尖玩家。例如，在美妆、个护、美容仪、大健康等行业中的头部玩家，在"种草"内容领域都有着极高的造诣。我们也可以借鉴这些成功者的经验，站在巨人的肩膀上，从学习、模仿开始，不断迭代突破，最终实现超越，走出属于自己的内容之路。

# 第 22 节
# 投放策略：AIMT 品效放大方法论

采用 CAFE 科学选号方法论能决定内容成功率的 50%，而 SEVA 内容共创方法论能决定另外 50% 的成功率。然而，即使这两者都做得非常到位，就一定能保障有效的内容传播吗？答案是还不能，正如在抖音"种草"失败的"七宗罪"中，提到的第五宗罪"没有放大内容流量"。

与 KOL 合作的成本相对较高，如果未能将优质内容流量放大 10 到 100 倍，那么这无疑是对内容的极大浪费。流量放大不仅能够提高内容的曝光度，还能提高转化率，从而确保内容的"种草"价值与商业价值得到最大化。所以，这就有了 AIMT 品效放大方法论的价值与意义。如图 4-16 所示为 AIMT 品效放大方法论。

图4-16 AIMT品效放大方法论

AIMT 品效放大方法论是一套完整的抖音投流组合策略，无论是从抖音到天猫的全链路投放，还是以品牌店播为核心的抖音闭环，AIMT品效放大方法论都完全适用。

AIMT品效放大方法论的核心逻辑在于"品效合一"，它不仅仅是一种效果投流方法论，更强调内容"种草"在抖音生态中的重要性。基于"壹零法则"内容驱动增长的核心思路，即内容被视为"1"，而流量则是"0"。AIMT品效放大方法论基于"内容放大"的投流策略，将抖音投放闭环拆解成四个阶段，如图4-17所示，其中前两个阶段，达人矩阵和内容放大，对应着"种草"效应；后两个阶段，投流放大和成交转化，对应着"收割"效应。通过这样的策略，品牌可以在抖音平台上实现更有效的"品效合一"。

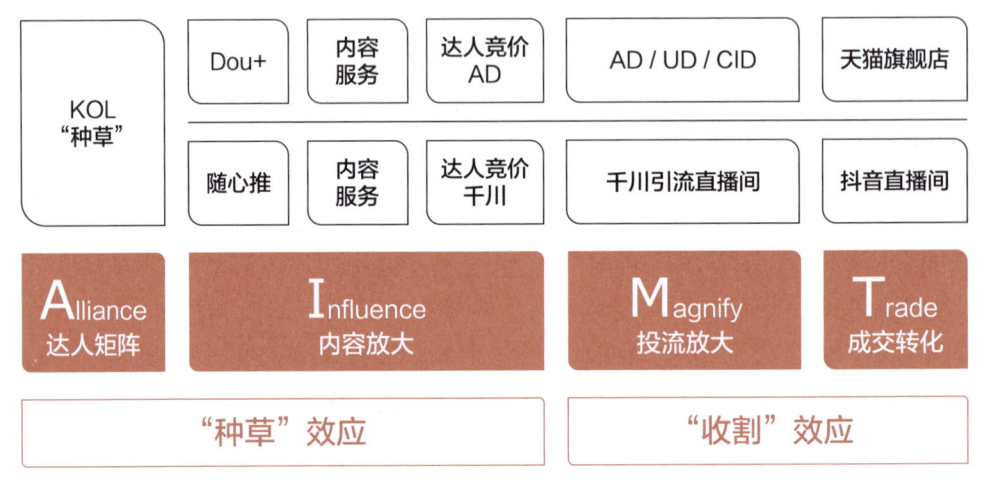

图4-17 AIMT品效放大方法论的四个阶段

## 达人矩阵（Alliance）

达人内容不仅是投流放大的重要载体，更是推动品牌势能增长的关键因素。达人矩阵构成了品牌内容策略的核心，而多样化的投流工具则在不同的内容形式中各司其职，发挥着不可或缺的作用。在抖音进行"种草"营销时，品牌往往需要采取矩阵式的投放策略，以实现更广泛、更深入的覆盖和影响。

头部KOL（粉丝量在500万以上）拥有极强的背书和示范效应，能够强力带动品牌势能。然而，短视频的生命周期和单个KOL覆盖人群的局限性意味着即使具有最强力的效果，也应考虑头部、腰部和尾部的组合投放。

肩部KOL（粉丝量在200万~500万）在抖音平台上的粉丝数量较少，因为当

KOL 拥有 200 万左右粉丝时，往往需要在内容上有重大突破，才有可能实现人群数量的破圈。一旦突破，涨粉速度就会很快，迅速冲到拥有 500 万粉丝以上。然而，肩部 KOL 的合作价格相对较高，且流量有限，性价比不高。

腰部 KOL（粉丝量在 50 万~200 万）是大多数品牌投放的主力对象。他们的内容创作能力稳定，账号权重适中，虽然自然流量有限，但能承载一定规模的内容流量加持，合作价格相对较低，性价比不错。腰部 KOL 是以内容投流打法见长的品牌投放的主力类型。

尾部 KOL（粉丝量在 5 万~50 万）在抖音生态中数量较多，账号权重略低，虽然自然流量有限，但合作价格相对较低，也能承载一定的内容投流，如果内容把控得当，投流杠杆加持，那么它也能具有较高的性价比。

KOC（粉丝量在 5 万以下）的流量非常不稳定，内容创作能力有待验证，因为账号权重低，承接内容流量的能力较弱，难以起到利用内容放大效果的作用。但对于一些产品"种草"属性强或刚需的产品，如食品、彩妆、本地生活等，KOC 可能会带来不错的效果。但对于大多数的消费品牌而言，采取规模化的 KOC 进行铺量，虽然合作价格不高，但人力成本和精力投入巨大，且效果难以保障，对品牌而言未必划算。

在达人矩阵中，头部 KOL 发挥着至关重要的作用，它们不仅能够提升品牌的势能，还具有强大的示范效应，如同火车的火车头，引领品牌前进的方向。与此同时，腰部与尾部 KOL 则贡献了丰富多样的真实"种草"内容，如同火车的车厢，为品牌传播提供了坚实的基础。

当达人矩阵得到恰当的组合时，品牌既能充分利用头部 KOL 带来的强大势能效应，快速提升品牌影响力，也能享受到腰部与尾部 KOL 带来的长尾效应，确保品牌信息在更广泛的人群中得到传播和认可。这样的组合策略有助于品牌在抖音平台实现持续而深入的内容营销。

## 内容放大（Influence）

内容放大策略依赖于 KOL 原生视频内容作为投放载体，并运用内容投流工具来增强内容的传播效果。在抖音与天猫两大平台中，存在不同的内容投流工具组合。

天猫链路：包括 Dou+、内容服务和达人竞价（AD）。

抖音闭环：包括随心推、内容服务和达人竞价（千川）。

**内容投流工具之一：Dou+**

1）Dou+ 的基本属性。

第一，Dou+ 是最基本的短视频内容加热工具。

第二，Dou+ 是最小的广告投放单元，100 元起投，可在手机端操作，不同水平的用户都能使用，小白与高手在工具端平起平坐。

第三，Dou+ 是短视频内容测试的第一步，是验证"内容模型"带货能力的开始。

2）Dou+ 的人群定向。

基础定向：涵盖性别、年龄、地域等基本信息。

兴趣定向：基于类目标签进行划分，从类别到子类目，提供相对粗粒度的定向。

达人定向：基于达人粉丝的定向投放，以提高投放精准度。

人群定向组合常见的几种投放策略：基础定向投放，主要结合性别、年龄和地域，人群投放范围相对较宽。另一种方式，基础定向+兴趣定向，以此提高精准度。相比之下，基础定向+达人定向的人群投放效果会更好。

3）Dou+ 的分发逻辑。

Dou+ 是基于 KOL 人设标签和粉丝画像，在以"人为核心"的粉丝相似人群中扩展投放策略的。KOL 粉丝越多，账号权重越高，Dou+ 流量分发的效果越好。

抖音 KOC"种草"难以成立的原因在于他们的粉丝基数较小，账号权重较低，导致其在以人为核心的粉丝圈层扩展效果不佳。因此，KOC 往往需要调整定向策略，将内容强行推送到精准用户面前以提升效果。然而，由于账号权重较低，他们的内容衰退速度比 KOL 快得多。即使 KOC 摸索出了人群定向，也很快会遇到流量瓶颈。

4）Dou+ 的流量逻辑。

Dou+ 作为一种内容投流工具，依赖于内容流量，即以 KOL 为内容流量池。Dou+ 的分发逻辑同样以内容为中心，无广告标签，具有深度"种草"效应，这种内容流量是实现"种草"效应的最优质的流量来源。当整个市场的流量竞争不够激烈时，Dou+ 投放 ROI 的效果往往优于 AD 类竞价工具。

然而，Dou+ 也扮演着剩余流量的角色。在 Topview（抖音首位广告）和 OCPM（抖音竞价广告）的流量消耗之后，剩余的流量便成为 Dou+ 的流量池。在大盘竞争趋于饱和时，尤其是在大促期间，品牌在 OCPM 上的出价可能比日常的出价高 2~3 倍，但仍难以获取足够的流量。在这种情况下，Dou+ 的投放效果会变得较差，甚至难以投放出去。

5）Dou+ 的投放策略。

Dou+ 的投放策略分为三种：智能投放、定向投放和粉丝投放。

智能投放：适用于粉丝数超过 50 万的 KOL，这些 KOL 通常具有较高的权重，可以利用其播放量中位数来判断。这种策略有利于扩展粉丝圈层，内容具有时效性。

定向投放：适用于粉丝数低于 50 万或权重较低的 KOL，或者持续在 Dou+ 投放超过 15 天后，ROI 明显下降的情况。这种策略需要更精准地定向人群，以提高投放效果。

粉丝投放：这种策略专门针对 KOL 的粉丝人群，即粉丝必见。垂直类和泛垂直类 KOL 的流量相对有限，因此粉丝流量成为必投的选择。粉丝投放是投流产品中 CPM 最低、效果最好的一种策略，同时也有利于内容建模，帮助品牌突破流量池的限制。

6）Dou+ 的 ROI 模型。

Dou+ 投放的依据是"投流 ROI 模型"，这一模型基于流量成本与成交销售的 ROI 关系，而非直接基于 KOL 的成本。它是在 KOL 发布视频后，通过自然流量曝光所吸引的销售额来进行测算的。

投流 ROI 模型的公式为 GPM/CPM，即千次曝光销售额除以千次曝光成本。在投放过程中，会设定一个 ROI 的最低标准值，例如 1 或 1.2，只有当投流 ROI 模型高于这个标准时，才会进行 Dou+ 投放。在通常情况下，投流 ROI 模型较高的内容会消耗掉大量的 Dou+ 流量。

**内容投流工具之二：内容服务**

1）内容服务的基本属性。

内容服务是抖音平台的硬广模式内容加热工具，它允许品牌通过官方渠道对内容进行加热，以提升其曝光度和互动率。

内容服务是官方大号版的 Dou+ 工具，与 Dou+ 相比，内容服务的起投金额较高，且没有经过测试验证的内容进行投放就相当于"梭哈"模式，即高风险、高回报。

内容服务需要走人工模式，它采用媒体排期的形式下单，即品牌需要通过官方渠道提交内容投放的请求，并按照抖音官方的排期表进行投放。

2）内容服务的人群定向。

内容服务采用精准投放模式，其精度取决于品牌圈选的人群包。该服务支持OCPM（目标千次曝光成本）模式的人群圈选策略，这使得其人群颗粒度比Dou+的更高，能够实现更精细化的目标受众定位。

尽管内容服务提供高精度的圈选人群策略，但它不支持品牌自主圈选人群。品牌需要将圈选人群的逻辑以表格的形式提交给抖音官方，由抖音官方负责完成人群圈选和下单。这种操作方式确保了圈选人群的准确性和投放策略的专业性。

3）内容服务的投放策略。

头部KOL投放策略：品牌应与头部或超头部KOL合作，在脚本样片阶段提前通过广告审核，以确保投放过程顺利。如果能够预判KOL的带货能力，或者在视频发布后的第一天观察到流量ROI模型数据，并且表现符合预期，那么可以直接开启内容服务的投放。对于超头部KOL，笔者的投放经验是，每周的投放预算为百万元级别。对于头部但不及超头部的KOL，投放预算可以适当降低至几十万元。如果预算再低，投放量级自然也会减少。一种稳妥的方式是先进行Dou+投放，以测试市场反应。

电商大促投放策略：在大促活动临近或进行期间，内容服务可以提前一个月锁定大促流量，避免出现有预算却无法投放的尴尬情况。选择近三个月内具有良好投流ROI表现的视频进行排期，在大促期间加大投放力度。内容服务如果使用得当，将成为一些品牌在大促期间抢夺流量的利器。在大促期间，用户的购买欲望大幅提升，支付转化率是平时的2~3倍。虽然竞争激烈，但只要能成功抢到流量，整体的ROI通常就会优于日常。

总的来说，内容服务对内容的要求较高，且属于高风险的"梭哈"模式。如果决定投入，那么在投放前需要重点关注两个指标：一个是"投流ROI模型"，这直接关联到投资回报；另一个是"评赞率"，这反映了内容本身的质量和受众吸引力。这两个指标的高低在一定程度上代表了承载流量能力的大小。

**内容投流工具之三：达人竞价**

信息流竞价广告产品主要分为以下两种形态。

（1）广告信息流，这是大家最为熟悉的一种形式，即通过竞价方式在抖音的信息流中展示广告内容，以达到品牌推广和销售的目的。

（2）达人竞价，即 KOL 原生信息流，指的是达人授权其原生视频后，品牌可以在这些原生视频上直接进行信息流竞价投放。这种方式充分利用了 KOL 的影响力，同时通过竞价机制实现对广告内容的精准投放。

1）达人竞价的基本属性。

第一，达人竞价是达人原生信息流的竞价投放工具。

第二，达人竞价的投放数据，如播放量、点赞数、评论数等，会沉淀在达人短视频中，前台展示数据为自然流量与达人竞价投放累积的总数据。

第三，达人竞价需要达人授权，在授权通过后，直接投放达人原生视频竞价广告。

2）达人竞价的人群定向。

信息流竞价的人群策略是人群颗粒度最细、精确度最高的投放策略，其核心是三大人群策略，即云图策略、莱卡策略、达人策略。

云图策略：云图策略是一种基于抖音人群包的扩展投放策略，其核心打法是进行品牌人群扩展。通过分析品牌 5A 人群资产或已购人群的种子包，可以拓展出成规模的相似人群包，从而实现更广泛的品牌覆盖。

莱卡策略：莱卡是抖音官方提供的一种投放策略，专注于抖音行为兴趣（关键词）的投放。在莱卡策略中，通常会从五大维度进行关键词的圈选：品类词、搜索词、竞品词、功效词、场景词，以实现对目标受众的精准定位。

达人策略：通过圈选优质达人的粉丝群体，并结合用户的互动行为，如已关注、视频互动、商品互动、商品点击、商品下单等，来提高广告投放的投产比。这种策略利用了抖音号（达人粉丝覆盖）与用户行为的双重信息，实现更加精准的投放。

3）达人竞价的流量逻辑。

在达人竞价投放 KOL 原生视频时，素材是预先确定的，这意味着品牌与受众的沟通场景是明确的。竞价投放的流量逻辑就是基于这些确定性的场景，先通过对不同人群策略的圈选，再通过投放 ROI 结果来比对不同人群之间的转化率，从而确定最佳的人群组合。

达人竞价的本质是将内容流量进行商业化。根据笔者过去的操盘经验，一旦启动达人竞价，一周的投流量级通常就会在百万级别。与 Dou+ 的规模上限相比，内容服务的媒介排期操作、达人竞价几乎没有限制，因此在 KOL 原生短视频的放量上具有极大的优势。

**内容投流工具之四：随心推**

1）随心推的基本属性。

第一，随心推是抖音闭环短视频内容加热工具。

第二，随心推与 Dou+ 在操作模式上类似，但它是巨量千川的简化版，更适合在手机端使用。

第三，随心推的流量池是千川流量池的一部分，这意味着其流量质量更优。然而，由于它是千川的简化版，其流量规模相对较小，不如 Dou+ 那么庞大。

2）随心推的人群定向。

基础定向涵盖性别、年龄和地域等基本信息，为投放策略提供了一个宽泛的框架。兴趣定向则更加细化，主要以类目标签进行划分，从大类别到子类目，虽然颗粒度相对较粗，但仍然为精准投放提供了更多的选择。达人定向则基于达人的粉丝群体进行定向投放，通过分析达人的粉丝画像，品牌可以更精准地将广告内容传递给潜在的目标用户。

这些投放策略与 Dou+ 类似，都是通过分析用户的基本特征和兴趣偏好来提高广告投放的精准度，从而提升广告效果的。

3）随心推的分发逻辑。

与 Dou+ 类似，随心推也采用"人为核心"的粉丝圈层 Look Like 扩展策略。这种策略通过对达人的粉丝画像进行研究，寻找与达人粉丝相似的人群，以实现广告的精准投放。然而，随心推对内容的要求更高，因为其流量池属于千川，所以内容必须符合广告审核要求，以确保广告的合规性和效果。

4）随心推的流量逻辑。

随心推与 Dou+ 在投放策略上存在一些差异。随心推采用的是深度转化模型，其投放目标更加明确，即以"成交"结果为导向，旨在直接实现销售转化，即成单模式。

在投放过程中，随心推更加注重结果导向，在操作上更为直接和高效，旨在快速实现 ROI 的最大化。

5）随心推的 ROI 模型。

由于随心推采用成单模式，其投放目标直接关注于销售转化，因此系统会根据内容在流量池中的反馈自动计算出合适的 ROI 模型。在这种情况下，笔者通常不会对出价进行调整，以避免干扰系统的跑量计划，确保广告投放能够以最佳效率实现转化目标。

6）随心推的投放策略。

测试阶段：首先进行不定向投放，以观察整体效果。中腰部以上 KOL 的权重较高，不对其设定向投放也能获得良好的跑量表现。然而，对于权重较低的尾部 KOL 或 KOC，建议从一开始就设置定向投放，以提高投放的精准度。

验证阶段：随心推作为千川的简化版，其单次投放订单类似于竞价的单条计划。因此，为了获得更全面的投放效果，建议采用多订单（多计划）的方式进行投放。通过这种方式，可以快速识别出 ROI 良好的跑量计划，并做进一步优化。

放量阶段：一旦找到 ROI 良好的跑量计划，就可以考虑加大预算。此外，这些计划可以复制投放，以扩大投放范围，验证已被证明有效的人群。

**内容投流工具之五：千川**

千川的投放主要分为两种形态：短视频投放和直播间投放。笔者主要分享的是基于 KOL 原生短视频的投放策略，但同样的逻辑也适用于蓝 V（企业官方账号）内容、直播间视频素材引流等场景。

1）千川的基本属性。

千川短视频可以被看作抖音闭环环境下的达人竞价投放模式。这种投放方式的特点是，短视频的投放计划无须经历冷启动阶段，就能够迅速实现起量，其跑量规模更大，计划的生命周期也更长。

2）千川的流量逻辑。

千川采用深度转化模型，其投放目标非常明确，以"成交"结果为最终目的，即成单模式。在投放策略上，千川追求的是直接的效果，以实现最高的 ROI 为目标，在操作上更加直接和高效。

3）千川的人群定向。

与达人竞价相似，千川短视频的三大核心人群策略（云图策略、莱卡策略、达人策略）同样适用，但也存在一些差异，并引入了许多新玩法。

第一，5A人群资产。抖音闭环下的云图5A人群资产是千川深度转化模型的基础，这与阿里巴巴的UD（Unidesk）策略非常相似。在千川的极速推广模式下，黑盒算法主要用于消耗品牌高净资产的A2人群和A3人群。

第二，投放难度降低。千川的投放难度相较于以往有所降低，对投手的能力依赖度也相应降低。然而，这并不意味着品牌可以放松对"种草"能力的培养，相反，对内容能力的要求更高了。有效的"种草"在获取A2人群和A3人群方面的权重非常高，这反映了平台对品牌内容能力的重视。

第三，人群资产分层运营。在使用云图5A人群进行投流触达时，ROI效率非常高，这使得人群资产的分层运营和投放触达的价值被大大放大。云图作为抖音的人群资产"数据银行"，其价值也将越来越大。

## 投流放大（Magnify）

在抖音的营销策略中，商业投流工具（AD、UD、CID、千川）虽非内容投流的重点，但与内容投流工具（Dou+、随心推、内容服务、达人竞价）共同构成了品牌推广的强大组合拳。

在塑造超级爆品的过程中，优秀KOL和内容投流是推动产品火爆的关键力量，而商业投流工具则能显著放大超级爆品的销量优势，扩大产品在市场上的影响力。爆品不仅要拥有较高的影响力，还需实现可观的销量，例如月销10万件以上。

用户的认知往往是循环的，他们认为热门产品销量必然很高，而较高的销量反过来又证明了产品的火爆。很可能出现的情况是，在10万件以上的销量中，仅有1万件左右是由内容直接推动的，但这1万件左右的销量却通过杠杆效应，极大地提升了商业流量的转化率和电商平台的收益效率。

品牌应深入理解在销量数百万至千万级的品牌直播间中，短视频引流所占的比例。根据笔者的项目经验，这一比例往往超过80%，这意味着即便是在进行直播投放，核心依然在于短视频的投放效果。抖音直播间的流量池非常有限，直投策略能够获取的流量仅占短视频流量池的10%。因此，优化短视频引流策略能够使整体流量规模扩大10倍以上，从而提高获客质量，增强直播间GMV的稳定性。哪怕是直播间的经营，也再次证明了内容驱动增长的底层逻辑，品牌又回归到做好内容的原点。

在抖音的闭环生态系统中，一旦内容"种草"的效应打开，云图A1人群~A3人群资产就会显著增长，此时通过千川的直播投放，可以迅速捕捉品牌增长的溢出效应，提升品牌直播间的ROI和GMV。因此，品牌在抖音上的营销策略应充分利用商业投流和内容投流的协同作用，以实现品牌影响力的提升和销量的快速增长。

## 成交转化（Trade）

在抖音的营销生态中，以AD、UD、CID为核心的效果投流工具，扮演着成交转化关键环节的角色。这些工具将流量最终引导至品牌的天猫旗舰店，实现了从抖音投放到天猫引流的全链路营销。

与此同时，千川工具则专注于引流至品牌官方直播间，通过直播形式完成抖音生态内的闭环"收割"。关于抖音闭环经营能力的深入探讨，笔者将在后续的"经营力"章节中进行详细阐述。

在AIMT品效放大方法论模型中，达人矩阵和内容放大是品牌在抖音上进行内容"种草"的关键策略。通过这些策略，品牌能够有效触达和扩大5A人群资产，尤其是A3"种草"人群的规模。接着，投流放大和成交转化策略则在抖音的"收割"链路中发挥作用，助力品牌实现销量增长的目标。这一系列策略的协同作用，打造了产品的爆品效应，增强了品牌的抖音势能，还提升了直播间的转化率和销售额，从而在抖音闭环生态实现了从"种草"到"收割"更高的效率。

## 抖音兴趣电商的趋势

抖音的生态规则持续演变，每月有细微调整，每季度有一轮迭代，每半年有一次重大洗牌，其商业化产品也随之进化，不断提升成交转化的效率。显而易见的是，抖音的商业化进程将日益成熟，兴趣电商生态也将愈发繁荣。自2019年起至2024年，抖音兴趣电商已走过四个重要发展阶段（KOL阶段、AD阶段、千川阶段、商城阶段），如图4-18所示。

```
KOL阶段          AD阶段           千川阶段          商城阶段
2019—2020年  →  2020—2021年  →  2021—2023年  →  2023—2024年

 小黄车           落地页            直播间            泛商城
(购物车)         (信息流)          (店播)          (猜你喜欢)

 短视频           短视频            短视频            短视频
```

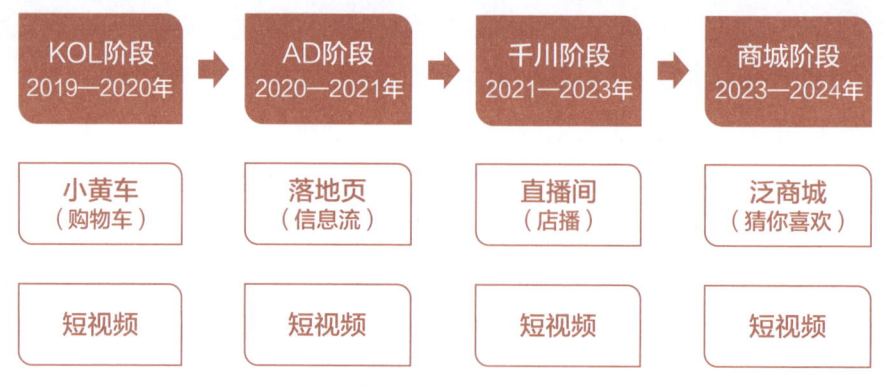

图4-18 抖音兴趣电商四个重要发展阶段

2019—2020年，是抖音KOL商业化阶段。KOL通过短视频挂载小黄车（购物车），将流量引至天猫旗舰店，实现了新客户的增长和转化"收割"。这一时期，诸如完美日记、花西子等新消费品牌借助KOL的影响力迅速崛起。此阶段的抖音操盘策略是在抖音进行内容"种草"，在天猫进行"收割"。

2020—2021年，抖音进入信息流（AD）商业化阶段。短视频内容搭载信息流商业流量，触达用户并通过落地页承接，最终在天猫旗舰店完成转化"收割"。这一阶段，诸如纽西之谜隔离霜、高姿防晒等流量驱动型大爆品应运而生。抖音信息流的运营逻辑与淘宝钻展直通车相似，区别在于内容形式从图片转变为短视频。

2021—2022年，抖音品牌店播商业化成为主流。这一阶段证实了直投直播间的流量规模有限，通过短视频内容引流至直播间成为主要投放策略。短视频引流，直播间承接，由于直播间产品转化效率更高，因此在此阶段发力的品牌店播均取得了不俗成绩，这一阶段也验证了抖音闭环电商生态的形成。

2023—2024年，抖音重点发展中心商城。搜索流量、商城流量、泛商城（猜你喜欢）被整合进中心商城，当品牌在公域生态中实现人群破圈和新客拉新时，中心商城也会提供流量反哺。抖音期望品牌不仅进行花钱推广，而且能够在平台上有更多沉淀和留存，从而提高品牌在抖音兴趣电商生态中的综合ROI。至此，抖音全域兴趣电商（内容场+货架场）生态格局已经形成。

在KOL阶段，品牌通过短视频触达用户，电商转化承载于购物车；在信息流阶段，用户的触达依然依靠短视频，但电商转化进化为承载于落地页，电商效率和ROI显著提升；在直播阶段，用户的触达依旧依靠短视频，电商转化进一步发展为承载于直播间，ROI得到更大提升；在商城阶段，用户的触达继续依赖短视频，电商转化升级为承载于商城，品牌实现了 GMV 的溢出和收获"猜你喜欢"带来的免费流量，品牌在抖音全域 ROI 得到进一步提升。

抖音电商转化承载从购物车到落地页，再到直播间、商城，每次迭代都显著提升了电商转化效率。在可预见的未来，抖音电商的迭代效率将越来越高，但品牌无论是触达用户，还是对用户进行心智"种草"，始终都依托于短视频内容，这一点从抖音诞生开始就没改变过。正如壹零法则所讲：内容是"1"，流量是"0"，流量是工具，是手段，但没有优质的内容作为载体，流量就难以发挥其应有的作用和价值。

我们身处在一个最好的消费时代，品牌享受着未来 5~10 年的"内容红利"。

在兴趣电商时代，每一位用户，都身处智能算法的中心，每个人都在通过"内容"塑造自己的消费"算法"，并最终做出符合个人"心智"的选择。

# 第五章
# 增长的支撑：经营力

# 第 23 节
# 抖音全域兴趣电商

抖音的兴趣电商生态已经发展得非常成熟，形成了一个自闭环的平台生态。巨量引擎提供广告服务，星图则是达人服务的平台，千川专注于投流服务，而云图则提供品牌资产的数据服务。在中国互联网领域抖音生态可能是唯一具有如此规模的自闭环平台生态。

面对这样复杂多变的抖音兴趣电商生态，如何进行全域经营成为许多品牌面临的巨大难题。这既表明品牌在抖音生态中遇到了很大的挑战，也反映出品牌已经不再单纯地从营销角度看待抖音，而是开始着眼于长期的发展和经营策略。

## 抖音全域兴趣电商生态

在抖音生态大会上公布的一组数据显示，2022 年单月带有电商意图的搜索次数高达 64 亿次。这一数据表明，抖音兴趣电商生态中的"电商"心智正在不断成熟。消费者的行为认知已经发生了明显的变化，他们不再将抖音仅仅视为一个"内容"平台，而是将其作为一个融合了"内容＋电商"的综合场景。这意味着，由搜索和商城构建的"人找货"的货架场变得越来越重要，它是对"货找人"的内容场兴趣生意链路的一种重要补充。如图 5-1 所示，内容场与货架场，构成了完整的抖音全域兴趣电商。

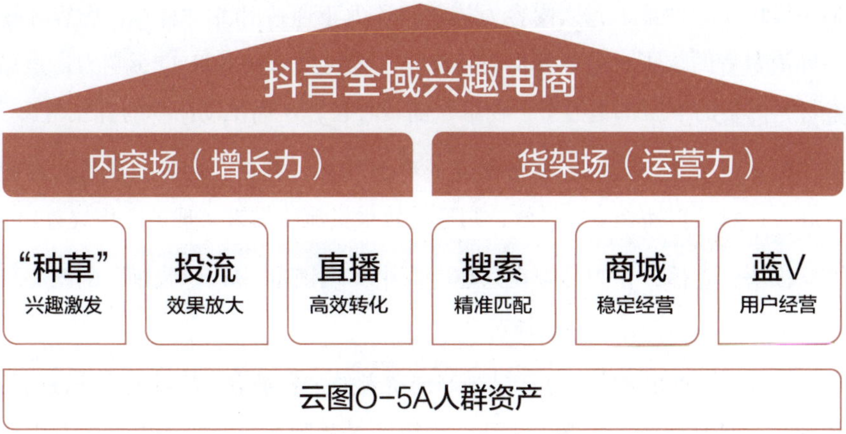

```
                    抖音全域兴趣电商
        内容场（增长力）          货架场（运营力）
   "种草"     投流      直播      搜索      商城      蓝V
  兴趣激发   效果放大   高效转化   精准匹配   稳定经营   用户经营
                  云图O-5A人群资产
```

图5-1 抖音全域兴趣电商

我来解释一下"货找人"与"人找货"的区别。

"货找人"是指算法根据人群的兴趣标签，将相应的产品推送给具有这些标签的人群。这种模式的特点是悄无声息地激发消费者的需求，在他们观看短视频内容时被"种草"，并最终完成购买。这是兴趣电商最具特色的价值所在。随着数据的不断积累，消费者的行为模式变得越来越清晰，算法推送的内容也更加精准，从而提高了"货找人"的效率。

而"人找货"则是指消费者通过主动搜索、收藏和访问商城或店铺，更主动、更全面地了解商品信息，直接完成人与商品的匹配。简单来说，当你在抖音上直接搜索某种商品时，就是在进行"人找货"，这通常意味着用户已经被"种草"，并希望完成购买。然而，并不是所有用户都会立即购买，一部分用户有了品牌的"种草"心智，可能会在后续的二次触达和品牌店播中实现转化，而另一部分用户则可能在搜索和商城中直接完成购买。

无论是"货找人"还是"人找货"，抖音的基础都是云图 O-5A 人群资产。每个用户都被贴上了丰富且多维度的标签，他们的每一次停留和互动都被平台记录下来，以便算法为用户推荐更符合他们需求的视频，同时也为品牌提供了用户资产运营和管理的可能性。

## 抖音兴趣电商的内容场

在抖音兴趣电商生态中，内容场的关键在于如下三个核心板块的协同作用。

第一板块："种草"，以内容为核心，致力于通过 KOL "种草"内容和短视频素材培养消费者的购买意向，并提高转化率。无论是依赖 KOL 的影响力还是品牌的投流素材，内容的本质都是为了"种草"消费心智，从而推动品牌的有效增长。

第二板块：投流，与内容紧密相连，对于 KOL "种草"内容，通过内容投流工具进行放大；对于直播相关的投放，则通过效果投流工具来实现最大化效益。

第三板块：直播，作为品牌在兴趣电商中实现销量 GMV "收割"的核心环节，包括品牌自有的店播和达人的直播两部分。

在内容场中，短视频成为连接品牌与消费者的主要触点，流量成为连接的纽带，而直播则是一种高效的"收割"手段。内容场是品牌在抖音兴趣电商生态中实现增长的重要舞台，它通过策略、方法和操盘推动品牌的增长势能。

内容场更倾向于抖音兴趣电商的"公域"，所有品牌都不可避免地参与这场激烈的竞争。通过破圈人群、"种草"蓄水、拉新转化，触达从 O 至 A4 的人群，品牌得以在抖音生态中实现生意的增长。

### 抖音兴趣电商的货架场

在抖音兴趣电商生态中，货架场的三大核心板块各自扮演着如下重要角色。

第一板块：搜索，作为用户主动行为的一部分，品牌需要对搜索进行拦截和优化，这是一项不可或缺的技能。在此，"搜索品专"成为一个关键工具，它是在搜索结果中展示的官方品牌专区，既能提升品牌形象，又能进行有效的广告引导。

第二板块：商城，涵盖了广泛的运营领域，包括店铺的基础运营、商城大促联动和活动报名等，这些都是传统电商品牌所熟悉的。此外，泛商城，即抖音的"猜你喜欢"功能，是连接到爆品商品卡的重要流量来源，对于品牌来说是一个巨大的机会。

第三板块：蓝 V，基于蓝 V 账号构建的用户运营体系，是品牌用户流量的重要来源。通过粉丝沉淀，蓝 V 内容运营能够长期改善品牌店播的流量结构，而会员运营则能有效提升转化率和复购比例。

与内容场的"公域"属性相比，货架场更倾向于"私域"，或者是建立在公域触达之后的私域链接。货架场是品牌在抖音生态中的运营场景，它更侧重于经营能力，呈现出传统电商化的趋势，需要进行精细化的运营。在云图 5A 人群资产的关系上，内容场和货架场的触达逻辑有显著差异。货架场更侧重于私域经营，旨在提升转化率、粉丝经营效率和老客复购率，其触达至少从 A1 人群开始，最终目标是 A5 人群，两者的触达深度截然不同。

显而易见，内容场的"货找人"路径与货架场的"人找货"路径相互结合，共同构成了抖音兴趣电商生态的完整格局。内容场与货架场的深度融合，将为品牌释放出巨大的价值潜力。一方面，抖音已不仅仅是一个营销平台，更是一个全面的经营生态，为品牌提供了更长远的生意增长空间。另一方面，公域的投入得到了私域的"反哺"，这不仅提高了 ROI，也提升了生意的整体效率。

## 抖音兴趣电商底层的人群资产

抖音兴趣电商生态的基石是云图 O-5A 人群资产，这一概念涵盖了从 Opportunity（机会）、Aware（了解）、Appeal（吸引）、Ask（问询）、Act（行动）到 Advocate（拥护）的完整消费者旅程。A1 至 A5 的层级递进不仅揭示了消费者与品牌关系的亲疏，而且为品牌提供了精准定位和市场策略的依据。

除了 O-5A 人群资产，八大核心人群——"Z 世代"、精致妈妈、新锐白领、都市蓝领、小镇青年、资深中产、都市银发、小镇中老年，也是品牌策略制定中不可或缺的考量因素。这些人群的不同特征和需求已经在"种草"到"收割"的闭环策略中发挥着重要作用。

云图在品牌抖音生态中的应用已经十分广泛，它不仅为品牌提供行业洞察、爆品分析、营销复盘和直播策略，还成为品牌科学营销的度量标准，以及抖音经营的导航工具。云图的影响力渗透到品牌在抖音生态中的每一个决策环节，成为品牌在抖音上取得成功的不可或缺的指南针。

总而言之，抖音全域兴趣电商已经发展成为一个成熟的自闭环平台生态，它不仅为品牌提供了丰富的工具和服务，如巨量引擎、星图、千川和云图，也为品牌的全域经营带来了新的挑战和机遇。在这个生态系统中，品牌需要通过"种草"、投流和直播等多个核心板块的协同作用，来提升品牌的增长势能。同时，品牌也需要关注内容场和货架场的深度融合，以及云图 O-5A 人群资产的应用，来提升品牌在抖音生态中的经营效率和效果。

# 第 24 节
# FASD+S 抖音闭环经营模型

在深入分析抖音全域兴趣电商的内容场与货架场特性后，我构建了 FASD+S 抖音闭环经营模型，旨在为品牌提供一个从"种草"到"收割"的全面、有效的良性闭环经营模式。

如图 5-2 所示，FASD+S 抖音闭环经营模型，着眼于抖音"内容场"的公域流量竞争环境，以内容驱动增长为核心策略，将店播运营作为稳固的基础，将投流放大作为关键手段。该模型从"种草"到"收割"的闭环流程，不仅实现了品牌势能的显著增长，也带来了 GMV 的提升。

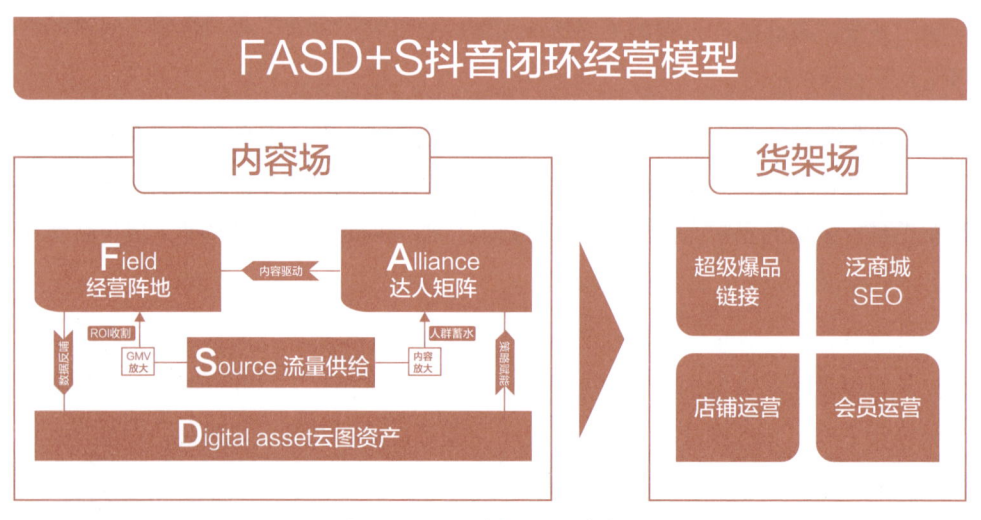

图5-2 FASD+S抖音闭环经营模型

在抖音"货架场"的私域用户运营方面，该模型旨在打通爆品、商城、搜索、会员的高效转化链路，特别注重提升 A4 人群的购买转化率，以及 A5 人群的高黏性复购。这一策略不仅强化了品牌与消费者的联系，还提高了用户参与度和忠诚度，从而为品牌在抖音生态中创造更大的商业价值。

## FASD+S 抖音闭环经营模型

FASD+S 抖音闭环经营模型是品牌在抖音全域电商生态，从"种草"到"收割"的经营闭环。FASD+S 各自代表不同的经营模块。

### 经营阵地（Field）

品牌店播构成了核心的经营基石，旨在实现人货场的精准匹配，以长期经营为基础，追求长效经营的目标。

### 达人矩阵（Alliance）

通过 KOL 的内容"种草"，旨在打造爆品效应，提升品牌势能，同时蓄水人群资产，内容驱动成为品牌有效增长的关键。

### 流量供给（Source）

内容投流放大了"种草"心智，实现品牌资产的"种草"效应，为品牌贡献主力的 A3"种草"人群。而效果投流则放大了店播的成交转化，实现高效的"收割"效应，为品牌贡献销量 GMV。

### 云图资产（Digital asset）

作为数字资产的重要组成部分，通过云图科学度量 5A 人群资产，长期沉淀品牌人群和内容资产，数据资产反哺营销策略，不断迭代抖音的经营策略。

### 商城运营（Shopping center）

代表着抖音兴趣电商生态下的商城体系，它包含了中心商城、泛商城、店铺、商品卡、会员运营等一切与成交相关的电商运营体系。这为品牌在内容场的投入提供了更高的转化率，确保品牌在抖音生态中实现持续的生意增长。

在抖音内容场，品牌投入大量预算在一定程度上推动了品牌的快速增长，也在电商市场获得了新的增长渠道，有效解决了品牌增长效率的问题。然而，如果这些投入不能带来自然流量的反哺或消费者的复购,那么所有品牌都将在抖音面临经营亏损的风险。鉴于此,抖音近年来一直在努力加强中心商城的建设,让品牌在内容领域的投入有机会获得货架场的流量反哺,从而提升抖音全域经营的 ROI,增强品牌的长效经营能力。

在抖音的货架领域,品牌需要做好承接工作,提升运营效率,沉淀资产,解决经营效果的问题。最终,在抖音兴趣电商的良好经营环境下,品牌的 GMV 与 ROI 都将得到持续提升。

品牌深耕好抖音的内容场,实现人群的破圈、拉新和转化,提升品牌势能。品牌运营好抖音的货架场,提升用户的复购率,降低成本,提高效率,从而提高抖音全域电商的 ROI。

# 第 25 节
# 经营阵地

抖音的经营阵地，在我看来，主要在于品牌店播，或者说品牌直播旗舰店。品牌直播旗舰店不仅直接为品牌贡献了稳定的 GMV，成为支撑品牌力和生意体量的基石，还作为用户搜索后的明确入口，影响了消费者对品牌的认知。

抖音闭环的核心 GMV 主要来自直播，但直播矩阵号却存在乱象。一些品牌建立了多个矩阵号，试图通过这种方式快速"收割"市场，但这种经营逻辑薄弱，弊端显而易见。

从用户角度来看，搜索一个品牌时，出现一堆蓝 V 号，不论体验和感受如何，用户已经被分流，导致了账号的浪费。从品牌角度来看，蓄水池的容量有限，矩阵号在存量市场中相互竞争，拉高了自身的用户成本，要么是总量 GMV 效率不高，要么是增量 ROI 效率不高。

与天猫相比，抖音闭环的趋势存在相同的逻辑，即旗舰店逻辑。旗舰店会占据绝大部分的投入、流量和 GMV，而专卖店和专营店只是补充。抖音的大部分矩阵号可能只会沦为试水的"炮灰"。

然而，抖音闭环的趋势与天猫也存在差异，那就是不同品类会有不同的抖音旗舰店。其背后的原理是不同品类的人群画像可能不同。基于抖音的算法推荐机制，打上 A 类人群标签的直播间，对 B 类人群的转化效果可能不佳。因此，不同品类可能会出现独立的直播旗舰店。只有不同品类的直播旗舰店出现后，才有可能对品牌的各类人群进行深度精细化运营。

## 品牌店播 4P-O 模型

在直播间的运营技巧方面，市场上积累了丰富的经验，但随着抖音平台规则的不断迭代，这些所谓的"操盘神技"正逐渐失去其有效性。直播的本质始终是人货场之间的关系，因此，建立一个基于数据的完整直播运营体系至关重要。

在过去的操盘经验中，我提炼出了 4P-O 品牌店播模型，如图 5-3 所示，旨在标准化直播操盘水准，从而提升直播运营的能力。这一模型旨在确保直播运营的每一个环节都遵循最佳实践，确保直播活动的成功。

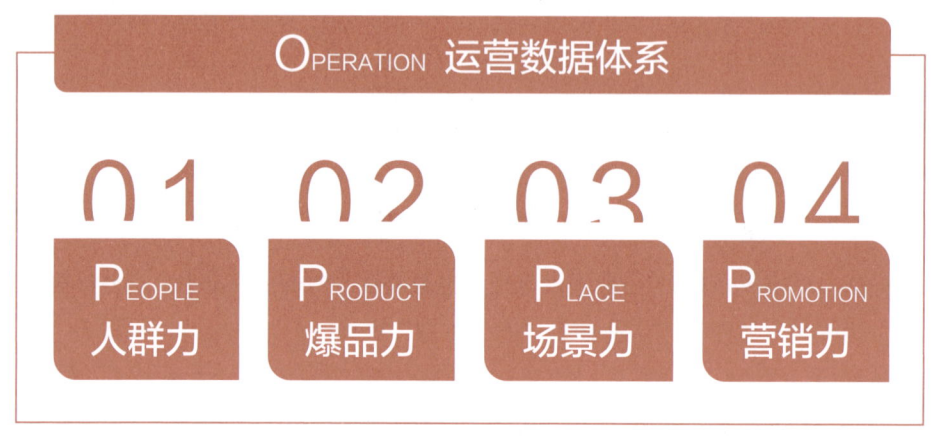

**O**PERATION 运营数据体系

01 **P**EOPLE 人群力

02 **P**RODUCT 爆品力

03 **P**LACE 场景力

04 **P**ROMOTION 营销力

图5-3 4P-O品牌店播模型

**人群策略：人群力（People）**

**1. 明确的品类人群画像**

直播作为一种以货盘为核心的营销手段，其成功与否取决于对目标人群的精准定位。在确定货品和爆款之后，才能明确目标人群。理论上，这些目标人群已经经过天猫数据银行和抖音云图 A4 人群的筛选，是相对明确的。因此，不同品类的爆款往往能够吸引到不同的人群，而矩阵直播间则旨在承载这些不同品类和目标受众。

**2. 直播间的人群标签沉淀**

直播间的人群标签在经营过程中会不断积累，成为直播运营的重要组成部分。例如，通过 9.9 元秒杀活动吸引免费流量可能会导致直播间的人群画像与目标人群相悖。抖音的算法基于直播间的模型，会不断优化和放大效果。如果直播间模型不正确，就无法进入正向循环，更无法实现品牌的长效经营。

### 3. 付费驱动的人群策略

抖音店播主要依靠付费投流来驱动，投流手段在早期可以加速直播间模型的建设，即（引流）目标人群的投放，不断为直播间打上人群标签，直至模型稳定。原则上，在直播人群模型没有稳定之前，没有必要进行大规模的投流放量，以免直播间模型受损。

### 货盘策略：爆品力（Product）

#### 1. 货盘是店播的发动机

店播的核心逻辑依然是以人为中心，以货为基础，以场为媒介。然而，从实际操盘的经验来看，店播实际上是以"货"为导向的。货盘的成功与否直接关系到店播的生死存亡，这与之前通过投放 KOL 或广告流量来打造爆款的做法本质上是相同的。直播货盘的爆款化已经成为常态。

#### 2. 爆品的组合机制

爆品组合机制至关重要。爆品及其组合矩阵通常占据了店播销量的 70% 到 80%，因此需要围绕爆品设计多件、组合、套装等相应的机制，以实现最高效的转化和最理想的客单价。

#### 3. 爆品种"割闭环"一体化

"种草"到"收割"的闭环策略是品牌在抖音上营销的关键。品牌在抖音的"种草"行为应当围绕货盘的爆款逻辑展开，爆款效应越明显，直播间的转化效率就越高。因此，爆品不仅是直播端的销售主力，也是"种草"端内容营销的核心，从"种草"到"收割"形成一个完整的闭环。如果"种草"与"收割"分裂开来，那么可以预见品牌的"种草"预算必然会产生大量的损耗。

#### 4. 直播货盘独立开发

就像当年线下品牌为线上渠道独立开发产品线一样，未来的直播经营也将常态化。因此，直播产品线也必然是为直播渠道量身定制的。直播的销售策略，如"买几送几"，虽然赠送的是中小样，但赠品力度并不低，因此真实的销售成本需要被准确计算。

### 场景策略：场景力（Place）

#### 1. 直播的场更是全域的沟通场

直播的场不仅是交易的场所，更是全域的沟通场。尽管直播场景的创新并不多见，大多数直播还是遵循着日常生意的常态，但更多的焦点在于如何与消费者进行有效的沟通。这涉及从 KOL"种草"、千川引流、爆品话术到主播承接等多个环节，因此直播的"场"的概念在抖音全域是一脉相承的沟通场。

#### 2. 主播是直播间重要的沟通场景

主播是直播间至关重要的沟通纽带。在直播间，主播实际上承担着与目标用户沟通的角色，从某种程度上说，主播本身就是直播形态的沟通场景。因此，主播的内容，包括人设、气质和颜值，都应当能够承载品牌的气质和调性。

#### 3. 内容话术脚本的一脉相承

内容层面，即话术脚本，应当是持续迭代的，基于正向反馈进行放大，基于负向反馈进行调优，这要求背后有一个精益求精的团队。此外，话术脚本也不是一成不变的，由于付费流量驱动的原因，短视频素材的引流逻辑直接决定了直播间话术脚本的承接关系。

### 营销策略：营销力（Promotion）

#### 1. 内在驱动的营销力量

在传统市场端的整合营销逻辑中，品牌往往通过一系列营销活动来推动销售，这种策略在抖音兴趣电商中同样适用。然而，过去的营销活动更侧重于新品上市或特定事件，而将这一策略应用到抖音上，营销活动最终都会聚焦于直播间，通过直播销售来实现 GMV 的增长。

例如，我曾服务的新消费品牌 REVER，通过举办"一起玩出趣"户外露营主题活动，邀请了代言人任嘉伦空降抖音品牌直播间。这一策略不仅吸引了 300 多万的直播观看量，还成功将 REVER 的品牌形象与护肤品类结合，使其成为带货榜的 NO.1。

#### 2. 外在驱动的营销力量

抖音平台也会创造节日和活动，以提升平台的活跃度和用户的参与度。在这些非传统的大促节点，如"618"或"双 11"之外的重要且独特的时刻，品牌如果能与抖音平台联动，共同举办营销活动，往往能够取得事半功倍的效果。

以我曾服务的本地生活品牌喜姐炸串为例，品牌以"喜姐杯"为主题的谐音梗，与抖音平台联动，在世界杯观赛季期间举办了一场大型促销活动。在为期三天的专场大促中，喜姐炸串的销售额突破了千万元大关，这一成绩充分展示了抖音平台的外在驱动营销力量。

## 运营数据体系 - Operation

运营数据体系的概念源自我对店播各阶段增长的深入理解。从直播间的冷启动（即起号阶段）到稳定期，再到成熟期，运营的数据模型会周期性地发生变化。基于丰富的操盘经验，我总结了各阶段的关键指标，并将其作为店播运营优化的基准。

一个完整的运营数据模型包含数十个指标。为了更有效地发现问题、便于管理，以及确保内部认知的一致性，如图 5-4 所示，我将运营数据体系拆解为"店播运营五维模型"，涵盖了销售维度、商品维度、投放维度、流量维度和直播间维度。

| 销售数据（销售维度） | 转化数据（商品维度） | 投放数据（投放维度） | 流量数据（流量维度） | 运营数据（直播间维度） |
|---|---|---|---|---|
| GMV | 曝光进入率 | 投放ROI | 付费流量 | 转粉率 |
| ROI | 商品点击率 | 直投ROI（占比） | 自然流量 | 互动率 |
| GPM/UV价值 | 点击成交率 | 视频ROI（占比） | 关注流量 | 停留时长 |
| 客单价 | 转化率 | | 搜索流量 | |

图5-4 店播运营五维模型

### 1. 销售维度核心指标

GMV：直播间销售额，是衡量直播带货能力的重要指标。

ROI：直播间投放与产出比，反映了投入与回报的比例，是衡量投资效益的关键指标。

GPM/UV 价值：这两个指标实质上表达了相似的概念，无论是千次曝光购买还是单个 UV 价值，都反映了直播间的消费质量。我倾向于使用 GPM 这一指标，因为它对运营决策的影响更为显著。例如，UV 价值相差 10%，数字上只差零点几，而 GPM

第五章 增长的支撑：经营力 | 151

的微小变化，可能意味着成百上千的销售差异，对于一线运营人员和主播来说，这能够帮助他们实时调整直播节奏和策略。

客单价：即平均订单金额，是反映品牌长效经营能力的重要阶段性指标。主流品牌的客单价通常每年都在提升，客单价较高通常意味着品牌具有更强的市场竞争力。在运营过程中，尤其是在提升客单价阶段，运营人员需要密切关注客单价的变化，以便及时调整策略。

### 2. 商品维度核心指标

曝光进入率：即直播画面进入率，这个指标在运营中备受关注，因为它直接反映了消费者对直播内容的认可度。尽管消费者的审美各不相同，但曝光进入率的提高无疑意味着消费者对直播场景和画面的喜爱。

商品点击率：即商品曝光点击率，这是衡量直播间商品吸引力的重要指标，它显示了消费者对商品的兴趣和互动程度。

点击成交率：即商品点击成交率，这一指标反映了直播间商品的销售潜力，是消费者购买行为的具体体现。

转化率：即曝光点击率乘以点击成交率，得到的是实际的支付转化率，与传统电商的转化率口径一致，即订单数除以总UV。转化率是衡量直播间销售效果的核心指标，它直接关联到销售业绩和品牌影响力。

### 3. 投放维度核心指标

投放ROI：这是综合了随心推和千川付费投放的总ROI，反映了整体投放效益。

直投ROI：专指千川直投直播间的ROI，即直播画面投放的ROI，是衡量直播内容吸引力与转化效果的关键指标。

视频ROI：指千川视频引流直播间的ROI，即视频引流投放的ROI，这一指标凸显了视频内容在直播带货中的重要性。

在实际运营中，通常会区分视频投放的占比，因为在付费驱动的营销策略中，视频引流占比的大小直接决定了直播间GMV的上限。在行业中，月销售额超过500万元的直播间，千川视频引流占比通常在80%左右，这一数据反映出视频内容在直播带货中的核心地位。

#### 4. 流量维度核心指标

付费流量：主要来源于千川投放直播间的流量。这部分流量是通过广告投放来获取的，对直播间的人气积累和销售增长起到了关键作用。

自然流量：主要来自直播广场的推荐流量。这部分流量是抖音平台根据算法推荐给用户的内容，对于提升直播间的曝光度和观众基础至关重要。

关注流量：主要由进入直播间的蓝 V 账号的粉丝构成。这部分流量来自品牌长期积累的忠实粉丝，对于稳定直播间的人气和提升销售额具有直接影响。

搜索流量：这部分流量是通过抖音全域的品牌或关键词搜索进入直播间的。通常在 KOL 有效"种草"之后，会带动搜索流量的增加，进而进入直播间并提升店播 GMV。

流量结构的变化通常需要进行周期性的复盘分析，以观察其趋势和影响。当然，实时变化也是可能发生的，尤其是当品牌"种草"效果良好甚至大爆时，搜索流量会迅速上升。这时，投放端需要迅速抓住时机，实现流量井喷式放量，有可能在当日 GMV 翻上 10 番。

#### 5. 直播间维度核心指标

转粉率：指直播间的粉丝转化率，以新客户增长为目标。随着抖音平台对粉丝流量权重的不断增加，长期积累关注流量（即粉丝流量）已成为品牌运营的重点。

互动率、停留时长：这两个指标反映了直播间用户的留存效率。当用户对直播间表现出喜爱时，说明人货场匹配得当，数据表现自然会更加理想。此外，这两个指标还会影响抖音算法的推荐机制，以及千川投流的投放效果。

运营模型以日为单位进行调整，特别是在冷启动期或阶段调整时，小时数据也是重点关注的对象。但不需要关注所有指标，提取部分关键指标即可。每周及每月则作为复盘的单位。尽管完整的运营数据模型包含更多指标，但通过极简化的日报，结合直播间的核心指标，可以分析四个维度的问题。如果发现问题，再深入查看各维度更细化的数据。

总结而言，品牌店播 4P-O 模型是一个综合性的店播运营框架，它将人货场的关系、目标人群的精准定位、爆款产品的组合机制、主播的内容创造和营销策略等各个环节紧密结合起来，形成了一个闭环的运营体系。通过这个模型，品牌能够在抖音平台上建立稳固的经营阵地，从而有效达成稳定持续的销售目标。

# 第 26 节
# 达人矩阵

在当前市场环境下,消费者对新产品、新品牌的认知往往始于一条"种草"短视频。在抖音平台上,达人"种草"的价值十分重要,他们影响了消费者的认知,助力品牌打造了超级爆品,也提升了品牌的影响力。如图 5-5 所示,制定有效的达人"种草"矩阵投放策略尤为关键。

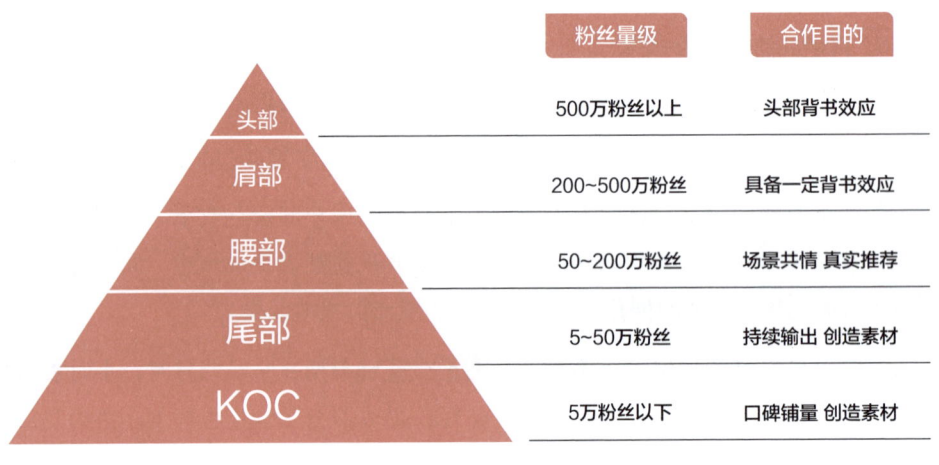

| 层级 | 粉丝量级 | 合作目的 |
| --- | --- | --- |
| 头部 | 500万粉丝以上 | 头部背书效应 |
| 肩部 | 200~500万粉丝 | 具备一定背书效应 |
| 腰部 | 50~200万粉丝 | 场景共情 真实推荐 |
| 尾部 | 5~50万粉丝 | 持续输出 创造素材 |
| KOC | 5万粉丝以下 | 口碑铺量 创造素材 |

图5-5 达人矩阵策略

头部达人因其强大的信任背书和粉丝的高黏性,能够实现深度"种草",从而显著提升品牌影响力。肩部、腰部达人则具备真实性和可信度,他们内容多样、能引起共鸣,并给出真实的推荐。至于尾部达人,尽管影响力较小,但他们庞大的数量足以帮助品牌进行广泛"种草",并持续输出多样化的内容。品牌在"种草"的不同阶段,需要灵活调整达人矩阵策略,以适应市场变化和品牌发展需求。

## 达人矩阵策略

### 1. "种草"初期

在"种草"初期，品牌的核心任务是产品测试，以转化率为依据来评估主推产品是否适应抖音的内容生态。此阶段，品牌应采用有限的预算进行小规模的测试，主要选择腰部和尾部达人进行投放，着重于测试产品的核心卖点、目标人群定位以及内容场景的有效性。通过首轮投放，验证前期对产品、目标人群和场景设定的假设在抖音平台上是否得到验证。如果假设得到验证，品牌应在后续的内容中持续优化；如果未得到验证，品牌应根据核心转化率数据，分析出问题的环节，并进行相应的优化和再次测试，直至达到满意的优化效果，然后才进入下一步的大规模推广。

### 2. "种草"中期

在"种草"中期，达人矩阵的构建应追求头部、肩部、腰部和尾部达人的均衡组合。一旦产品在抖音平台上得到验证，接下来的任务就是加强其爆款效应。在这个阶段，头部达人对于提升品牌势能的作用至关重要，因此在投放中的比例不容忽视。同时，肩部、腰部和尾部达人在内容创作上具有较高的性价比，并且可以通过投放流量的方式进一步扩大影响。

### 3. "种草"后期

到了"种草"后期，头部达人在预算分配上的比重可能会超过一半。这是因为品牌需要不断放大爆品效应和提升品牌势能。在这个阶段，头部达人甚至明星都可能成为品牌"种草"的主力合作对象。他们不仅能够带来巨大的势能，还能为品牌吸引大量高质量的目标人群资产。

## 达人组合策略

在抖音平台上，我将达人划分为两大类别：垂直类达人和非垂直类达人。垂直类达人主要是指那些专注于垂直领域的口播博主，他们在"种草"方面具有显著的优势，尽管他们的受众群体精准，但流量规模相对有限。相反，非垂直类达人在"种草"方面的能力可能稍逊一筹，但他们能够带来巨大的曝光量。在实际操作中，这两类达人常常被组合使用，以实现优势互补。

### 1. 垂直类达人

垂直类达人专注于特定领域，如美妆、生活、时尚、母婴、美食等，他们因其专业性和独特的人设而具有较强的"种草"能力。以美妆行业为例，专注于美妆的达人被称为"美垂"，而其他非美妆领域的垂直类达人则被称为"泛垂直类达人"。

垂直类达人具有几个显著的优势：一是他们的人设独特、真实可信，易于建立信任；二是他们大多是口播博主，专业度高，擅长推荐好物，具有较强的"种草"心智；三是他们能够创作高质量的内容模型，适合通过投放流量来放大影响，实现良好的 ROI；四是他们的粉丝通常是高质量的消费人群，能够为品牌贡献 A2~A3 阶段的"种草"人群资产。然而，垂直类达人的劣势在于曝光成本较高，如果不进行流量投放，那么 CPM 成本可能高达 200 到 300 元，因此纯"种草"不投流的情况下，品牌"种草"的效率并不高。

### 2. 非垂直类达人

非垂直类达人则以非消费类内容为主，他们的粉丝更倾向于轻松娱乐的内容，如剧情、搞笑、创意、情感等。

非垂直类达人的优势在于内容流量大，曝光效果好，CPM 触达成本较低，能够为品牌贡献大量的 A1 阶段人群资产。成本是非垂直类达人的一大优势。然而，他们的劣势在于内容的"种草"心智相对较弱，如果仅有曝光而没有"种草"心智，那么最终可能难以实现有效的"种草"效果。

因此，结合垂直类和非垂直类达人的策略是一种高效的方式。垂直类达人能够精准触达目标用户，通过投放流量来扩大"种草"的影响范围，提高 A2~A3 阶段"种草"人群的比例。而非垂直类达人则可以作为补充，以低成本触达更广泛的用户群体，贡献大量的 A1 人群资产，并产生唤醒效应，有助于品牌实现人群的破圈。

## 达人品效合一策略

达人的短视频可以帮助品牌"种草"，而同一个达人的直播，即达人发布短视频"种草"，又通过直播销售产品，则能够显著增强"种草"的效果，并在达人端实现"种草"与"收割"的品效合一闭环。

对于众多品牌而言，"种草"和直播曾经是两个独立的环节，分别由市场和电商两个不同的部门负责，由于各自的 KPI 指标不同，这两个环节之间几乎没有任何交集。然而，未来的趋势必然是这两个环节的融合，即达人通过短视频"种草"后，再通过直播来收获成果。

对于许多头部主播来说，定期投放"种草"广告不仅能稳固合作关系，还能提高直播的"收割"效率。"种草"和直播都是达人媒介业务体系的重要组成部分，并行操作能够显著提升"种草"的边际效益，最终实现与达人的合作价值最大化，并达成品牌效应和销售业绩的统一。这种合作模式，实现了品效合一的理想状态，是未来品牌营销的重要趋势。

在抖音平台上，通过适合的达人矩阵策略，品牌能够在不同的营销阶段实现最佳的"种草"效果。在"种草"初期，品牌通过小规模的测试来验证产品与目标用户的契合度，在中期通过均衡的达人组合来加强产品的市场影响力，到了后期则依赖头部达人来进一步扩大品牌势能。

结合垂直类和非垂直类达人的策略，品牌能够同时实现精准的目标用户触达和广泛的市场曝光。垂直类达人以其专业性和独特人设深得用户信任，而非垂直类达人则能带来大量曝光和较低成本的触达。两者的结合，不仅提高了"种草"效率，还有助于品牌实现人群的破圈。

达人短视频与直播的结合，形成了一个高效的品牌推广和销售闭环。这种品效合一的策略，不仅增强了"种草"效果，还提高了直播的"收割"效率，实现了品牌效应和 GMV 双丰收。

总之，在抖音平台上，品牌通过精细化的达人"种草"矩阵策略，实现品牌影响力的持续增长和销售目标的达成，助力品牌在竞争激烈的市场中脱颖而出。

# 第 27 节
# 流量供给

在抖音的兴趣电商生态系统中，流量不仅仅是连接"种草"与"收割"的工具，更是一种手段，用于放大"种草"效应和"收割"效应，而不是最终目的。通过有效的流量管理，品牌可以实现从"种草"到"收割"的闭环，从而提升营销效果。

在高度匹配"人、货、场"的情况下，白牌产品已经证明了竞价投流的可能性：每月的投放消耗可能达到千万甚至过亿量级，以及 3 到 6 个月的产品生命周期。然而，对于大多数品牌来说，达到这样的规模和周期是非常具有挑战性的。对于大多数品牌来说，抖音可以作为短期的"收割"场，头部品牌的投放消耗可以达到千万量级，而大多数品牌可能只能达到百万量级。无论规模如何，所有品牌都在消耗已有的品牌资产和人群资产，大规模的竞价投放并不一定能够带来新的 A3 阶段客户，品牌 GMV 的天花板也会随着行业竞争的变化而波动。

抖音的投流策略主要分为两种：内容投流和效果投流。内容投流侧重于通过 KOL 内容放大，打造爆品，提升品牌势能，并贡献大量从 A1 到 A3 阶段的人群资产，特别是获取高质量的 A3 阶段"种草"人群资产。效果投流则不是直接从 O 人群拉到 A4，而是通过二次或多次触达，完成 A1 到 A3 阶段的转化，从而实现 GMV 的规模增长和 ROI 的优化提升，整体提高从"种草"到"收割"的效率。

如图 5-6 所示，从 KOL"种草"开始，通过内容放大，再到千川触达，最后在店播中完成"收割，构成了抖音全域从"种草"到"收割"的完整闭环。

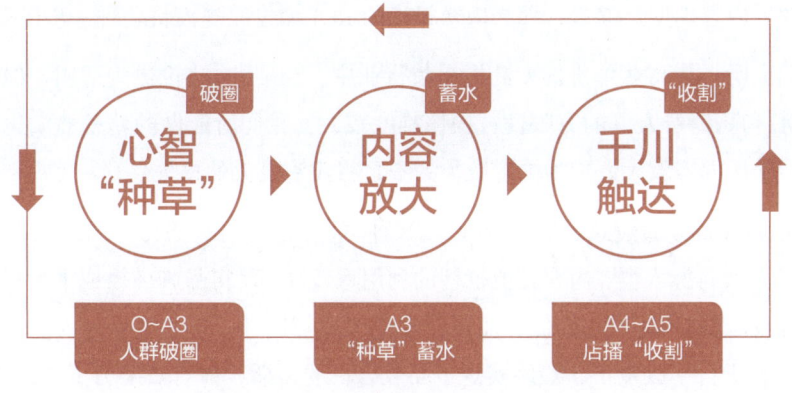

```
破圈              蓄水            "收割"
心智            内容            千川
"种草"    →    放大      →    触达

O~A3           A3             A4~A5
人群破圈       "种草"蓄水      店播"收割"
```

图5-6 从"种草"到"收割"闭环

## 内容放大"种草"效应

在抖音的兴趣电商生态中，达人"种草"矩阵的构建旨在为品牌积累"品牌资产"。然而，当前的KOL自然流量已十分有限，达人星图的价格却持续上涨，导致"种草"成本不断攀升，ROI预期下降，这极大地影响了品牌的"种草"决策。

在抖音闭环生态中，一种较为理性的做法是：

第一，降低对KOL自然流量所带来的ROI的关注，因为品牌的目标是内容"种草"，而非直接销量"收割"。

第二，提高对内容质量的关注，即优化选号和内容共创的过程，确保内容质量，因为优质的"种草"内容是实现销售转化的基础。

第三，对优质内容进行"内容流量"的投流放大，有效的"种草"内容在投流中会有一定的ROI表现，相当于将优质内容进行了最大化的传播，同时实现了销售转化和ROI回报。

基于AIMT品效放大方法论，KOL优质"种草"内容就是最理想的投流ROI模型，我们需要利用好流量杠杆，通过Dou+/随心推、内容服务/内容热推、达人竞价（AD/千川）等手段，将KOL的原生视频放大50到100倍，投到5000万播放量的天花板。

在德美乐嘉（中高端国际护肤品牌）的KOL"种草"投放项目中，从选号阶段开始，我们就明确贯彻了内容放大的投流策略。由于其产品客单价较高，能够直接转化的KOL相对较少，因此一旦发现最佳"内容模型"，我们就应该在2周内集中火力进行投放，赶在短视频内容衰退之前，抢到足够多的投放量，以免错过内容最佳投放周期。如果内容模型足够多,那么内容投流的 ROI 和投放规模将会进一步提升。

实践证明,在高客单价的中高端美妆行业中,AIMT 方法论更为适用,但由于高质量 KOL 和高消费人群的有限性,操作难度较大。我们所能做的就是最大化利用流量杠杆,确保内容放大,因为内容放大的不足将成为最大的损失。

德美乐嘉品牌通过这类优质的 KOL"种草"内容,在"618"期间获得了超过 5000 万的有效目标人群,内容投流杠杆的利用率较高,使得品牌传播成本大幅降低。由于内容投流的 CPM 成本较低,而投放效率却大幅提升(这主要是因为基于最佳内容 ROI 模型进行了放量),最终实现了品效合一的传播,并有效助力了"618"大促的转化与"收割"。

在"内容放大"的过程中,我们的目的是放大"种草"效应,提升 5A 人群资产规模,以及 A3"种草"人群的比例,而非侧重于 GMV 的"收割"。在此过程中,品牌将积累大量的人群资产,完成抖音闭环生态中人群资产蓄水池的扩容,并在直播转化环节中促进 A4 人群的"收割"。

## 效果放大"收割"效应

在抖音的闭环生态系统中,GMV 的"收割"主要依赖于直播这一高效的转化工具。理论上,如果直播间能够获得足够的流量支持,那么 GMV 的增长也应该相应提升。然而,实践中许多品牌尝试过这种方法,却发现存在明显的天花板限制,或者 ROI 难以支撑持续增长。

如果没有坚实的"品牌资产"作为基础,那么"收割"过程要么是在透支现有的品牌红利,要么只是在享受抖音平台局部的红利,这样的模式难以持续长久。

抖音闭环的投流策略,从内容创作到直播转化,形成了一个完整的闭环。通过 KOL 的内容"种草",结合投流工具如随心推、内容服务、千川原生信息流等,品牌能够实现传播、"种草"、内容放大等目标,并在完成 A1~A3 人群资产的蓄水后,通过直播间投放和短视频引流策略,实现 GMV 的放大,最终在抖音闭环中实现品效合一的增长。

在抖音的闭环生态系统中,效果投流的主要工具是千川,它提供了两种主要的投放策略:极速推广和专业推广。

### 1. 极速推广(通投模式)

极速推广依赖于抖音的黑盒算法来探索和优化人群模型。从经验来看,它主要消耗的是品牌云图中的 A1~A3 人群资产。品牌在抖音上"种草"越多，积累的 A1~A3 人群资产也就越多，从而使得极速推广的效果越好。

在通投模式下，由于有相对完整的人群资产模型，因此可以依托抖音的算法能力，实现相对不错的投放效果。这种模式类似于阿里巴巴的 UD，其优势在于降低了品牌对投手能力的要求和对投手的依赖度。然而，这也意味着品牌在"种草"能力上需要有更高的要求。

极速推广通常在直播间进入稳定期后成为主要的放量策略，尤其是配合短视频引流直播间时。因此，在通投模式没有秘密的情况下，创作更好的短视频素材并有效应用，就成了品牌的新课题。

### 2. 专业推广（定向模式）

专业推广更接近于竞价投放的模式，其核心的三大人群策略：云图策略、莱卡策略、达人策略，与竞价投放体系没有太大差异。

在冷启动期，定向人群策略尤为关键，因为此时自然流量较少，付费流量的首要目的是给直播间打上人群标签。因此，定向策略旨在早期导入精准的目标用户。一旦直播间模型建立并进入稳定期，通投则基于已有的建模继续扩大流量池。

在投放端，我会将直投 ROI 和视频 ROI 以及对应的消耗占比进行拆分，以区分两者数据，并关注视频消耗占比。顶级直播间的视频投放占比通常在 80% 左右。如果拉量不够或者 ROI 控制不住，那么投手可能需要重新学习。

在千川模式下，选择合适的投手难度有所降低，但对视频引流以及内容的敏感度却大大提高。因为投手需要起到给素材团队反馈的作用，以促进素材的优化和迭代。在直播体系中，前端投放和后端素材是一体的，投手对内容的理解和感知至关重要，会直接影响后端生产效率。如果内容生产者对投放无感，则可能会产出大量无效视频，造成资源浪费。

在抖音的兴趣电商生态系统中，通过达人"种草"矩阵的建设积累品牌资产，而通过内容放大来实现人群资产积累和品牌势能提升。GMV 的"收割"主要依赖于直播，这是最高效的转化工具。然而，没有坚实的人群资产作为基础，"收割"过程难以持续。因此，从内容"种草"到内容投流放大，再到效果投流放大至品牌直播间转化，形成一个完整的品效合一闭环至关重要。

# 第 28 节
# 云图资产

云图作为抖音科学营销的基石,核心概念在于 5A 人群资产。抖音在人群资产领域的发展过程中,离不开对行业先驱的学习和借鉴。在这其中,阿里巴巴的 AIPL 模型作为人群资产理论的先驱,贡献尤为显著,值得我们特别关注。

阿里巴巴 AIPL 模型与抖音云图的 5A 人群资产模型之间存在相似之处,但也各有千秋。两者都旨在深入理解和精细化管理消费者群体,但在具体的模型构建和应用上,它们展现出了不同的特点和复杂性。

行业内普遍认为 5A 人群模型的复杂度更高,主要是因为 5A 人群模型是建立在抖音的内容数据体系上的,消费者决策过程是通过内容触达完成的,但内容"种草"是否影响消费心智,会直接影响到后续的电商转化效果。

## 阿里巴巴 AIPL 模型与抖音 5A 的对比

阿里巴巴 AIPL 模型中的"A"代表 Awareness,即对品牌有一定认知的人群;"I"代表 Interest,指对品牌产生了兴趣,并在产品上进行过点击、使用等行为的人群;"P"代表 Purchase,即已经发生过购买行为的人群;"L"则代表 Loyalty,指成为品牌的忠诚用户,经常复购甚至分享传播的人群。

阿里巴巴 AIPL 模型认为,最终成交的用户是从认知开始的,用户首先对品牌有所认知,然后产生兴趣,继而产生购买行为,通过多次购买,最终形成忠诚用户。在阿里巴巴 AIPL 模型出现之前,品牌在电商领域几乎没有人群资产的概念。为了帮助品牌更好地了解和运营其用户群体,阿里巴巴提出了 AIPL 消费者行为全链路可视化模型，这一模型成了阿里巴巴数据银行中至关重要的一个环节。

抖音云图 5A 人群资产的定义中，A1 代表了解（Aware），内容曝光用户；A2 代表吸引（Appeal），浅度互动用户；A3 代表问询（Ask），深度种草用户；A4 代表行动（Act），初次购买用户；A5 代表拥护（Advocate），二次复购用户。

在深入分析 AIPL 模型与抖音的 5A 人群资产模型时，如图 5-7 所示，通过 AIPL 与 5A 的对比，我们发现两者在核心理念上极为相似，都旨在描绘消费者与品牌互动的完整路径。然而，由于它们所依托的平台属性存在差异，导致了两者在实际应用中的差异。

**阿里巴巴AIPL人群资产模型**

| A 认知 | I 兴趣 | P 购买 | L 忠诚 |
|---|---|---|---|
| 品牌曝光人群 | 浅I（点击浏览） \| 深I（收藏加购） | 首次购买 | 复购 |

**抖音5A人群资产模型**

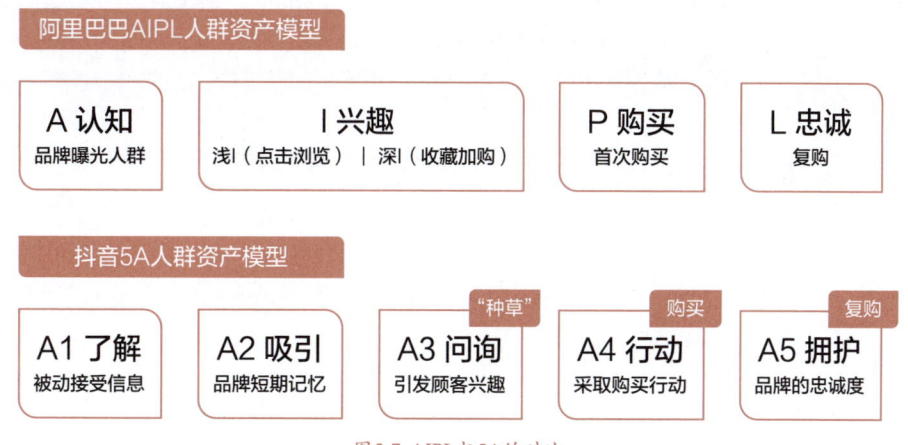

| | | "种草" | 购买 | 复购 |
|---|---|---|---|---|
| A1 了解 | A2 吸引 | A3 问询 | A4 行动 | A5 拥护 |
| 被动接受信息 | 品牌短期记忆 | 引发顾客兴趣 | 采取购买行动 | 品牌的忠诚度 |

图5-7 AIPL与5A的对比

作为一个电商平台，阿里巴巴的 A 人群和 I 人群具有较强的消费倾向，尤其是 I 人群。过去，我曾将 I 人群细分为浅 I 人群和深 I 人群。浅 I 人群指的是那些仅仅是浏览、点击并参与互动的用户，他们表现出的是对品牌的浅层次兴趣。而深 I 人群则包括那些收藏、加购并关注品牌的人群，这些用户对品牌有着更深的兴趣，甚至可能将兴趣转化为购买行为。从 AIPL 模型的角度来看，浅 I 人群对应于 A2 阶段，深 I 人群则对应于 A3 阶段。这样的对应关系使得阿里巴巴 AIPL 模型能够相对容易地被转化为抖音的 5A 人群资产模型。

尽管如此，抖音的 5A 模型在实际应用中难度更大。阿里巴巴的电商生态为消费者行为提供了明确的度量标准，即潜在购买或实际购买行为。这种以购买行为数据为基础的度量方式，使得阿里巴巴在消费习惯、电商算法和销售预测方面具有较高的精准度，AIPL 模型也因此能够有效地指导销售策略。然而，当消费者在社交内容平台如抖音上被"种草"时，阿里巴巴在这一转化链路中往往存在断链现象。

相比之下，抖音的 5A 模型理论上能够弥补这一不足，它将内容数据与电商数据相结合，为品牌决策提供更全面的指导。然而，对于主流品牌而言，这一模型尚未得到充分应用。除了数据分析能力不足，最大的挑战在于如何衡量内容质量和消费者的消费心智，因为这些因素并不能完全通过技术和数据来量化。抖音 5A 模型可以测算内容数据和人群数字，但对于衡量消费者的心智状态却存在一定的局限性。

## 拆解云图 5A 人群资产权重

在官方说法、头部品牌经验以及实际操盘过程中，我们都发现了一个被验证的事实：星、云、川闭环的有效性。这个闭环包括星图 KOL 的有效"种草"、云图 5A 人群资产的有效增长，以及千川投流和店播的有效"收割"，共同促进了品牌在抖音上的闭环增长。

一个被广泛认可的基本知识是，A3"种草"人群更容易转化为 A4 购买人群，其转化率高于 A2 吸引人群，而 A2 人群的转化率又高于 A1 了解人群。因此，获取 A3 人群成了品牌营销的主要目标。A4 行动人群指的是首次购买的人群，而 A5 拥护人群则是品牌的复购人群。这两个群体比较明确，有单一的权重定义。然而，A1~A3 人群的权重定义则较为复杂。

通过对抖音 A1~A3 人群权重进行拆解和分析，我们得出了以下四个重要结论。

### 1. 信息流广告贡献 A1 人群

在抖音平台上，常规广告，如 Topview、AD 和千川等，对于 A1 人群的贡献是显著的，因此大量投流的品牌 A1 人群占比往往超过 70%。这表明，在广告投放中，主要关注的是提升品牌认知度。然而，信息流广告的情况则有所不同。在这些广告中，如果广告内容能够激发用户的讨论和分享，那么这部分人群也将被归类为 A3 人群，即对品牌产生兴趣并主动搜集信息的人群。这一做法实际上是将信息流广告的内容权重进行了提升，从而更加重视用户在广告内容上的互动和参与。

### 2. 抖音电商权重全面提升

商品曝光和商品卡讲解在抖音电商体系中获得了 A1 人群权重，而抖音罗盘店铺"潜客"则被赋予了 A3 人群权重。这表明抖音电商人群体系正逐渐成熟，用户的所有电商行为都被赋予了明确的 A1 到 A3 人群权重，其统计口径与阿里巴巴 AIPL 模型极为相似。同时，在直播消耗人群资产的同时，抖音也在创造新一轮的人群资产。

即将进入衰退周期的人群，通过进入直播间再次被打标，从而延长了人群资产的生命周期。

### 3. 达人直播只消耗不贡献人群资产

达人直播（达播）对于贡献人群资产的效果几乎可以忽略不计，其给予的人群资产权重非常低。这表明达播主要是对品牌资产的消耗而非积累。长期依赖达播进行"种草"的品牌最终可能会面临困境，即使是品牌力较强的企业，通过达播实现的"收割"效果也会逐渐减弱。因此，没有任何一个品牌能够仅依靠达播来实现持续的增长。

### 4. 内容"种草"贡献 A3 人群

星图视频，即 KOL "种草"，通过 5 秒完播率或点赞来衡量 A2 人群，而评论、分享、完播、购物车点击和搜索行为则被视作 A3 人群的指标。抖音鼓励品牌通过 KOL "种草"来影响消费者的购物心智，从而积累人群资产，并提高获取 A3 人群的效率。

星图 KOL "种草"在人群资产权重中占据最高位置。因此，我们可以总结游戏规则的核心：A1 代表曝光，A2 通过 5 秒完播率、点赞来衡量，而 A3 则通过评论、分享、完播、购物车点击和搜索行为来定义。

值得注意的是，非星图视频同样可以获得与星图视频相同的内容权重。这解释了为什么在某些食品赛道中，大量的 KOC "种草"带货也能对品牌整体销售产生助力。这些短视频实际上为品牌贡献了大量的人群资产。

综上所述，有效获取 A3 人群的关键在于有效的 KOL "种草"。许多品牌觉得云图工具不好用，主要是因为它们的 KOL 营销策略存在问题，如投资了大量的无效账号，导致 CPM 和 CPE 数据虚假。这些虚假数据自然无法被云图系统收录和利用。

## 拆解云图 5A 人群结构

理解了 5A 人群的权重，我们就能明白，越是处于高 A 人群阶段，其人群资产的价值就越大。

那么，一个品牌拥有多少比例的 A2、A3、A4 人群才是合理的呢？各行业在理想状态下的人群资产结构又是怎样的呢？基于我对多个品牌操盘的经验以及对行业竞争的深入洞察，我大致还原了一个 5A 人群资产的合理结构模型，即 5A 人群的比例关系。

以竞争最为激烈、内卷程度最高的大消费行业为例（如美妆、日化、小家电、大健康等行业），我选择了行业 TOP100 品牌作为分析目标，按照百分比还原了对标品牌的人群资产结构，这样的分析具有一定的参考价值。以某 TOP100 美妆品牌为例，其人群资产结构关系（还原为 100% 比例）如下：A1（了解）50%，A2（吸引）30%，A3（问询）15%，A4（行动）4%，A5（拥护）1%。

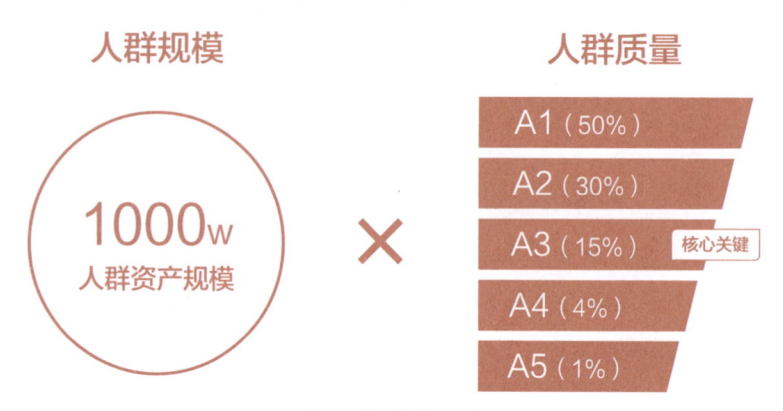

图5-8 人群资产价值

在探讨 5A 人群资产结构时，我总结了一些实际操作中的经验：

第一，对于 TOP100 品牌而言，其人群资产结构呈现出漏斗式的比例关系，这意味着不同级别的消费者分布相对均衡，整体上呈现出增长的趋势。

第二，通过 A5 人群占比，我们可以分析复购率，即复购率 = A5 / A4。在抖音平台，头部品牌的复购率大约在 20%~30%，这样的年度复购率被认为是比较健康的。

第三，头部品牌的 A3 人群比例通常较高（是普通品牌的 2 倍以上），这表明了"种草"效果越好，A3 人群比例越高。同样，A2 人群的比例也呈现出类似的趋势。如果 A1 人群的比例过高，则可能意味着品牌在营销策略上存在一些问题。

第四，TOP100 品牌的人群结构类似于锥形三角漏斗模型，即 A3 和 A2 人群较多，而 A1 人群相对较少。相比之下，糟糕的人群结构是扁形三角漏斗模型，即 A1 人群过多，A2 人群过少，A3 人群极少。

如图 5-8 所示，如何衡量品牌人群资产的价值？首先是基于品牌人群资产规模不低于 1000 万的前提。在这个规模之下，数据才具有一定的参考性。如果人群资产规模过低，那么这些数据的价值就会大打折扣。其次，A3 人群占比在 15% 左右，说明人群资产质量较为优质。A3 人群占比在 10%~15% 仍属于合理范畴，但若是 A3 人群占比低于 10%，则说明品牌人群资产质量不佳。

## 云图的八大人群

在抖音平台上，除了 5A 人群资产模型，还有一个非常重要的概念是抖音的八大人群分类："Z 世代"、精致妈妈、新锐白领、都市蓝领、小镇青年、资深中产、都市银发、小镇中老年。

如图 5-9 所示，这些人群在年龄和地域上的流转关系可以概括如下：

一、二、三线城市人群的流转关系：25 岁以下的"Z 世代"人群作为一、二、三线城市人群的起点。随着年龄的增长，他们可能会从"Z 世代"流转到精致妈妈、新锐白领或都市蓝领（低消费人群）。如果年龄继续增长，他们可能会进一步流转到资深中产，然后是都市银发。在地域上，这种流转关系类似于"返乡之路"，即小镇青年。

四线城市以下人群的流转关系：小镇青年作为起点，随着年龄的增长，他们可能会流转到小镇中老年。在地域上，这种流转关系是"进城务工"，他们可能会成为新锐白领、都市蓝领，结婚后可能成为精致妈妈，或者通过奋斗成为资深中产。

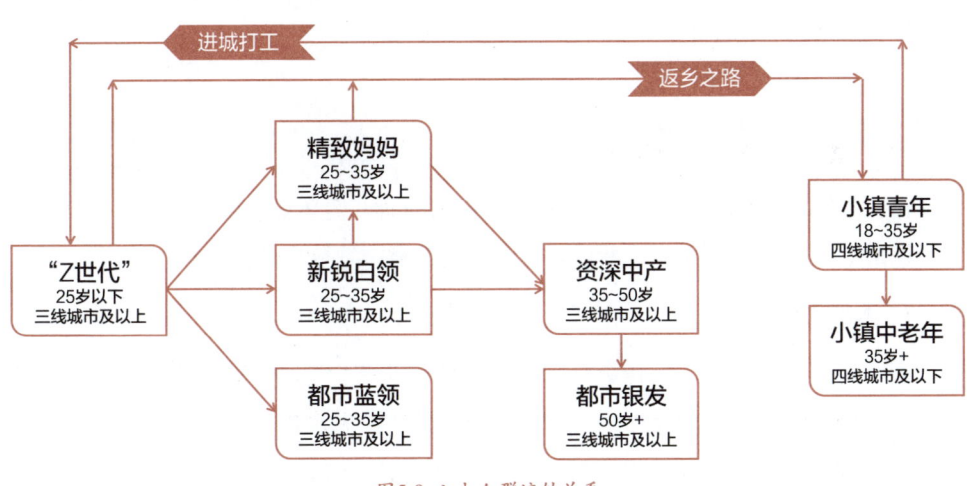

图5-9 八大人群流转关系

深入研究品牌在抖音平台上的云图资产，并结合对抖音人群洞察和流转关系的分析，可以得出以下关于人群资产价值的总结：

首先，抖音作为一个以年轻人为主要用户群体的内容平台，"Z 世代"和小镇青年的规模最大，整体消费力处于中等偏下水平。资深中产人群虽然消费力最强，但人群规模相对较小。

其次，对于主流品牌而言，如果其目标群体不是"Z世代"，那么主力消费人群通常是精致妈妈和新锐白领。这两个群体在规模上尚可，消费趋势是向上渗透至资深中产，向下则渗透至小镇新贵。

第三，小镇青年的定义不仅仅是城市和年龄，在许多四五线小城市中，由于房价较低，很多人拥有房产和车辆，拥有相对较高的可支配收入，甚至超过一线城市的白领。我将这部分人定义为"小镇新贵"，他们在抖音上的画像特征包括：女性、25~35岁、使用iPhone的比例较高。

第四，关于"Z世代"人群，品牌营销竞争非常激烈，而在有限的消费力下，品牌需要反复触达这一群体，这在客观上导致了较低的营销效率。品牌经常提到要破圈至"Z世代"人群，实际上这并非必要，因为无论在哪个营销阶段，任何KOL都不可避免地会触及一定比例的"Z世代"人群。

最后，抖音云图已经将店播、投流、"种草"等商业产品背后的人群关系进行了统一，即八大人群分类。这不再是一个口号或概念，而是具有精确定义和明确触达方式的实际操作指南。抖音的八大人群已经成为贯穿品牌从"种草"到"收割"闭环经营脉络的关键要素。

### 云图5A人群流转策略

在云图5A人群关系的流转上，基于我提出的抖音闭环增长模型中"品牌资产"与"销量GMV"的平衡关系，我将云图人群关系流转划分为四大策略。

**1. 人群破圈**

这一策略旨在将O人群转化为A人群，核心在于找到品牌的目标人群。这可以通过抖音提供的八大人群分类或OCPM精细化的人群颗粒度来实现。实现人群破圈的手段多种多样，如开屏广告、TOPVIEW、挑战赛、KOL"种草"、信息流等。对于新入场的品牌而言，传统的媒体策略在新兴人群面前越来越不奏效，因此需要从消费者的认知逻辑出发，制定"自下而上"的传播策略。

**2. "种草"蓄水**

这一策略侧重于拆解A3人群的权重，主要由高频广告互动、深度"种草"行为或搜索行为构成。通过多种投放链路，模拟复盘营销反馈，以实现"种草"蓄水。高频广告相当于用户被信息流广告多次触及，大部分被打上 A2 标签，小部分打上 A3 标签。然而，如果消费者未被"种草"，则很难实现到 A4 的转化，这通常是单纯"收割"策略，效率不高。相比之下，品牌通过 KOL "种草"，浅度互动为 A2，深度互动或搜索为 A3，对优质的内容进行投流放大，继续扩大 A2~A3 人群，实现人群资产"种草"蓄水。"种草"加投流的组合拳能最大化实现"种草"效应，成本适中，效率最高。

### 3. 新客转化

这一策略关注"收割"转化，有两种思路：一是深度触达 A 人群，如 A3 或 A5，主要为定向触达该类人群，A4 人群的相似人群探索效率也不错。另一种是直接拉新转化，核心在于 OCPM 定向人群的精度对投流操盘难度很高，往往没有任何"种草"基础，"收割"效率不高。站在"天平效应"的理念上来看，品牌增长没有捷径，"品牌资产"与"销量 GMV"二者是平衡关系，要么双指标同比增长，要么失衡重新来过。

### 4. 老客复购

粉丝转化是直播中的常见现象，本身并没有太多值得讨论的价值。但粉丝经营值得重视，因为从各项数据来看，在优秀的直播间，粉丝流量已经占据了一定比重，并且成交率高于一般用户。这也是为什么我会在前面提到，经营阵地的逻辑不仅仅是直播，而且是"号店一体"，蓝 V 账号更容易沉淀粉丝，更高效地触达与"收割"，提升品牌好感度，直接沟通消费者。长期而言，我认为抖音私域是生态闭环的"最后一公里"，站在抖音战略的角度来看，一定是重中之重，不可错过。

云图是抖音科学营销的核心，其中 5A 人群资产是其核心概念。抖音 5A 人群资产理论与阿里巴巴 AIPL 模型殊途同归，都是在描绘消费者与品牌互动的完整路径。5A 人群资产包括 A1 了解、A2 吸引、A3 问询、A4 行动和 A5 拥护。通过对这些人群的精准营销，品牌可以实现从"种草"到"收割"的闭环增长。

云图的八大人群包括"Z 世代"、精致妈妈、新锐白领等，它们在年龄和地域上有着不同的流转关系。这些人群在抖音平台上具有不同的消费力和消费倾向，品牌需要根据自身定位和目标人群制定相应的营销策略。

云图 5A 人群流转策略包括人群破圈、"种草"蓄水、新客转化和老客复购。这些策略帮助品牌实现从 O 人群到 A 人群的转化，提升品牌资产和销量 GMV。

# 第 29 节
# 商城运营

抖音正不断强化其"货架场"的建设，包括中心商城、泛商城、小蓝词等在内的一系列产品，都在努力构建一条"人找货"的路径。"内容场"与"货架场"形成完整的闭环，不仅能强化消费者的电商心智，提升品牌在抖音的 ROI，建立长期良性的生意模式，还能在存量市场中继续挤压传统电商的市场份额。

抖音商城定义为用户在明确购买意愿的情况下，进入电商入口页面的集合。这包括了商城、店铺、橱窗、商品卡、购物车、直播，以及泛商城（猜你喜欢）等多种电商表现形式。抖音商城不仅涵盖了内容场中的短视频电商和直播成交转化，还包括了货架场的搜索转化和泛商城的引流转化。

2023 年，抖音发布的最新数据显示，抖音商城的 GMV 已经占到了总 GMV 的 30%。这一数据表明，商城的成交额不仅提升了品牌的整体 ROI，也为品牌在抖音的生意模式带来了积极的影响。随着抖音对"货架场"的持续加码，商城成交的比例预计将继续增长。我预判，未来抖音商城的占比可能会超过 30%，这可能成为品牌努力的新方向。如图 5-10 所示，在这个模式下，品牌投入的 70% 与平台对应的溢出 30% 相结合，将推动品牌在抖音的生意走向良性发展的道路。

图5-10 从内容场到货架场

### 商城运营的重要性

打造一个高效的商城对于品牌而言，必要性不言而喻，其带来的显性价值也日益凸显。商城的建立不仅对品牌有着多方面的益处，还能在竞争激烈的市场中帮助品牌获得优势。

首先，商城能够有效降低运营成本。相较于内容场中短视频和直播的高成本，商城运营得当可以大幅降低整体的运营成本，从而提高 ROI 回报。

其次，商城提供了销售的延展性。这不仅意味着销售时间的延长，不再局限于每日直播的固定时长，还能承接日常性购买和周期性复购的购买需求，从而拓宽销售渠道。

第三，商城作为新的增量市场，必然存在着新流量入口的机遇。通过争夺商城活动与流量资源，品牌可以拓展流量增长的新渠道，进一步提升品牌的市场占有率。

第四，商城为品牌提供了长期沉淀的机会。在品牌经营过程中，销量积累将有助于打造超级爆品，进而提升品牌在品类中的影响力，超级爆品的权重也将影响搜索排名，从而使品牌获得更多的类目流量。

随着商城流量的不断增长，运营体系也逐渐适应传统电商的运营逻辑。在商城流量增长的过程中，平台活动也存在红利期，类似于天猫早期的情况。因此，在大促联动中，平台往往会给品牌提供流量资源，这对于品牌在大场活动时的推广十分关键。

在品牌抖音商城的运营过程中，超级链接打造、泛商城 SEO、店铺运营提效以及精细化会员运营这四大策略，是实现品牌商城运营的基石。

## 超级链接打造

基于商城运营的基本逻辑，商品的经营体系应遵循爆品驱动的原则。这样的运营策略能够化繁为简，实现单点突破，以实现销售奇迹。

从"人找货"的逻辑出发，爆品的转化率将具有显著优势。抖音的购买链路主要包括 KOL 挂车、千川图文、商城静默成交、店播和达播。如果这五个链路能够有效积累在一个链接上，长期来看，就形成了爆品的超级链接，进而提升了商品的权重，增加了获取更多溢出流量的机会。即使达播机制有所差异，前四个链路仍然是品牌可控的运营体系。

以 INTOYOU 品牌为例，其超级爆品"唇泥"集中了品牌所有的资源与投入，并将"种草"、店播、达播、商城等销售机制统一，所有的销量都累积在爆品之上。这一超级爆品链接的销量已达到数百万件，INTOYOU 在货架场获得了近 30% 的 GMV 销量，这直接带动了品牌在货架场获客引流的效率，同时也大幅度提升了品牌在抖音全域的 ROI。

在爆品运营中，以下五个基本原则至关重要。

价格统一原则：在短视频和直播场景中，爆品的价格体系必须保持一致。稳定的价格有助于超级链接的累积，提升转化率，同时也能稳定消费者口碑，避免因价格波动而导致的投诉和负面评价。

SEO 原则：爆品的 SEO 至关重要。通过优化头图、标题、关键词、热搜词以及完整的购物链路，可以大幅度提升主动搜索的效率，从而吸引更多的目标消费者。

在线状态原则：爆品的状态必须稳定在线，库存必须充足。频繁的上、下架会影响商品的权重，并可能破坏已建立的算法推送模型。

质量服务原则：爆品的质量和售后服务必须达到标准。商品不应存在严重的投诉、差评或品质退货，因为低评分商品可能会被平台降权。

避免重复原则：在爆品运营上，应尽可能减少重复商品的出现。重复商品不仅会稀释爆品的权重，还可能干扰搜索算法的排名。

## 泛商城 SEO

泛商城是抖音平台上的一个特色功能，它通过智能推荐算法，让消费者在被短视频"种草"后，能够更容易地在搜索栏、商城推荐、订单页等位置发现该产品，实现抖音版的"猜你喜欢"。泛商城的运营核心在于对短视频"种草"内容的精细优化，以确保从电商端 GMV 结果出发，反向推动内容端的优化，这正是抖音的运营逻辑所在。

泛商城的主要场景集中在达人"种草"的环节，主要分为如下两种情况。

（1）达人"种草"短视频挂购物车。如果消费者直接完成购买，则将其标记为 A4 人群；如果有点击购物车、评论、分享、完播等行为，则将其标记为 A3 人群；如果点赞或观看超过 6 秒，则将其标记为 A2 人群；如果仅仅是有效曝光，则将其标记为 A1 人群。

（2）达人"种草"不挂购物车。通过内容中嵌入"小蓝词"或底部"搜索词"，直接引导用户进行关键词搜索，然后在相应的商品页面或直播间进行承接，引导性的搜索人群被标记为主动 A3 人群。

在这两种情况下，即使消费者在"种草"后没有立即购买，产品也会在后续的抖音浏览中，通过各种"猜你喜欢"的位置出现，唤醒并引导他们的购买行为。

泛商城 SEO 的核心在于保持内容与商品关键词的一致性。短视频的关键词应涵盖标签维度（品牌词、品类词、产品词、卖点词）、内容维度（文案、花字、语播、购物车名称）和评论维度（挂购物车置顶评论中品牌词＋产品词，不挂购物车时埋点"小蓝词"搜索引导）。商品关键词则包括直播维度（直播标题、品牌词、产品词）、商品维度（品牌词、品类词、产品词、卖点词）和头图维度（商品头图 3 张以上，卖点 1 到 2 个）。

泛商城的运营和优化逻辑基于用户关键行为的四个步骤：短视频"种草" > 用户搜索或"猜你喜欢" > 商品卡曝光 > 成交转化。因此，优化不仅仅是优化头图、标题、关键词，而是需要优化消费者在抖音购物流转的完整链路。通过爆品累积销量和权重，形成超级链接，爆品 SEO 提升主动搜索效率，泛商城 SEO 提升被动搜索效率，即"猜你喜欢"的效率。

## 店铺运营提效

在店铺运营层面，传统电商已经发展得相当成熟，而抖音的店铺虽然在形式上更为简化，但其核心运营理念与传统电商有所不同。关于如何让店铺运营更好地提高效率，以下是一些关键点。

首先，号店一体，打造经营门面。在抖音平台上，实现前端蓝 V 账号与后端店铺一体化运营，这不仅突显了官方旗舰店的身份，还确保了商品、内容与目标人群的高度匹配。

其次，店铺优化，高效承接进店用户。除了注重首页的品牌形象设计外，由于抖音的流量入口更加多元化且用户在访问时往往直接进入商品卡，因此商品详情页的优化尤为重要。

第三，优化高销量商品的链路。从用户行为的关键三步骤——用户搜索、商品卡曝光到成交转化着手，优化的目标是构建一个完整的购物链路，以提高转化率和用户体验。

最后，参与平台营销活动。店铺应根据官方活动要求，积极报名参与平台活动，一旦审批通过，店铺将获得推广资源位或流量补贴，从而提升品牌曝光度和销售业绩。

### 精细化会员运营

在抖音平台上，会员与品牌之间的关系更为深入。会员是品牌的忠诚消费者，也是抖音生态中复购人群的重要来源。对于电商 GMV 的贡献价值，会员的重要性不言而喻。官方数据显示，会员的客单价是平均客单价的 2 倍，转化率是全店转化率的 1.5 倍，复购率是非会员复购率的 4 倍。

会员运营可以分为以下四个步骤。

开通会员：抖音提供了两种会员体系，一种针对单一店铺的抖店会员，另一种是所有店铺权益通用的品牌会员通。基于"号店一体"的理念，建议品牌重点发展抖店会员，以简化消费者的复购链路，提高转化率。

会员招募：招募更多的会员，可以扩大品牌可运营的关系数量。通过数据看板，可以查看每天的入会数量、来源渠道以及潜在的入会用户等数据，从而不断积累会员数据的价值。

会员召回：通过差异化权益和导购话术，对会员进行主动召回，尤其是在关键的大促节点，可以有效促进销售转化，提升品牌业绩。

会员活跃：通过设置专享券、积分兑换、新品派样和会员日活动等策略，提高会员的活跃度，进而提升品牌在抖音的经营效率。

以巴黎欧莱雅为例，在抖音818新潮好物节期间，欧莱雅上线了商家会员功能。不到20天，会员成交贡献就超过了全店成交的10%，新会员转化率达到40%，客单价和复购率均大幅提升，整体店铺交易相比7月同期增长了17倍。这充分证明了抖音会员运营的巨大潜力。

综上所述，超级链接打造、泛商城SEO优化、店铺运营提效以及精细化会员运营这四大策略，共同构成了品牌抖音商城运营的基石，助力品牌在抖音商城实现更高效的运营和更有效的GMV增长。

# 抖音作战地图

## 品牌抖音增长必修课

增长五力：
- 赛道力
- 爆品力
- 内容力
- 经营力
- 渠道力

♪ 增长五力同学会

与更多抖音操盘手共读《增长五力》
找到组织，学习交流，共同成长

扫码加入

# 增长的破局：赛道力   01 战略模块

## 消费者认知模式

品牌视角 → 传播 自上而下

```
    品牌
   爆品
  内容
```

自下而上 认知 ← 用户视角

## 品类赛道模型

- 品类规模 **S**cale
- 品类增长 **G**rowth
- 品类机会 **O**pportunity
- 品类竞争 **T**hreat

（品类赛道）

## 品类创新模式

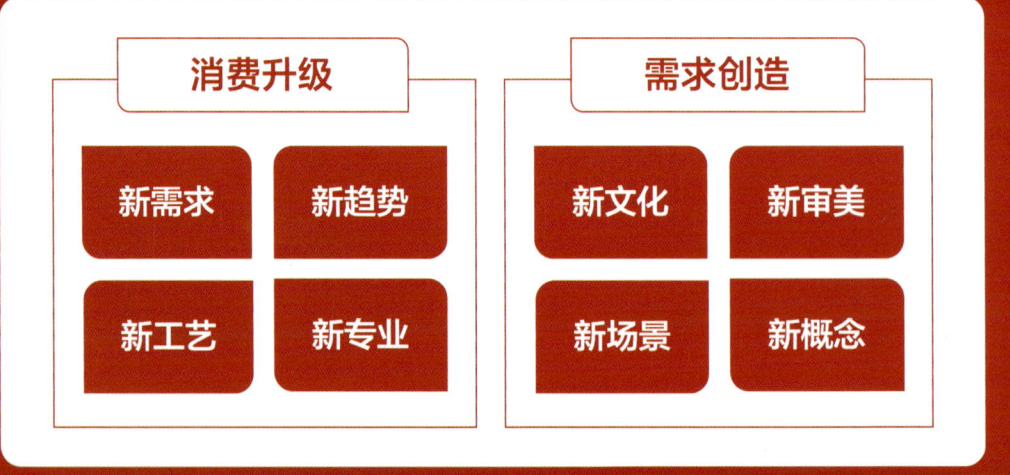

**消费升级**
- 新需求
- 新趋势
- 新工艺
- 新专业

**需求创造**
- 新文化
- 新审美
- 新场景
- 新概念

# 增长的支撑：经营力

## 全域兴趣电商

**抖音全域兴趣电商**

- 内容场（增长力）
  - 种草 兴趣激发
  - 投流 效果放大
  - 直播 高效转化
- 货架场（运营力）
  - 搜索 精准匹配
  - 商城 稳定经营
  - 蓝V 用户经营

云图O-5A人群资产

## 闭环经营模型

**FASD+S 抖音闭环经营模型**

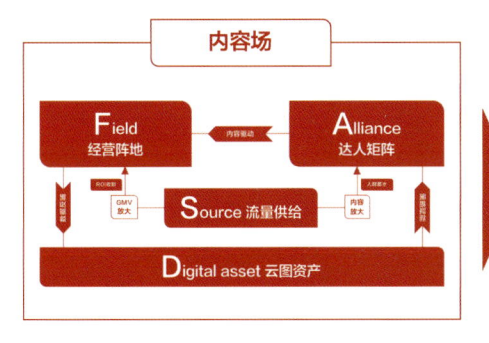

内容场
- **F**ield 经营阵地
- **A**lliance 达人矩阵
- **S**ource 流量供给
- **D**igital asset 云图资产
- 内容驱动 / ROI放测 / GMV放大 / 流量矩阵 / 人群需求 / 内容搜索

货架场
- 超级爆品链接
- 泛商城SEO
- 店铺运营
- 会员运营

## 店播五维模型

**店播运营五维模型**

| 销售数据（销售维度） | 转化数据（商品维度） | 投放数据（投放维度） | 流量数据（流量维度） | 运营数据（直播间维度） |
|---|---|---|---|---|
| GMV | 曝光进入率 | 投放ROI | 付费流量 | 转粉率 |
| ROI | 商品点击率 | 直投ROI（占比） | 自然流量 | 互动率 |
| GPM/UV价值 | 点击成交率 | 视频ROI（占比） | 关注流量 | 停留时长 |
| 客单价 | 转化率 | | 搜索流量 | |

# 增长的收割：渠道力

## 媒体时代变革

- 大创意
- 大媒体
- 大渗透

→ 品牌 / 爆品 / 内容 ↑

## 全渠道增长模型

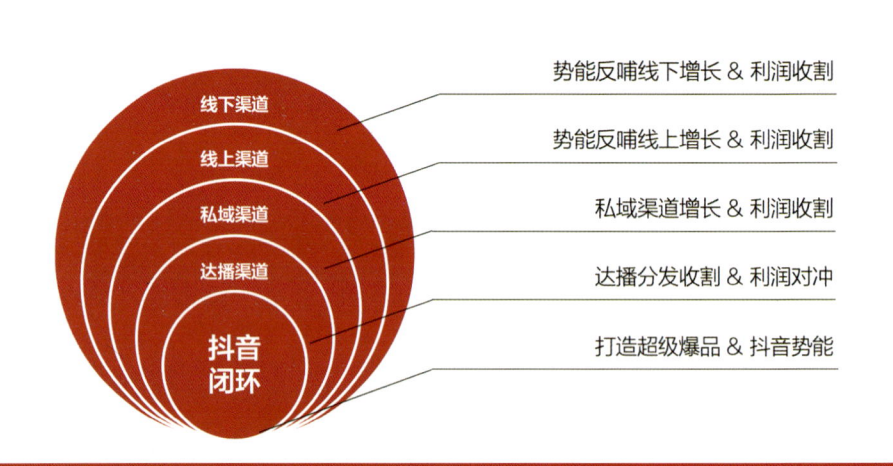

- 线下渠道 —— 势能反哺线下增长 & 利润收割
- 线上渠道 —— 势能反哺线上增长 & 利润收割
- 私域渠道 —— 私域渠道增长 & 利润收割
- 达播渠道 —— 达播分发收割 & 利润对冲
- 抖音闭环 —— 打造超级爆品 & 抖音势能

## 终极渠道战略

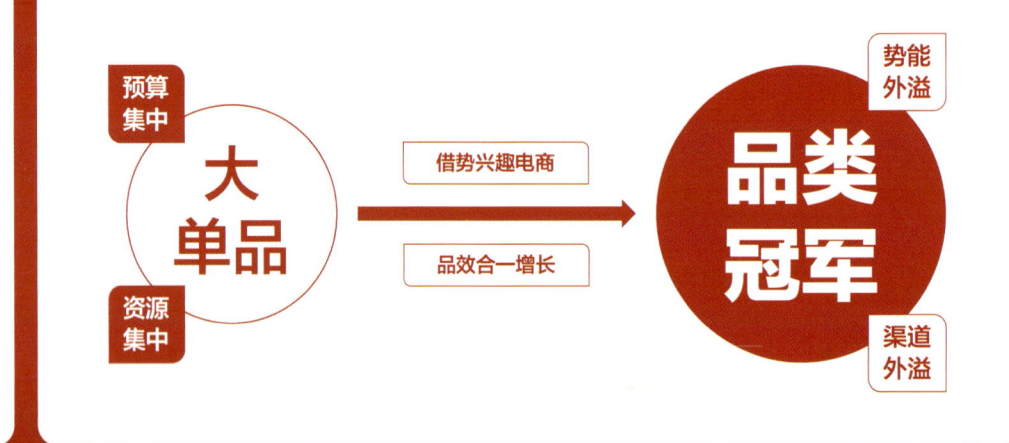

预算集中 + 资源集中 → 大单品 —（借势兴趣电商 / 品效合一增长）→ 品类冠军（势能外溢 / 渠道外溢）

# 第六章

## 增长的"收割":渠道力

# 第 30 节
# 品牌全渠道增长模型

在传统媒体营销的黄金时代，经典的三板斧——大创意的广告语，大媒体的规模投放，大渠道的终端渗透，构成了品牌增长的核心战略。"农夫山泉有点甜""怕上火喝王老吉""收礼只收脑白金"等广告语，至今大家依旧耳熟能详。

在那个时代，一句经典的广告语至关重要，它不仅能够抢占消费者的心智，形成品牌独特的壁垒，而且通过广泛的媒体覆盖和深入的渠道渗透，品牌得以完成快速实现品牌建设并完成销售"收割"。

如图 6-1 所示，我们如今正面临着传统媒体时代到内容媒体时代的巨大转变。

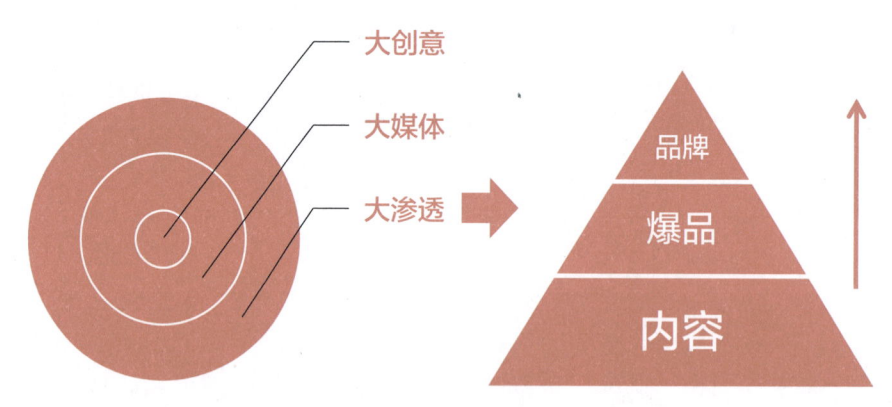

图6-1 传统媒体时代到内容媒体时代的巨大转变

在当今这个内容媒体营销的时代，新一代消费者的变化正在推动新的内容认知形态和全新的媒体传播方式的出现。

KOL 的小创意正在取代传统 TVC 的大创意，而抖音等内容媒体正在取代传统的大媒体。尽管渠道的变化不算太大，从传统的线下渠道到传统的电商渠道，也逐步诞生了内容时代的店播、达播、私域等新渠道。但是，"收割"的本质没有变化，仍然需要用创意和内容影响消费者的心智，最终通过有效影响消费者形成购买转化，完成GMV的"收割"。

在内容媒体营销时代，抖音无疑是最适合的平台之一。品牌可以通过KOL实现产品"种草"与内容传播，又在店播直接完成购买转化，通过"品牌资产"与"销量GMV"品效合一的有效经营，形成品牌的抖音势能。而今天拥有抖音势能的品牌，就拥有了全渠道的品牌势能。

基于抖音兴趣电商的增长内核，我提出了"品牌全渠道增长模型"，如图6-2所示，以抖音势能为核心，通过势能外溢，影响外层销售渠道，最终带动品牌全渠道GMV的增长。

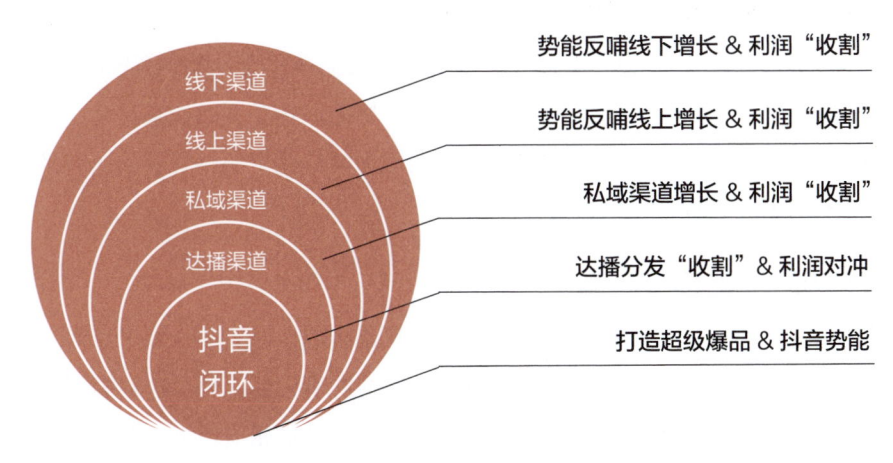

图6-2 品牌全渠道增长模型

**抖音闭环：打造品牌抖音势能**

随着品牌在抖音上的影响力不断增强，一种类似于"雪球效应"的内核正在形成。这种效应促使"爆品效应"和"品牌势能"不断上升，成为品牌增长效率的关键所在。显而易见，抖音闭环在全渠道中的价值，并非仅仅在于"收割"，而是更注重全渠道的"种草"。品牌在抖音上持续"种草""品牌资产"，就将在全渠道转化为实实在在的"销量GMV"。

### 达播渠道：达播分发销量"收割"

品牌在抖音的爆品一旦走红，反应速度最快的便是主播。这些主播不仅活跃在抖音，还遍及淘宝、快手以及私域等各个渠道。直播分发的覆盖面，对品牌的"收割"效率产生显著影响。品牌在达播渠道上未能实现盈利，通常意味着在抖音生意的规划初期，货品组合的设计可能就存在着问题。

### 私域渠道：私域经营利润"收割"

无论是社群私域还是品牌私域，这些私域的反应速度都相当迅速，而爆品效应的杠杆作用也更为显著。抖音创作的内容，往往被应用于私域渠道的内容分发，从而实现了内容的"一鱼多吃"价值，即通过多渠道的传播和利用，最大化内容的商业价值。

### 线上渠道：势能反哺电商增长

抖音流量的外溢首先指向天猫，其次是京东、唯品会、拼多多等线上电商平台。当前，电商平台的运营者们秉持的经营理念是"锦上添花"，即如果品牌在抖音上获得成功，则他们愿意提供更多的资源支持，因为高转化率的抖音爆品，有助于电商平台达成其 KPI 目标。

### 线下渠道：势能反哺线下增长

线下渠道虽然反应速度较慢，但它能够延长爆品的生命周期。对于那些在线下渠道具有优势的品牌，在全渠道增长模型中也将拥有更大的优势。这是因为线下渠道足够深入，利润空间足够丰厚，使得品牌的投入力度也相应增大。在竞争中，这些渠道品牌只要赛道选择正确，并且保持稳定的运营策略，就能对新兴消费品牌形成一种"降维打击"，即在竞争维度上占据绝对优势。

基于"品牌全渠道增长模型"，那些拥有深厚渠道积累，如达播、私域、线上、线下渠道的品牌，在抖音全域经营中会占据显著优势。相比之下，那些缺乏渠道利润反哺，只能依靠大量资金投入来制造爆品和塑造品牌的新消费企业，最终可能会被视为"烧钱"的机器，其可持续性发展和良性经营能力相对较弱。因此，爆品的打造与渠道的节奏相辅相成，渠道的建设并非一蹴而就，每一步都至关重要。

# 第 31 节
# 达播渠道

在达播，即达人直播领域，品牌需要明白一个核心逻辑：达人进行商品选择时，其目标是"在有限的直播时间内实现收益最大化"。因此，达人针对不同品牌会自然形成不同的策略。

对于知名品牌的热门爆品，达人会争相直播，即便直播机制可能不那么有利，但从结果来看，这种选择能让达人名利双收。对于品牌影响力一般的网红产品，由于这类商品受众广泛、直播机制良好且佣金较高，达人只需努力推广就能赚取可观的收入。对于愿意支付坑位费的非知名品牌非热门爆品，达人会认为风险较低，即便直播效果不佳，也是品牌承担风险。

回过头来，当我们审视达播渠道时，其模式就变得清晰了。品牌若想借助达播的力量，可能面临选品困难或血本无归的风险。而当品牌火爆时，达人自然会追逐品牌红利，争相直播品牌爆品。所以，"打铁还需自身硬"，品牌自身的实力至关重要。

我之所以将达播定义为渠道，是因为其爆品效应且为品牌提升势能。品牌营销的目标是让品牌在抖音上迅速走红并能够"出圈"，达播自然而然成为最快速的"收割"渠道。

达播渠道的经营并非易事，其中陷阱和风险颇多，稍有不慎，多年积累的品牌资产可能会在短时间内消耗殆尽。因此，品牌在进行达播渠道经营时，需要注意许多关键要点。

### 要点一：达播即销售渠道

达播既然是渠道，就必须具备稳定的产品体系和价格体系，尤其是价格体系。由于直播销售的产品形态，往往涉及折扣销售或买赠活动，如果达播的价格远低于天猫日常价格或线下渠道价格，就会破坏品牌的价格体系，导致日销乏力，甚至渠道反噬。直播作为未来常态的销售形式，从产品生产或定价时起，就应该提前做好价格规划，以免伤害渠道或因利润率不足而难以支撑长期经营发展。

### 要点二：构建健康的达播生意模式

既然达播被视为"收割"渠道，那么它必须是能够带来盈利的生意模式。如果品牌发现达播的生意模式并不赚钱，那么问题很可能出现在"收割"效率上。这可能是由于"种草"力度不足、爆品热度不够，或者是毛利结构存在问题。在这种情况下，品牌应该做出相应的调整，而不是冒着亏损的风险硬撑。

### 要点三：达播不是"种草"

品牌要明确达播的定位，切记：达播并非"种草"，而是品牌资产的一种透支形式。即便某些超级头部主播具有一定的品牌效应，也只是起到锦上添花的作用。缺乏热度的新产品，即便由大主播推广，销量也可能不尽如人意。反之，如果产品本身火爆，大主播的推广可能会带来超预期的销量。

### 要点四：不要热衷于保ROI

热衷于保ROI既是逃避责任的表现，也是一种偷懒的行为。保ROI看似是一件确定性的事情，但问题在于，当每个人都只想做确定性的事情时，谁来承担风险？这显然是不合理的。事实上，盲目追求ROI的背后正隐藏着一系列风险，如刷单、无限期补量和卷款跑路等情况。世上没有免费的午餐，风险与收益总是相伴相生。

### 要点五：培养长期合作心态

应当与优质达人主播建立长期稳定的合作关系，尤其对于高客单价的品牌来说，合适的达人数量有限，一旦合作效果理想，就需要建立长期稳定的合作模式，比如签订框架合作协议，并进行适当的"种草"广告合作。这样做不仅可以提升产品的转化率，还能稳定合作关系。

**要点六：重视渠道建设**

对于面向大众人群、低客单价、消费频率高的品牌来说，建议与团长模式的达播分发渠道合作，以拓展覆盖范围，快速增加直播场次，实现规模化"收割"渠道利益。而对于高客单价品牌或新品牌来说，建议自行组建团队，积极拓展达人资源，因为有效的主播资源是有限的，所以更应注重深度合作关系。

在达播渠道中，品牌与达人之间的互动是一种相互博弈、互为助力的关系。这种合作规则相对公平，任何一方都难以完全占据强势地位，因此品牌要靠自身实力说话。品牌与达人之间也是相互成就的关系，当产品在抖音平台上火爆时，品牌需要借助达人的影响力快速获得销量，而达人也需要借助爆品的火热来提升自己的收入。

在市场中，也有一些具有情怀的主播，尤其是那些头部主播，他们不仅仅看中经济利益，也希望为粉丝推荐更好的产品、更有使命感的品牌，当然也支持国货。品牌如果希望获得这些有情怀主播的认可，就需要努力成为那样的品牌。

达播就像品牌的一面镜子，反映出品牌内心真实的自己。

奶酪棒作为近年来迅速崛起的一种"网红"产品，得益于妙可蓝多、妙飞等品牌的早期市场培育，这些品牌迅速成为奶酪棒领域的领头羊。消费者对奶酪棒的接受度很高，市场增长势头迅猛，因此众多乳制品企业纷纷涌入这一赛道。得益于品类市场红利、产品认知红利以及抖音流量红利，所有涌入品牌都选择通过直播进行竞争，包括那些早期在教育市场的头部品牌也放弃了市场培育和品牌建设。

2021年，某些头部品牌与抖音上的头部主播合作，一场直播就能带来几百万元的销售额，消费者甚至会一次性囤积数月的奶酪棒。然而，随着大量乳制品企业的涌入，奶酪棒的价格被拉低，某头部品牌带头降价。凭借过去多年积累的品牌口碑，抖音销售的效果太好了，那为什么还要做大量的市场投入呢——这可能是当年他们内心的真实想法。

到了2022年下半年，奶酪棒市场整体规模开始缩减，该头部品牌的单场直播销售峰值下滑至上一年的几分之一甚至几十分之一，存量市场已经被过度开发，而增量市场几乎不存在，再加上白牌产品的低价竞争，该头部品牌的市场下滑趋势令人担忧。

一些品牌开始意识到问题的严重性，重新审视市场策略，思考品类创新并加强品牌建设。然而，仍有更多的品牌处于迷茫之中，市场部门还在争论是否应该降低价格以争夺市场份额。

# 第 32 节
# 私域渠道

在过去的几年里,互联网人口红利逐渐消失,各大互联网平台在用户增长方面也遭遇了瓶颈。流量曾经是互联网增长的关键,但现在,流量逐渐转变为"留量",即如何最大限度地留住用户并实现用户价值的最大化。抖音等内容媒体在获客效率上虽然依然很高,但成本也依然很高。对于品牌来说,如果没有持续的造血能力,仅仅依赖流量驱动的增长模式是不可持续的。

那么,如何解决这个问题呢?私域可能是目前最好的解决方案。私域在过去几年里不断发展迭代,目前已经进入 3.0 阶段。

## 私域 1.0 阶段:流量私域

在私域 1.0 阶段,我们见证了从微商到社群电商、团购等基于流量模式的新销售方式的诞生。这些模式的核心目标是销售产品,无论流量是否属于品牌本身,都不重要。这种销售行为更多地依赖于微信群等社交工具,因此也催生了一大批"羊毛党"。这种操作模式更像是公域渠道,以爆品驱动,简单直接,渠道红利显著,但稳定性较差。

流量私域作为新兴渠道,其特性与传统渠道并无本质不同,对渠道而言更注重爆品效应,对品牌而言则需要保障价格体系的一致性。当品牌在抖音推出爆品时,流量私域的作用就是提供一个更加灵活、碎片化的分销渠道。对于超级爆品而言,流量私域累积起的销量效果同样惊人。

流量私域之所以会变得泛滥,是因为许多品牌将其视作清库存的"下水道",导致流量私域人群质量下降,"羊毛党"泛滥。

## 私域 2.0 阶段：运营私域

在私域 2.0 阶段，品牌开始导入已有的用户资产，并以生意增长为目标，通过运营手段，借助微信生态来提升生意目标。品牌以促进销售和复购，提高短期内的 ROI 为首要任务，这样的私域运营由品牌主导，消费者则更多的是被动接受品牌推销并参与购买的角色。

以销售为核心导向的私域运营存在一定的难度和风险，因为过于注重短期效益可能会透支品牌积累的用户资产。许多品牌会将私域运营交给专业的代运营公司来操作，这些公司的 KPI 是以销售结果为导向的，通过销售分佣来获得收益。

为了实现销售目标，代运营公司可能会采取各种手段，甚至不考虑这些手段是否符合品牌调性。而品牌则只关注结果，不管过程，即使短期内获得了利润，也可能严重透支了品牌资产。

## 私域 3.0 阶段：品牌私域

在这一阶段的私域运营中，我认为核心工作已经从单纯的经营生意上升到了经营消费者，既包括维持消费者关系的"软沟通"，也包括追求即时效益的"硬推广"。品牌私域运营一定采用品牌自建团队的模式，旨在满足经营消费者和经营品牌的长期目标。特别是品牌在公域平台所做的内容"种草"，这些内容可以在私域中进行二次传播和利用，甚至导致私域闭环的用户内容共创和内容裂变。

品牌私域运营能够产生大量高黏性的超级用户，甚至让他们成为品牌建设的参与者。我认为，未来许多以 DTC（Direct-to-Consumer，直接面向消费者）为核心的品牌，从长远来看，都可能从消费品牌公司转变为消费者经营公司。品牌私域运营是消费品牌未来的发展趋势，抖音公域高效拉新，品牌私域有效经营，公私域打通，可以形成品牌的完整经营闭环，这是非常理想的，但实现起来也颇具挑战性。

首先，不是所有品牌都适合做品牌私域。品牌私域的逻辑是"经营"消费者，但前提是品类具有周期性购买的特征，需要有较高的复购率，否则私域运营就难以实现。

其次，品牌私域化对品牌的特质有要求。品牌需要有值得用户选择私域、与品牌互动、忠诚于品牌的特质，从而产生品牌与用户的情感连接，这需要一个经得起推敲的理由，否则用户更倾向于选择抖音或天猫等公域平台，因为它们更便捷。品牌私域经营的是超级用户，他们愿意为情怀埋单，愿意与品牌共创，愿意为之摇旗呐喊。

第三，品牌私域要先做内容再做私域。内容是私域运营的基础，是连接和触达用户的纽带，没有内容开发能力的品牌，很难长期实现良好的消费者沟通。

第四，品牌私域要平衡调性和ROI。品牌私域以经营消费者为核心，保持良好的品牌调性而非常态化的促销，则更能让品牌保持长期的生命力。但私域经营如果没有ROI回报，或是杀鸡取卵式地追求ROI，都是不长久的，平衡调性和ROI是经营的关键。

在我看来，在私域运营方面做得非常出色的公司之一是小米。每当小米推出新品时，它都能顺应趋势，这反映了"米粉"的心之所向，让米粉的情感连接上升到品牌情怀。与此类似，花西子作为国潮的代表，其粉丝也可能从品牌情怀上升到民族情怀。

如果我是投资人，在考虑消费品牌的投资时，我会优先选择那些具有私域化可能性的项目。然后，我会根据这些项目来倒推品牌选择的品类赛道和产品创新。如果品牌在"头"和"尾"的选择上做得恰当，那么未来的增长预期几乎是确定的，这样的项目我一定会投资。

如今，内容、投流、渠道等能力已经非常标准化了，无论是内部团队还是外部专业分工，都可以做到。标准化的能力即使达到了卓越水平，从长远来看，也不一定能形成太高的品牌壁垒。

因此，对于目前仍在初创阶段的新品牌，我的建议是一定要做品牌私域。这是未来品牌壁垒之一。如果消费者没有理由选择你的私域，那么这可能意味着你在"头"上做得不够好。

现在，消费者的购买决策已经提前到了社交平台，成交的平台已经不再重要。品牌的运营逻辑也从平台运营逻辑逐渐转向消费者运营逻辑，贯穿消费者生命周期。品牌也将从消费品销售公司慢慢进化成消费者运营公司。

# 第 33 节
# 线上渠道

近年来，线上渠道经历了巨大的变化，新的渠道如雨后春笋般涌现。从传统的平台电商、社群电商，到新兴的兴趣电商，再到私域电商，以天猫为代表的单极增长时代已经悄然结束，取而代之的是多极电商、多渠道的全域增长时代。在这样的背景下，我观察到线上渠道未来的三个主要趋势。

## 线上渠道的三个趋势

### 1. 品牌 DTC 化

DTC 模式近年来在全球商业领域日益流行，其核心理念是去除中间环节，直接将产品和服务送达消费者手中。

在美国，DTC 模式的主要流量承接者是品牌官网。这是因为美国消费者更习惯于直接访问电商网站，他们已经形成了定期访问品牌官网的消费习惯。而在我国，互联网发展迅猛，电商生态更为成熟，涌现了天猫、京东、抖音等电商巨头。我国消费者更倾向于直接访问电商平台的品牌旗舰店，这实际上仍属于 DTC 模式的一种表现。

随着抖音、快手等兴趣电商的兴起，品牌内容"种草"与销售 GMV "收割"的一体化、闭环化，加速了品牌 DTC 经营进程。这一趋势也标志着品牌营销进入了品效合一的营销时代。

随着微信生态的不断完善，微信成为品牌自建平台的优选渠道，它高效地连接消费者，建立私域闭环，使得私域成为比平台电商更为直接高效的 DTC 渠道。

## 2. 兴趣电商的颠覆

兴趣电商与传统电商代表了两种截然不同的电商维度。

传统电商是基于货架逻辑、搜索逻辑和平台逻辑构建的，消费者的购买行为往往具有明确的目的性，即使在电商大促期间，消费者的购物特点也通常是计划性地囤货。在这种模式下，品牌心智属性非常强，对新兴品牌并不友好，缺乏认知的商品几乎没有曝光机会，即使有曝光，基于平台的转化效率也往往偏低。从经营效率的角度看，平台所有资源都更倾向于知名品牌。

相比之下，兴趣电商则基于"逛街"逻辑。消费者在逛电商平台时，原本并没有明确的购物需求，但浏览过程中可能会被"种草"，从而产生"无中生有"的购买需求。兴趣电商对新品牌和新产品更加友好，其游戏规则对所有品牌一视同仁。只要品牌能够制作出吸引消费者的内容，并且产品能够触动他们，消费者就会埋单。此外，兴趣电商的转化效率更高，因为消费者无须在多个平台间跳转，购买过程更加便捷。由于消费者的购买力有限，如果在抖音等平台上闲逛时就购买了大量商品，那么有目的性的购物需求可能会相应减少。这或许也是当前电商大促逐渐失去吸引力的原因之一，因为消费者的日常购物需求已经被透支。

随着消费者认知逻辑的改变，兴趣电商将占据消费者更多的时间。兴趣电商对传统电商的影响是不可逆的，两者或许不是完全替代的关系，可能会共存。电商的底层逻辑是争夺消费者的时间和购买力，如果没有更多的增量市场，那么存量市场的竞争将是此消彼长的。

## 3. 平台"马太效应"

经过多年的发展，线上电商渠道已经相当成熟，随之而来的是显著的"马太效应"。天猫、京东、拼多多等大型电商平台已经拥有庞大的销售规模，而其他线上垂直电商和细分渠道则很难与这些巨头相抗衡。

抖音、快手等兴趣电商平台的崛起，直接影响了社交媒体 App 市场，流量逐渐流向这些超级 App。消费者在手机端的使用时间已经大幅转移到抖音、快手等平台上，兴趣电商的闭环化也间接影响了传统电商 GMV 的增长，从原本的间接竞争逐渐演变为直接竞争。

无论是传统电商还是兴趣电商，都日益展现出明显的"马太效应"，即强者恒强。

## 线上渠道的三点建议

关于线上渠道变化的趋势,品牌应该如何应对,我有以下三点建议。

**1. 品牌的核心竞争力在于直接面对消费者(DTC)**

无论是电商的马太效应、兴趣电商闭环化、还是品牌私域运营,都为品牌提供了非常完善的消费者经营基础。从产品到营销再到销售,各个环节紧密相连,消费者的购买心智和消费决策已经主要由品牌方主导,而非渠道方。这就是为什么像珀莱雅、花西子等近几年发展良好的品牌,都选择自建团队来建立 DTC 体系,深度运营抖音等兴趣电商。品牌势能的高低,也与品牌团队的认知及能力息息相关,更不要提全渠道打通到私域。

**2. 加大抖音兴趣电商的经营力度**

兴趣电商影响的不仅仅是一个 GMV 的结果,今天的抖音就相当于多年前的电视台,承载着品牌的知名度和影响力。不同的是,抖音所见即所得,还赠送了一套电视购物服务。加码兴趣电商,就意味着加码的是品牌势能。当传统营销近乎失灵的时候,短视频是重塑品牌认知的全新途径,争夺消费者对品牌的认知以及购买力。抖音对所有品牌而言,有三个核心价值:一是品牌势能的价值,即品牌火不火,会不会被社交圈讨论甚至成为"社交货币",也是过去我们投完广告看到的品牌力;二是消费者的价值,更实在的是有 GMV 销售规模,有明确的 ROI;三是渠道价值,抖音势能拥有对其他渠道的影响和外溢效果,抖音势能如果增长,全渠道都能收获利润。

**3. 进行渠道精细化运营**

如果抖音驱动了全渠道的品牌势能增长,那么渠道要做的事情就是做好承接。DTC 化的电商旗舰店运营都是经营的基本功,但抖音的品牌营销会成为品牌与传统电商平台议价的砝码,争取平台更多流量资源,与平台保持良好的关系与联动,形成稳定的经营能力,是线上渠道经营的基石。对于非 DTC 化的线上渠道,市场会不断迭代,有旧渠道式微就有新渠道兴起,比如微商、社群、淘客、分销等。对于非核心渠道,品牌不应该投入巨大的关注,否则容易丢了西瓜捡芝麻。应多与新渠道合作,让他们去开拓非核心渠道,实现共赢。

# 第 34 节
# 线下渠道

在探讨线下渠道变化和趋势时，我们普遍认识到线下渠道的碎片化、多元化和细分化已成为行业的一个共识。线下渠道的演变过程可以大致分为三个阶段。

## 线下渠道的三个阶段

**第一阶段：线下渠道的黄金时代**

在 2013 年之前，大多数消费品牌的销售渠道以线下为主。那个时代，家庭集体逛超市不仅是一种消费行为，更是幸福感的体现。购物中心（Shopping Mall）改变了都市人的生活节奏，推动了城镇化的发展。许多品牌也开始拓展到下沉市场，"小镇青年"一词在这一时期频繁出现在公众视野。

**第二阶段：受线上渠道兴起影响的时代**

大约在 2014 年，线上渠道的巨大潜力开始释放。随着电商渠道的蓬勃发展，出现了阿芙、御泥坊等淘品牌。到了 2018 年以后，传统电商向兴趣电商转变，在抖音兴趣电商崛起之际，诞生了花西子、三顿半等新消费品牌。线上电商渠道的蓬勃发展，也对线下传统渠道产生了巨大冲击。

**第三阶段：线上线下的融合与共生的时代**

近几年，品牌开始探索全渠道的融合策略。私域运营便是渠道融合的产物，数字化能力也成为了消费品牌的基础设施。传统品牌成功实现线上转型，尤其是那些借助抖音实现品牌重塑的，如珀莱雅、欧诗漫等。同时，原本在线上取得成功的品牌也开始重视线下渠道，纷纷开设实体门店，例如 Ubras、三只松鼠等。此外，许多新品牌悄然崛起,它们具有更强的业态融合性和线上网红属性。

当传统美妆集合店在市场上显得力不从心或悄然退出时,新型美妆集合店却在全国范围内迅速扩张,势如破竹。THE COLORIST 调色师、WOW COLOR 等大型美妆集合店凭借其社交属性,迅速在年轻消费者群体中流行起来。同时,网红饮料品牌元气森林正在与可口可乐、农夫山泉等传统巨头争夺自动售卖机和便利店的货架空间,而网红雪糕品牌们也已经悄然出现在消费者家附近的便利店冰箱中。

## 线下渠道对消费品牌的重要性

### 1. 线下渠道依然拥有规模化的优势

尽管线上零售总额的占比在逐年上升,但中国庞大的线下市场规模依然不容小觑。随着商业地产的不断下沉,小镇青年群体的消费升级,线下市场蕴含着巨大的消费潜力。对于中型以上的消费品公司而言,仅依赖线上渠道难免会触及增长的天花板。因此,对于这些公司来说,最大的挑战在于如何同步发展线上线下,构建品牌的规模优势,确保消费者随时随地都能购买到产品。线上线下渠道的融合势在必行。

### 2. 线下渠道能够弥补线上渠道的不足

线上渠道存在一些难以克服的缺陷,如体验感的缺失、信任度较低、无法及时获得产品等。尽管现代物流已经十分发达,但网购的及时性仍难以与线下门店"所见即所得"相比,而在电商大促期间,等待时间可能更长。相比之下,线下渠道提供了丰富的体验感,消费者有机会亲身体验产品,深入了解品牌,同时品牌也能更容易地与消费者建立沟通和信任,提供良好的购买体验。许多在线上无法充分展示和体验的产品,如彩妆和服装,在线下业态中得到了有效的补充。此外,线下渠道与线上渠道的协同工作,形成了全渠道的消费者互动,许多品牌的私域流量池正是从线下门店开始构建的。

### 3. 线上红利的消退与线下成本的稳定性

随着互联网流量红利的结束,线上流量的成本只会不断攀升,最终可能与线下成本持平。因此,出于增长的需求,品牌经营者自然会考虑布局线下渠道。与此同时,线下渠道的成本结构相对稳定,经营也具有一定的可预测性,尤其是 O2O 业态,如今已经成为较为成熟的渠道,为线下渠道经营提供了有效的补充。

## 布局线下渠道的四点建议

### 1. 爆品驱动

基于品牌全渠道增长模型，当品牌在抖音等平台上投入大量资源，提升品牌势能并打造出超级爆品时，接下来就需要通过渠道来"收割"利润。线下渠道尤其需要爆品来吸引顾客进店，以钩子产品带动其他产品的连带销售。

消费者进店后，如果不能迅速对产品产生兴趣或做出选择，很可能会迅速离开。而在有爆品的情况下，消费者可能会有强烈的购买意愿，或者成为导购人员讲故事的素材，影响消费者的购买决策。爆品无论在线上还是线下，只要在资源位上露出，都能大幅提升购买转化率。

因此，门店应最大限度地展示爆品，引导消费者的关注与购买。例如，高姿品牌在抖音打出防晒爆品后，线下大卖场渠道获得了很多推广资源，大量的堆头陈列也助力高姿防晒产品收获良好销量。

### 2. 私域导向

线下门店消费具有良好的体验和互动性，人与人之间的信任容易建立。一旦消费者在线下体验良好，往往会长期复购。线下场景是私域最佳的经营入口，导购人员在经过专业培训后，也适合成为私域的运营人员。

尤其在O2O业态越来越完善的情况下，即时配送、当日送达等服务将大幅提升线下业务的核心竞争力。近几年线下客流有所下滑，但门店仍然是会员深度经营的载体。私域作为门店经营导向，将提升门店长期的经营质量。

随着线上电商获客成本越来越高，门店私域运营依然有着稳定的获客效率，且没有额外成本。例如，完美日记在Shopping Mall开设了很多门店，其主要目的之一就是加会员微信，因为他们有着成熟的私域运营体系。

### 3. 渠道融合

数字化是品牌经营的基石，完成线上线下业态融合，通过数字化的工具和手段，实现生意效率的提升和品牌价值的再造。从ERP（企业资源计划）到CRM（客户关系管理），再到SCRM（社交客户关系管理）和CDP（客户数据中台），数字化产品将越来越成熟。但数字化只是渠道融合的工具而非经营的根本，还是要根据企业实际情况采取适当措施。

在渠道融合中，最重要的是会员价值的打通，无论线上店铺、线下门店还是品牌私域运营，消费者才是品牌经营的根本。

### 4. 稳扎内功

线下渠道具备确定性，没有捷径可言。深耕自身领域，安安心心扎下来，练好内功，不断升级优化，便能获得持续的生意增长。兴趣电商对品牌而言是"进攻"，线下渠道对品牌来说则是"防守"。在兴趣电商增量市场中能否获得成功，有诸多因素的影响，需要全力以赴。但在存量市场中的品牌份额是品牌经营的基本盘，绝对不容有失。

既然线下渠道经营是确定性的，那么对所有品牌都是公平的。最终考验的是品牌的经营内功，比拼的是品牌的效率和执行力。要精细化地做好每一个动作，服务好每一位消费者，经营好每一笔生意，从而厚积薄发，建立长足的经营优势。

# 第七章

# 超级增长案例

# 第 35 节
# 花西子：品牌增长四段论拆解

在花西子品牌出现之前，虽然也有一些彩妆品牌尝试通过与东方文化IP（如故宫）联名合作，推出具有东方美学特色的彩妆产品，但这些尝试往往停留在表面，东方彩妆这一细分市场并未真正形成。

然而，随着抖音等短视频平台的兴起，彩妆内容的表现形式得到了前所未有的创新。同时，众多美妆KOL通过这些平台对市场进行深入教育，推动近几年来彩妆市场实现了爆炸式的增长。此外，随着我国综合国力的增强和国民文化自信的提升，国潮文化逐渐成为新一代消费群体的主流消费趋势。

花西子正是诞生在这样的时代背景之下，并成为东方彩妆市场的一个重要代表。

## 花西子品牌增长四段论

花西子选择东方彩妆作为其核心品类赛道，并非偶然之举。品牌自创立之初，便明确了其独特定位——"东方彩妆，以花养妆"。这一理念并非心血来潮，而是源于创始人花满天对中国文化品牌价值传承的深思熟虑。花满天坚信，花西子的目标不仅仅是追求销售额的快速增长，而是要打造一个深植中国特色、能够传承百年的民族品牌。

我与花满天相识多年，当我2019年正式踏入抖音营销增长领域时，花西子成为我的首个客户。我有幸见证了花西子如何在短短三年时间，成长为国内彩妆品牌的领军者，以及如何取得全渠道销售额增长百倍的辉煌成就。在兴趣电商的新时代背景下，花西子的成长速度确实令人瞩目。

作为早期参与花西子抖音营销的一员，我得以从内部视角观察品牌的成长，同时也兼具行业旁观者的外部视角，我将基于"品牌增长四段论"理论拆解花西子的增长路径——从 0 到 1 商标品牌阶段、从 1 到 3 爆品品牌阶段、从 3 到 10 品类品牌阶段、从 10 到 100 超级品牌阶段，为大家深入剖析花西子如何从初创品牌一步步蜕变为超级品牌的成长轨迹。

## 从 0 到 1 商标品牌阶段

公司的核心基因往往深受创始人风格的影响。

花西子的创始人花满天是顶级电商操盘手，他曾以"涌泉相报"义卖营销活动，让百雀羚品牌火爆出圈。花满天拥有园林设计专业背景，大学时期深受东方古典美学的熏陶。这些经历和素养的融合，催生了电商基因与东方美学结合的花西子品牌。

在花西子的早期发展阶段，团队凭借对阿里巴巴生态电商运营的深刻理解，在大单品战略指导下，对产品品质进行了坚持不懈的精雕细琢，迅速奠定了坚实的销量基础。

2018 年，花西子与淘宝顶级主播建立了深度合作关系，特别是其蜜粉产品，通过主播的大力推荐，迅速在天猫平台取得了显著的销售成绩，迅速攀升为蜜粉品类的销量冠军。天猫平台、顶级主播以及蜜粉产品这三者的成功结合，不仅推动了花西子品牌从 0 到 1 的飞跃，还成功打造出了一款现象级的蜜粉爆品。

## 从 1 到 3 爆品品牌阶段

2019 年年初，花西子正式入局抖音兴趣电商。

尽管在天猫生态中已经验证了其蜜粉爆品的成功，但在抖音的内容生态中，这款产品并未能取得预期的表现。这主要有两个原因：一是花西子的产品定价在抖音平台上相对较高，品牌力尚需进一步巩固和加强；二是蜜粉类产品在短视频内容中的表现力较弱，难以实现理想的传播和转化效果，因此早期的尝试并不顺利。

在这一阶段，花西子并未放弃，而是持续探索抖音平台上各类产品的潜力。其中，雕花口红成为品牌的突破性案例。这款口红复刻了东方微雕工艺，其精美的雕花和丰富的色彩令人惊艳，随后吸引了众多 KOL 创作出爆款视频。雕刻美学的独特性逐渐成为花西子的品牌核心资产，结合雕刻美学和东方文化，花西子塑造出了独树一帜的品牌内容风格。

随着对抖音内容逻辑的逐渐适应，花西子不断深化雕花系列产品的开发，并在2019年底推出了一款我认为标志性的作品——百鸟朝凤雕花眼影。这款眼影不仅复刻了传统的浮雕工艺，还融入了古典屏风的元素，并紧密结合东方文化理念，使其在颜值和文化内涵上达到了完美统一。产品一经上市，便收到了市场的热烈反馈。

在抖音的内容营销一线操盘的我，亲身体验到了这款产品所带来的势能。由于产品本身的颜值极高，合作的KOL在内容创作上得以充分发挥，展现了出色的表现力。即便价格高达几百元，消费者的购买热情依旧不减。这款眼影不仅确立了花西子的文化美学风格，也巩固了品牌在抖音上的影响力。

花西子在产品研发上继续坚持其鲜明的东方美学风格，推出了诸如并蒂同心、花露玲珑、牡丹镂月等一系列产品，逐渐塑造出品牌独有的特色，进一步巩固了花西子在东方彩妆品类中的领先地位，成功实现了品牌从1到3阶段的飞跃。

### 从3到10品类品牌阶段

花西子之所以能够成为东方彩妆的品类代表，其核心原因是：品牌自创立之初就确立了其独特的东方文化和美学特色，构建了较高的市场竞争壁垒，东方文化美学成为花西子的品牌超级特性。同时，花西子坚持深耕东方美妆的研发，打造出更加适合东方人肤质和肤色的产品。品牌拥有稳定的用户运营能力，通过在私域中招募体验官，与用户共同创造产品，形成了大量的东方彩妆的忠实用户。

然而，我认为真正将花西子推向品类新高度，并具有里程碑意义的事件，是花西子在2020年10月推出的"苗族印象"系列，以及在后续几年陆续推出的"傣族印象"与"蒙古族印象"系列。民族印象系列的推出，不仅丰富了品牌的文化内涵，也为品牌的进一步发展开辟了新的道路。

首先，"苗族印象""傣族印象""蒙古族印象"这三个系列不仅奠定了东方彩妆的文化基石，而且通过民族文化的意识形态输出，构建起了超级品牌的价值体系。

其次，随着"印象东方"的民族美学IP的形成，花西子如果每年推出一个民族系列，我国拥有56个民族，"印象东方"系列有潜力持续发展超过50年。我相信在这个过程中，品牌的理念、态度、文化和美学将深入人们的心中，成为中华民族的骄傲代表。

最后,民族的文化也将会是世界的文化,我能够预见到花西子的宏伟愿景:以民族时尚,演绎东方大美,让世界为之瞩目。

在 2021 年,花西子以"印象东方"系列中的"傣族印象"亮相迪拜世博会,以文化为媒介,向世界传递东方之美,弘扬中华文化的魅力。国内的消费者在爱国情怀的驱动下,民族自信心高涨,自然而然地愿意为这样的品牌埋单。

## 从 10 到 100 超级品牌阶段

花西子迈向超级品牌的关键契机,我认为是品牌出海。

自 2020 年起,花西子便开通了 Twitter 官方账号,并通过 TikTok、Instagram、Facebook 等社交平台与海外消费者进行互动。多位拥有百万名粉丝的美妆博主对花西子产品进行了评测,这些评测不仅为品牌带来了积极的反响,还激发了海外消费者的购买热情。甚至有千万名粉丝的网红在自发评测中盛赞花西子为"世界最美美妆",这一评价一度使花西子海外官网的流量达到"黑五"水平。

截至 2024 年 6 月,花西子通过天猫国际等平台,已经将其产品销售网络拓展至超过 100 个国家和地区。其品牌的海外独立站也在 46 个国家和地区提供服务,并且成功入驻了亚马逊、Shopee 等国际电商平台,涵盖了日本、美国和东南亚等多个重要市场。

尽管花西子的出海之旅还处于起步阶段,但我坚信这是品牌实现超级品牌飞跃的关键路径。随着国内市场销售增长速度的逐渐减缓,海外市场为花西子提供了广阔的增长天地。对于一个民族品牌而言,走向世界舞台不仅是商业拓展的需要,更是花西子作为超级品牌的使命和责任。通过在全球范围内传播东方美学和文化,花西子将不仅提升自身的品牌影响力,也将为中华民族的文化自信作出贡献。

从超级品牌的视角来看,如果花西子能够赢得海外消费者的认可,中国消费者将感受到更强烈的民族自豪感,对品牌产生更高的认同感,从而更愿意成为品牌的忠实支持者。这将进一步巩固花西子在超级品牌阶段的发展基础。

花西子今日的成就,离不开创始人最初对品牌赛道的选择。在几年前,东方彩妆品类市场是几乎不存在的,但随着兴趣电商的飞速发展,这个品类已经拥有近百亿元规模的市场。花西子的成长轨迹,正是赛道选择重要性的最好证明。

花西子的品牌超级特性——东方文化美学，是品牌自创立之初就深植的基因。随着品牌销量的不断提升，这一品牌超级特性的影响力日益扩大，成为花西子品牌独占性的消费心智，最终形成了品牌独有的竞争壁垒。这正是花西子在兴趣电商彩妆品牌百花齐放之际，仍能够实现爆发性增长，超越其他竞争对手，独占东方彩妆市场领先地位的核心原因所在。

# 第 36 节
# 玛丽黛佳：国货彩妆的抖音转型拆解

玛丽黛佳品牌自 2006 年创立以来，一直是中国新一代艺术彩妆的先锋代表。品牌多年来坚持"新艺术彩妆"的理念，致力于通过"自由、艺术、创意"的精神追求生活的本质，并将这种精神贯彻于产品创新之中，实现了艺术与彩妆的完美结合。

玛丽黛佳随着传统电商的潮起潮落，在 2017 至 2018 年期间达到了品牌的顶峰，成为天猫平台上销量领先的头部彩妆品牌。然而，随着 2019 年以后抖音兴趣电商的兴起，彩妆行业进入了短视频和直播的新时代。完美日记、花西子、珂拉琪等新兴品牌借助抖音的东风迅速崭露头角。遗憾的是，玛丽黛佳未能把握住新时代的机遇，在转型期遭遇困境，连续三年的销量呈现下滑趋势。

## 品牌转型困局

抖音短视频和直播的兴起对彩妆消费者的购买决策产生了巨大影响。一条展示化妆过程的短视频，或者直播间主播的推荐，都能迅速吸引消费者的注意，激发他们的购买欲望。在这种"女人永远少一支口红"的消费心理驱动下，2018 至 2023 年间，唇部彩妆在抖音平台上迎来了爆发式增长，并催生了许多以唇部彩妆为主打的新兴品牌，如完美日记、珂拉琪、滋色、INTO YOU 等。这些品牌的产品价格主要集中在 39 元至 79 元之间，恰好满足了"Z 世代"消费者的需求，在追求高颜值的审美同时，不必担心价格过高，这使得年轻消费者更愿意尝试购买。

玛丽黛佳的核心消费群体同样是这群年轻人，但过去其主要销售渠道是线下门店，依靠美容顾问（BA）为消费者提供试妆服务，从而实现快速销售转化。在传统电商领域，玛丽黛佳凭借已有的品牌影响力，直接收获了大量品牌和品类的流量及销量。

年轻人在选择彩妆时，往往先从口红、唇釉等基础产品开始，然后逐渐扩展到眼部彩妆，最后才是底妆。玛丽黛佳的产品结构也是如此，唇部彩妆占比最大，其次是眼部彩妆，底妆占比最小。

然而，近几年在抖音平台上，唇部彩妆的竞争尤为激烈。玛丽黛佳由于起家于线下渠道，发展于传统电商，其价格体系相较于新一代彩妆品牌较高，导致在唇部彩妆的竞争中处于劣势。此外，玛丽黛佳进入抖音的节奏相对较慢，2019 至 2020 年间，其唇部彩妆品类销量一直呈下滑趋势。

由于核心品类的失利，玛丽黛佳在渠道销量和品牌影响力上，都遭受了重大打击。而疫情的暴发对线下实体店的冲击，使得玛丽黛佳的线下渠道门店不断萎缩，更让品牌雪上加霜。

### 品类赛道洞察

在 2021 年，我有幸参与了玛丽黛佳品牌的转型过程，并协助品牌创始人制定了转型战略。为了深入理解市场需求和竞争格局，我采用了 SGOT 品类赛道模型，从品类规模、品类增速、品类机会和品类竞争四个维度进行了全面分析。

通过对天猫彩妆大类目下的 20 多个子类目进行行业数据扫描和分析，我们得出了几个关键结论。

首先，唇部彩妆虽然在规模上占据领先地位，但其增长速度已达到顶峰，甚至开始出现下滑趋势。此外，该品类的竞争异常激烈，几乎所有新兴彩妆品牌都集中在此领域，导致价格战加剧，核心价格带被大幅拉低。玛丽黛佳在此方面既不具备价格竞争力，又难以通过长期低价策略来支撑品牌发展。

其次，眼部彩妆虽然增长态势良好，但品类规模相对较小，且客单价偏低，该品类也难以长期支撑品牌的发展，因此并非理想的选择。

再次，卸妆品类在规模和增长方面表现良好，且竞争程度适中。然而，卸妆品类处于彩妆和护肤之间的模糊地带，消费者心智中难以将其与纯粹的彩妆品牌联系起来。

最后，底妆品类在规模上位居第二，仅次于唇部彩妆，且品类增速高达 25%，显示出强劲的增长潜力。竞争主要集中在国际品牌之间，新兴彩妆品牌在这一领域的涉足相对较少，且底妆品类的价格带相对较高。

基于这些深入分析，我们为品牌发掘了底妆赛道的巨大潜力，这一领域有望成为品牌战略转型的关键契机。

## 品类转型重定位

底妆品类以其庞大的市场规模、较快的增长速度、相对较低的竞争强度以及相对较高的价格带，表现出该品类对品牌有较强的支撑力。同时，国产彩妆在这一领域尚未形成绝对的领导品牌，从多个角度来看，底妆品类无疑是品牌转型的理想选择。

进一步分析品牌在底妆品类的竞争力时，我对品牌历史销售数据进行了深入的研究，于是惊喜地发现，尽管唇部彩妆销量下滑明显，但底妆品类却在过去一年中显示出显著的自然增长趋势。在这一分析过程中，我们识别出了一款潜在的超级爆品——玛丽黛佳 900 目精华粉底霜。

900 目精华粉底霜通过品类创新，将传统的粉底液与护肤精华相结合，强化了粉质的细腻度和亲肤性，并在使用方法上进行了创新，配备独立的彩妆蛋，利用 900 目网孔出粉的特性，实现了更佳的上妆效果。这种独特的使用方式不仅提高了产品的实用性，还赋予了其极佳的内容属性，非常适合在短视频平台上展示。

900 目精华粉底霜的定价为 179 元，位于 200 元以上国际大牌和 100 元以下低端品牌及白牌之间的价格带，玛丽黛佳具备一定的品牌优势。这一中间价格带的定位不仅有利于销售，还能长期支撑品牌力。

最终，我与品牌创始人共同确定将"900 目精华粉底霜"作为抖音平台的超级爆品，并明确了品牌从唇妆向底妆转型的战略目标。这一决策为品牌找到了新大陆，也为玛丽黛佳在竞争激烈的彩妆市场中找到了新的增长点。

## 超级爆品打造

在全面分析了一系列竞品在抖音平台的"种草"与经营状况之后，我们决定采用内容驱动增长的战略，以打造品牌的超级爆品。

我们选择了与彩妆领域的 KOL 合作，通过与 KOL 的内容共创，实现了产品在视觉上的完美展示，表现了底妆上妆后的遮瑕效果，以及素人变美女画风的惊艳转变。这种强烈的效果对比极大地激发了消费者的购买欲望，实现了产品在短视频内容中的"种草"效应。

为了让优质内容的影响力最大化，我们一方面进行了内容投流，以扩大品牌影响力；另一方面，我们获得了 KOL 的授权，进行了信息流的效果投放，以实现快速的爆品打造和 GMV 的高效增长。

通过一系列内容与流量的精心组合，我们仅用了 3 个月的时间，就成功地将超级爆品"900 目精华粉底霜"推向了市场，使其迅速在抖音平台上成为热门的底妆爆品。该产品在抖音和天猫都取得了不错的销量，甚至在一段时间内成为天猫平台 150 元以上粉底品类销量的第一名。

"900 目精华粉底霜"在抖音的快速崛起，不仅增强了品牌对底妆赛道的信心，也在超级爆品的助力下，让玛丽黛佳在转型过程中获得了关键的里程碑。

## 超级爆品矩阵

"900 目精华粉底霜"成为超级爆品之后，品牌对其进行了第 2 代升级，这一举措不仅巩固了品牌在底妆品类的竞争力，也稳定了销量，并实现了显著的增长，为品牌未来的发展和投入奠定了坚实的基础。

2023 年 3 月，玛丽黛佳推出了"种籽气垫"底妆新品，这款产品在"900 目精华粉底霜"的基础上进一步强化了品牌在底妆赛道的优势。在不到一年的时间里，"种籽气垫"在抖音平台上取得了近 4 亿元的销售成绩，展现了其强劲的市场吸引力。

玛丽黛佳在 2023 年抖音平台的 GMV 同比实现了超过 8 倍的增长速度，其中底妆产品的销量占据了品牌全品类销量的 85%。

玛丽黛佳在抖音实现了底妆品类的成功转型，其超级爆品在 150 元到 200 元的价格带极具竞争力。与此同时，以唇部彩妆为代表的新锐品牌仍在低价区激烈竞争，大多数品牌增长缓慢甚至出现下滑。而玛丽黛佳在完成品类转型后，销售额持续增长，展现出强劲的市场活力。

赛道决定生死，选择大于努力。品牌对赛道的选择，不仅决定了品牌短期的竞争格局，也决定了品牌长期发展的天花板。抖音作为品牌增长的助推器，顺应趋势可以事半功倍，而逆势而为则可能不进则退。

# 第 37 节
# 极萌：新品牌抖音起盘 10 亿元 GMV 增长拆解

在近年来新消费品牌的崛起浪潮中，增长奇迹屡见不鲜，但极萌品牌的成就无疑令人瞩目。一个新品牌在抖音上市一年，全渠道销售额突破 20 亿元，极萌做到了史无前例。

极萌品牌选择进入美容仪赛道，从 2023 年年初开始发力，仅用 6 个月时间，便成为抖音美容仪赛道的销量冠军。其上半年抖音的销售额突破了 9 亿元，新品牌极萌的成长速度令整个行业为之惊叹。

在这两年里，美容仪市场快速增长，但同时也面临着激烈的行业竞争。老牌巨头雅萌和新消费代表觅光等品牌都在市场中占据一席之地。然而，极萌在如此激烈的竞争格局中脱颖而出，成为美容仪赛道的品类冠军，这一现象成为整个行业关注的焦点。

我认为极萌的崛起得益于其对产品创新和内容红利机遇的准确把握。在这样一个高速增长的大赛道中，极萌精准地定位了超级爆品，并展现了强大的内容营销能力。在抖音平台上，极萌迅速打造了超级爆品，顺应趋势，实现了快速增长，最终成就了自己在美容仪赛道的品类冠军地位。

## 超级爆品打造

在 2023 年极萌品牌的销量中，极萌的"大熨斗"产品占据了品牌销售额的 80%以上，仅在抖音平台的 GMV 就超过了 14 亿元，这无疑成为品牌当之无愧的超级爆品。

下面基于爆品黄金三角法则，对"大熨斗"进行深入分析。

**一个好名字：大熨斗**

这款爆品的命名与其外观设计紧密相连。传统的美容仪通常是长条形的，配备圆头和握持手柄，而"大熨斗"的外观则类似于熨衣服的熨斗。由于美容仪的功效是通过仪器按摩脸部来实现面部护肤，极萌品牌联想到这与熨衣服有着异曲同工之妙，因此创造了一个专属于美容仪的术语——"熨脸"，即美容仪按摩脸部的功能。

**一个好买点：提拉紧致快 3 倍**

"大熨斗"通过其 12 极的超大头设计，实现了提拉紧致效果的显著提升，达到传统美容仪效果的三倍，并且这一功效得到了实验资质的证明。在抖音平台上，所有宣传的功效都必须提供证明材料，审核通过后才能进行宣传。极萌的"提拉紧致快 3 倍"口号不仅突出了产品的差异化卖点，还量化了其功效，使消费者对卖点的感知更加清晰。

**一个好故事：明星背书**

所有的美容仪都会强调产品的研发和技术，因此，极萌在讲述技术故事方面不太可能与竞争对手形成极大的差异化。但在信任背书方面，极萌通过讲好品牌故事开创了营销的新篇章。品牌在半年内投放了 25 位明星代言，迅速让这个名不见经传的新品牌成为了明星圈中广为流传的"尖货"。借助抖音的内容传播，极萌快速在消费者心中"种草"，即便消费者在购买时可能对极萌这个品牌不太了解，但她们更倾向于相信这些明星的推荐。

## 明星"种草"效应

在抖音这个平台上，所有品牌都会进行内容营销，投资 KOL 进行产品推广。极萌也采取了类似的策略，在半年内投资了 60 多位 KOL。然而，在抖音上，明星的影响力往往比 KOL 更为显著。极萌在明星身上投入了巨大的资源。当其他美容仪品牌每年只投放 2 到 3 位明星代言时，极萌在 2023 年上半年就投放了 25 位广为人知的明星代言。

当消费者第一次在抖音上偶然刷到明星推荐极萌美容仪的视频时，她可能对这个新品牌感到陌生，并未产生购买的冲动。然而，当第二次、第三次，甚至第四次时，她可能会想：这么多明星都在推荐极萌，这个品牌一定有它的独到之处。当第五次、第六次、第七次刷到更多明星推荐的内容时，她的态度可能会发生改变，可能会觉得极萌的美容仪实在是太火了，这么多明星都在推荐，如果自己还不买，那一定会错过什么。

在这些明星的内容"种草"加持之下，极萌不仅实现了高客单价产品的信任背书，还使得品牌在抖音上的声量达到了顶峰。这也使得这个上市仅半年的美容仪新品牌，能够在短时间内实现品牌势能与 GMV 的协同增长。

## 流量杠杆放大

极萌拥有大量明星"种草"的爆款视频，这些视频的播放量高达数千万次甚至上亿次，点赞量也在几十万个到上百万个之间。当人们津津乐道于极萌的明星效应时，却很少有人知道，这些视频的大部分流量其实都是品牌通过投放获得的。

极萌投放的明星"种草"视频，部分发布在明星本人的账号上，这类视频的制作成本较高，品牌在选择投放时会优先考虑那些在抖音拥有较高流量的明星。同时，还有更多的明星内容发布在品牌的官方蓝 V 账号上，这部分视频的成本相对较低，有点类似于过去品牌与明星合作的"翻包视频"。

对于发布在明星账号的视频，极萌会利用内容服务、"种草"通等工具对视频内容进行加热，以此突破原生短视频的流量限制。即使是明星账号，在抖音的自然流量也相对有限，通常百万级的明星账号有几百万次的自然播放量就已经很不错了。因此，那些播放量高达几千万次甚至上亿次的明星视频，其实都是通过品牌的精细投流实现的。

极萌之所以对这些视频进行投流，不仅仅是为了通过明星的影响力获得更大的"种草"效应，更深层的目的在于积累品牌的 5A 人群资产，尤其是那些有效"种草"的 A3 人群。

更多的明星视频发布在蓝 V 账号或者作为千川效果投流的素材，这部分明星种草内容通过千川效果投流工具对品牌人群资产进行二次触达。一方面，这能让已有认知的 A1 人群加深对品牌的了解，转化为 A2~A3 人群；另一方面，对于已有的 A3 "种草"人群，则实现了品牌直播间的转化，形成了有效的营销购买闭环。

当消费者被极萌推送的多个明星"种草"视频吸引时，她们可能会因为这么多明星都在使用极萌而产生兴趣，关注品牌，或者在"种草"之后快速购买。同时，她们也会被品牌强大的实力所震撼，竟然能够请到这么多明星，投入如此多的广告资源。然而，这些呈现在消费者面前的内容，绝大多数的流量都是通过品牌精准的千川效果投流工具获得的，旨在转化 A4 人群，并且流量成本相对较低，转化效率极高。极萌几乎将抖音的流量杠杆应用到了极致。

极萌在抖音的成功，无疑再次证明了超级爆品效应的强大力量。产品生成内容的效率越高，其后续在抖音平台上的层层转化效率越能得到显著提升。超级爆品，无疑成为品牌增长的强大引擎。

极萌凭借其极致的超级爆品策略、明星内容"种草"效应极致的投流杠杆这套强大的组合拳使得品牌在极短的时间内迅速走红，半年之内便成为抖音美容仪赛道的领军品牌，2023 年全渠道 GMV 更是突破了 20 亿元大关。

# 第 38 节
# 德美乐嘉：内容驱动高端品牌增长拆解

德美乐嘉是一个美国中高端护肤品牌，虽然在近年的跨境消费浪潮中取得了一定的成绩，但其品牌知名度和影响力仍然有限。2022 年品牌刚刚涉足抖音兴趣电商领域，虽然投入并不算少，但在平台的经营上，品牌却遇到了增长的瓶颈。

在接手这个案例时，我发现德美乐嘉品牌面临着三大挑战：

首先，品牌在抖音平台的知名度较低，而其 500 元左右的客单价，在抖音平台上面临着较大的购买转化挑战。

其次，品牌的爆品效应并不明显。尽管有一定数量的达人进行了"种草"推广，但推广力度不够集中，导致爆品的认知度有限，品牌的热度和势能未能有效提升。

最后，品牌在"种草"和"收割"环节之间未能形成有效的闭环，这两个环节分别由不同的团队负责，导致联动性较弱，缺乏明确且一致的增长目标。

针对这些问题，我给出了"超级内容体系"的"种草"解决方案。通过与 KOL 合作，进行内容"种草"，打造爆品效应，提升品牌在抖音平台的势能，沉淀品牌有效人群资产，最终以内容驱动品牌在抖音电商上实现有效增长。

### 爆品策略：熬夜急救多维面膜

多维面膜一直是品牌推广的重中之重，在天猫平台和抖音直播间的销售业绩，也证明了它作为爆品的强大实力。这款面膜拥有多重卖点，尤其以抗初老为核心概念，但如何将这一概念转化为消费者易于理解和接受，并愿意为之埋单的理由，是我们面临的关键挑战。

通过一系列的初步测试和市场调研,我们最终确定了多维面膜的超级买点为"熬夜急救"。这一定位不仅突出了产品的强效功能,也精准地击中了消费者在熬夜状态下对护肤的迫切需求。

熬夜场景是从抗初老等多个消费场景中提炼出来的,我们注意到,熬夜已经成为现代年轻消费者生活的一部分,无论他们是学生、职场人士还是宝妈人群,熬夜已成为常态。这个场景不仅引发了广泛的话题讨论,还激发了强烈的情感共鸣,为短视频内容创作提供了理想的沟通场景。

## 人群策略:精致妈妈为核心

通过深入分析天猫已购人群画像以及抖音云图的 4A 购买人群画像,我们能够较为准确地锁定精致妈妈作为品牌的首要目标消费群体。同时,我们还计划向上渗透新锐白领和资深中产,向下触及"Z 世代"和小镇青年,以实现品牌的广泛覆盖和市场渗透。

因此,在挑选 KOL 合作时,我们会特别关注达人的人群画像中精致妈妈这一群体所占的比例。确保 A3"种草"的目标人群与 A4 购买人群画像的高度一致性,可以有效保障"种草"与"收割"人群的一致性,从而提升抖音平台上的闭环转化率。

## 媒介策略:CAFE 科学选号

针对德美乐嘉过去爆品未能形成爆款的困境,我对其 KOL 投放策略进行了有针对性的调整,转向头部驱动的逻辑。这一策略旨在快速打造爆品效应,提升品牌的市场影响力。因此,在每轮投放中,头部 KOL 的预算占比被提高到了约 50%。

为了突破过去美妆 KOL 投放的局限性,我在垂直领域 KOL 中大量选择了泛垂类博主,如生活、时尚、Vlog 等类型。这些博主的背后人群画像中,精致妈妈通常占据第一的位置。通过这些博主的有效"种草",我们可以实现品牌人群资产的有效积累。

对于高客单价产品,要求 KOL 具有更高的"种草"能力和更精准的"种草"人群。在前端的 KOL 种草能力核心指标上,我采取了更为严格的标准。在后端,我确保 KOL 的粉丝画像与目标人群的高度匹配,重点选择以精致妈妈、新锐白领、资深中产为主要人群的 KOL。

基于以上分析，我们确定了品牌 KOL "种草"的选号标准，接下来我将拆解几个关键指标进行深入分析。

**评赞率**：星图作品评赞率在 5% 到 10% 之间是较为理想的，超过 10% 则更为优秀。评赞率越高，表明 KOL 的"种草"能力越强，同时也反映出其粉丝群体的黏性较高。

**购物车点击率**：5% 以上是一个显著的带货能力指标，它意味着观看视频的用户中有相当高比例的潜在购买者，这进一步证明了 KOL 的"种草"能力。

**GPM（千次曝光成交额）**：GPM 超过 100 元，意味着每千次曝光能够带来 100 元以上的成交额。基于这一数据，我们可以推导出内容的投流 ROI 模型为 2+，即每投入 1 万元流量费用，产出 2 万元以上的销售额。

**八大人群画像**：重点关注粉丝画像中精致妈妈、资深中产、新锐白领的占比，以确定前三大粉丝画像是否为高消费人群。在选择 KOL 时，原则上精致妈妈在 KOL 的八大人群画像中至少应排在前两位。

## 内容策略：SEVA 内容共创

在内容创作过程中，我们采用了以"种草"心智为核心的 SEVA 内容共创方法论，与 KOL 共同打造优质内容。在这一过程中，有两个关键点需要特别注意：

第一，提炼"超级买点"。我精心提炼了"熬夜急救"作为核心的"超级买点"。无论是 KOL 的"种草"内容、短视频素材、直播间的互动话术，还是商品详情页的呈现，我们都将"熬夜"这一场景作为与抖音全域消费者沟通的核心，旨在击穿消费者的"熬夜"消费心智。

第二，进行"内容共创"。品牌的职责是精心打磨内容创作的大纲（Brief），而 KOL 的职责则是生动地讲述故事。KOL 不应只是讲述品牌的故事，更要分享自己的亲身经历、感受和体验，甚至是个人故事中的血泪史。正是由于 KOL 的人设和故事性，才能实现"路转粉"的转化，建立起信任背书。当 KOL 推荐产品时，品牌本身的身份并不重要，重要的是粉丝相信 KOL，愿意为产品埋单。

在具体的执行过程中，我以几位生活类、时尚类和美妆类 KOL 的案例来阐述这一策略。

某生活类 KOL：以"什么样的方法可以让老公更顺眼"为话题，结合老公熬夜工作后需要开视频会议的生活场景，分享熬夜护肤方法的同时，以对爱情、婚姻最好状态的感悟来升华主题。

某时尚类 KOL：以"女明星出差进组拍戏"为话题，结合行李中必带的 N 件好物，展示了女明星在熬夜拍戏时的急救护肤秘籍，吸引广大粉丝跟风"种草"。

某美妆类 KOL：以"熬夜脸色泛黄暗沉"为话题，分享了自己熬夜后的护肤心得，并上脸展示了面膜使用前后的对比效果，同时详细讲解了成分及功效，吸引用户"种草"。

这些 KOL 都通过讲述自己生活中的小故事，以真实可信的方式与观众产生共鸣，让消费者感同身受，从而引发热烈的反馈和跟风"种草"的行为。

### 投流策略：AIMT 品效放大

创作具有"种草"心智的内容，其明面上的显性价值在于直接提升 ROI，这使得内容能够通过投流放大，追求高效地放大 GMV 的转化效果。而在更深层的隐性价值则在于积累优质有效的人群资产。一条具有转化能力的短视频内容，能够让消费者产生"种草"行为，这意味着 KOL 背后的人群画像与品牌的目标用户高度契合。通过投流放大，我们能够以高效且低成本的方式获取这些目标人群资产。

在多维面膜的内容投流放大过程中，我们使用了 Dou+、随心推、内容服务这三种工具，并在投放过程中不断测试以找到最佳的投放模式。

上述分享的 KOL 短视频内容，因其具有强大的"种草"心智，在经过初步投放并验证了其效果之后，我们开始加大内容流量加热的量级。结果出现了多条播放量达到几千万级的大爆视频，甚至有一条视频带货销售额接近 500 万元。这些短视频内容成功打出了"种草"心智，内容投流放大了爆款视频，头部 KOL 带动了品牌势能，最终在相互加持之下，多维面膜成为抖音平台上的超级爆品。

### "收割"策略：从"种草"到"收割"闭环

在多维面膜的"种草"过程中，我还接手了品牌直播间的运营工作，并实施了几项重要的调整策略，显著提升了直播间运营的整体效率。

调整一：优化了承接链路，提升了整体的数据运营能力，使得直播间的基础运营更加稳固，为未来大规模流量注入提供了稳定的承载基础。

调整二：在产品组合上，从单一爆品的主推策略转变为两件装与组合装的策略。经过这一调整后，客单价提升了25%，ROI也随之提高。

调整三：在投流策略上，从完全的直投策略调整为短视频引流占比超过70%的策略。这一调整有效地突破了直播流量池的限制，GMV实现了5倍的快速增长。

调整四：在KOL"种草"与直播间"收割"的联动上，我们实现了在KOL发布视频后即刻提升爆品的关注度和转化率。在第2小时，直播间便开始加大投放力度，甚至在"种草"热度高峰时直接延长直播时长，以最大化地提升GMV。

在操盘这个案例的过程中，我们再次见证了在抖音兴趣电商闭环生态中，品牌如何实现从"种草"人群资产到"收割"销量GMV的完整闭环。

心智"种草"：KOL"种草"内容在人群资产中的权重较高，品牌通过内容创作不仅实现了消费者心智的"种草"，有效拓宽了人群覆盖范围，还获得了规模化的A1~A3人群资产。

内容放大：KOL"种草"内容的影响力越大，其带货转化能力就越强。通过赛马机制的内容投流放大，提高了背后A3人群的比例，实现了品牌"种草"人群的有效蓄水。

店播"收割"：当品牌拥有规模化、高质量、具备消费心智的人群资产后，千川店播投流的效果也将显著提升，实现品牌店播GMV的"收割"。

在KOL内容"种草"的驱动下，德美乐嘉成功推出了超级爆品多维面膜，品牌势能得到了显著提升。品牌GMV增长了5倍，ROI提升了50%，抖音平台的月销售额更是突破了1000万元。

# 第 39 节
# 珀莱雅：大单品战略抖音全域经营拆解

在 2023 年的美妆"双 11"榜单中，珀莱雅在天猫和抖音平台双双夺得国货美妆 No.1 的宝座。抛开榜单的表面现象，珀莱雅成功的秘诀究竟是什么？

首先，珀莱雅在品类创新上取得了显著成就。其推出的"早 C 晚 A"产品营销概念，不仅成功打造了双抗精华的超级爆品，还实现了品牌价值的全面重塑，为品牌的长期增长奠定了坚实的基础。

其次，珀莱雅在抖音兴趣电商领域的发力，是其成功的关键因素之一。如果没有抖音短视频内容生态的助力，双抗精华和"早 C 晚 A"概念的传播效率将大打折扣，珀莱雅也不可能迅速火遍大江南北。

最后，珀莱雅拥有一个强有力的品牌内部运营团队。自 2020 年起，珀莱雅逐步去 Agency（广告服务商）化，建立自己的抖音经营团队，几乎所有的工作都由品牌内部团队完成。这种内部掌控，让珀莱雅牢牢把握了品牌未来发展的命脉。

2023 年，珀莱雅在抖音渠道的销售额突破了 20 亿元。我采用"FASD+S 抖音闭环经营模型"来拆解珀莱雅在抖音平台的全域兴趣电商经营策略，进一步揭示其成功背后的逻辑和经营模式。

## 经营阵地

珀莱雅在抖音构建了一个经营矩阵，开设了 6 个抖音账号，每个账号专注于不同品类的产品，以满足不同消费群体的需求。其中，真正为珀莱雅贡献主力销量的两个直播间账号分别是"珀莱雅官方旗舰店"和"珀莱雅官方旗舰店直播间"。（以下分别简称为"旗舰店"和"直播间")。旗舰店主打护肤套装,而直播间则专注于"早C晚A"爆品。这两个账号分别承接了不同品类的货盘,共同为珀莱雅在抖音平台的销售贡献力量。

### 珀莱雅官方旗舰店(粉丝超 800 万个,2023 年销售额超 5 亿元)

#### 1. 货盘策略

作为品牌最早的店播账号,旗舰店在早期便以护肤套装为主打产品,并辅以丰富的买赠活动,成功激活了原有线下消费客群,同时也在抖音电商平台上持续拓展新客户。初期,该账号主要推广紧致肌密水乳套装,而在 2022 年 10 月,旗舰店开始重点推广双抗精华衍生的双抗水乳套装,从而继承并强化了双抗的品牌核心资产。由于店播品类的模型已经成熟,且人群匹配度较高,因此从紧致到双抗套装的转换过程非常顺畅,同时也提升了店播的转化效率。

#### 2. 人群策略

从年龄分布来看,31 岁以上的中高年龄段用户占比超过 70%。从城市分布来看,三线及以下城市的用户占比高达 65%。基于这一货盘策略,可以基本判断该账号的目标人群画像为珀莱雅原有的下沉市场护肤人群,这也是水乳套装的主力消费群体。

#### 3. 场景策略

考虑到水乳套装消费人群对品牌已有一定认知,进入旗舰店的主要目的是囤货,因此价格优惠力度和赠品活动成了消费者关注的焦点。旗舰店最为显著的沟通方式是强调活动力度,如"买 1 套带走 10 件"这类简单而有效的沟通话术。

### 珀莱雅官方旗舰店直播间(粉丝超 200 万个,2023 年销售额超 4 亿元)

#### 1. 货盘策略

珀莱雅持续投入推广的超级爆品双抗精华,虽然在护肤套装的中取得了不错的销售成绩,但直播间未能充分承载双抗精华的目标人群。鉴于此,珀莱雅在 2022 年 3 月开设了一个新账号,以超级爆品"双抗精华 2.0"为主推产品,并配合"早 C 晚 A 精华套装"的爆品组合策略,旨在提升购买转化率和客单价。这一策略在直播间中取得了显著成效,建立了高消费力、精华品类的转化模型。与护肤套装的旗舰店相比,双抗精华的直播间客单价高出 140 元。

### 2. 人群策略

从年龄分布来看，30 岁以下的年轻用户占比超过 64%。从城市分布来看，一二线城市用户占比超过 50%。这表明与护肤套装的目标人群有显著差异，双抗精华主要面向一二线城市年轻化的高消费女性群体，她们对抗初老产品有着迫切的需求。

### 3. 场景策略

直播间主要服务对"早 C 晚 A"护肤概念和珀莱雅双抗精华有认知的消费人群。通过大量 KOL 的内容"种草"，积累了庞大的人群资产，并通过站内搜索和短视频素材引流至直播间。直播间的沟通场景与短视频"种草"的内容相呼应，同时主播使用专业的产品话术详细讲解产品的护肤理念、功效卖点和解决方案。

尽管同样是珀莱雅官方账号，但两个账号的定位和目标人群存在显著差异。旗舰店主推护肤套装，主要针对下沉市场，基于珀莱雅原有的客户人群。而直播间主攻对抗精华超级爆品，主要面向一二线城市的年轻高消费人群。尽管这个直播间是新账号，2022 年的销量稍逊于护肤套装旗舰店，但到了 2023 年，两个账号的销售额差距已经越来越小了，直播间的增速更为显著，较 2022 年同比增长超过 100%。

从抖音平台的经营推广策略来看，珀莱雅曾在抖音电商超级品牌日上，通过明星与 KOL 联手的直播阵容、线上线下全链路的传播途径、站内站外投放的硬核曝光方式，再次成功出圈，刷新了抖音电商超品日美妆品类的销售纪录。品牌大使亮相珀莱雅官方旗舰店直播间，与观众分享台前台后的护肤秘诀，并通过表情模仿、温州话挑战等方式互动，有效地增加了直播的曝光量，在助力品牌粉丝增长的同时帮助品牌资产有效沉淀。除品牌自播外，珀莱雅还邀请了五位抖音头部带货达人参与活动，既为品牌补足了不同圈层的人群缺口，也进一步将品牌与产品声量放大，并取得了良好的销售成绩。

珀莱雅超品日的玩法，包括短视频互动话题、明星空降直播间、珀莱雅大厦自播大场、头部带货达人品牌专场等，都是在优质内容的基础上，进一步引爆流量、放大声量。通过营销造节、激活粉丝、获取关注并促进购买转化，实现了 GMV 的大幅增长。

# 达人矩阵

珀莱雅品牌在抖音 KOL "种草"的深度和投放体量的规模，在行业内都处于领先地位。我根据 2023 年上半年的投放数据进行了统计，并基于 CAFE 科学选号方法论对 KOL 投放策略进行了详细的拆解。

### 1. 达人矩阵策略

在 2023 年上半年，珀莱雅共投放了 696 位 KOL，平均每月投放 100 至 120 位 KOL。考虑到珀莱雅目前的生意规模和品牌声量，这个投放量可能比我们预想的要少很多。

从数量分布上看，珀莱雅在 2023 年上半年的 KOL 投放策略和营销预算主要集中在肩部和腰部达人身上，占比分别为 21.1% 和 27.3%，而腰部达人的占比最高。此外，尾部达人的占比为 24.1%。整体来看，珀莱雅的达人投放策略以肩、腰、尾部达人矩阵组合为主，这种策略在美妆行业中较为常见。

具体而言，头部达人数量较少，但预算较高，其能够产生强大的势能效应。而护肤品类对于 KOC 的投放相对较少，因为"素人"缺乏信任背书，难以实现有效的"种草"。珀莱雅的 KOC 可能更多的是品牌忠实的"自来水"，即自发传播品牌信息的消费者。

### 2. 达人类型策略

在达人类型方面，珀莱雅的投放主要集中在美妆达人类，占比达到 39%，其次是时尚、生活、教育等类别，分别占比 11%、9%、6%。

从达人类型组合来看，80% 的达人属于垂类"种草"型，都具有较强的"种草心智"，能够有效地吸引目标消费者。

具体来说，时尚、生活、教育等类别的达人背后的主要人群往往是精致妈妈。因此，珀莱雅的整体投放策略是主打消费力高的精致妈妈人群，同时向有消费力的"Z 世代"和"小镇青年"进行渗透。

另外 20% 的达人属于非垂类达人，这部分达人主要侧重于人群曝光，以提升品牌的知名度和影响力。80% 的垂类达人深度"种草"，加上 20% 的非垂类达人曝光"唤醒"，这样的组合投放策略，对于美妆品牌而言，是 KOL "种草"的范本，能够有效地覆盖和吸引目标消费者。

### 3. 达人媒介策略

在达人账号的类型分布上，MCN 机构账号占比为 38%，"野生"达人账号占比为 62%。这一数据可以帮助我们判断品牌的媒介策略和能力。由于目前许多 MCN 机构因刷假数据而走向衰落，而优质的达人通常不会签约进机构或成立个人工作室，因此，投放的"野生"达人占比越高，通常意味着品牌的媒介能力越强，一般而言，"野生"达人占比超过 50% 是较为合理的范围。

珀莱雅在很早之前就已经实现了抖音闭环营运的一体化，其内部团队的协同效率非常高。当达人做了品牌的"种草"广告后，一旦开启直播，品牌的媒介团队会立即与之绑定直播合作。

许多人会好奇珀莱雅为何能够与那么多头部主播合作，实际上，这是因为当这些达人刚开始起步时，珀莱雅的"种草"广告就已经开始与他们建立合作关系了。例如，珀莱雅与某头部美妆博主在一年中共计合作了 40 多次，曾实现单场 GMV 破 5000 万元的销售成绩。这只是珀莱雅与达人紧密合作的冰山一角。达人"种草"与达人直播，本质上都是达人的内容形态，珀莱雅通过内部一体化实现了达人合作价值的最大化，也得到了 GMV 结果的最大化。

## 流量供给

根据 AIMT 品效放大方法论，珀莱雅的投流策略分为两种：一是对 KOL 内容的投流放大，通过提升内容的"种草"效应，进一步放大品牌人群资产；二是直播效果的投流放大，通过千川引流至旗舰店和直播间，将那些已被"种草"的消费者转化为实际购买力。

### 1. 内容投流策略

珀莱雅在内容投流方面的能力如何，我们可以通过具体的数据来说明。

以某超头部美妆 KOL 为例，其近 90 天的星图播放量中位数为 500 多万人次，这可以视为达人的自然流量。然而，在 2023 年 9 月 27 日，珀莱雅为其"种草"短视频进行了广告投放，播放量迅速攀升至 5500 万人次。这意味着，基于达人自然流量的规模，珀莱雅在内容投流上实现了 10 倍的放大效果。

另一位腰部美妆 KOL，其近 90 天的星图播放量中位数为 32 万人次。10 月 23 日，珀莱雅为其投放的"种草"短视频播放量达到 1100 多万人次，这不仅是该达人近 3

个月播放量最高的一条视频，而且基于短视频内容投流，播放量放大了 30 多倍。

内容投流的关键在于"投流 ROI 模型"，即内容的 ROI 越高，内容的"种草"心智就越强，其效率越容易被放大。珀莱雅的"内容放大策略"，就是基于 KOL 内容效率的赛马，选择最优的短视频进行放量（放大流量）。头部达人放量至 5000 万人次播放量，几乎是抖音单条视频播放量的天花板。腰部达人放量至千万人次播放量，也远超常规的高水准。在短视频内容曝光达到几千万人次的规模后，珀莱雅不仅获得了上千万人的人群资产，还建立了一个规模化的"人群蓄水池"。珀莱雅在抖音平台上实现了高效的"种草"和"收割"的一体化闭环，极大地增强了品牌的市场影响力和销售业绩。

**2. 店播投流策略**

接下来，我们分析珀莱雅直播效果投流的情况。

针对平销期和大促期两个不同的阶段，基于第三方平台的数据，我截取了 3 个月内不同时期的直播流量结构进行深入分析。在平销期，短视频引流的占比在 15% 到 20% 之间，热门视频的点赞数在 500 到 1000 次之间。而在大促期，短视频引流的占比降至 10% 到 15%，热门视频的点赞数在 1000 到 5000 次之间。

客观来说，无论是平销期还是大促期，短视频引流的占比较低，引流素材的热度也较为普通，没有出现爆款视频，因此直播效果投流策略以直投为主。

对于普通的美妆品牌来说，如果品牌知名度一般，"爆品心智"不强，仅靠直投策略在有限的直播流量池中获客，店播日销售额的天花板大概在 5 万到 10 万元之间。因此，短视频引流策略成为许多品牌扩大人群覆盖面、实现 GMV 增长的关键手段，短视频引流占比需要达到 70% 以上。

对于珀莱雅来说，大量的 KOL 内容"种草"已经使得品牌在抖音生态中积累了大量的人群资产，这意味着通过直投策略可以"收割"的 GMV 已经足够多。这也是抖音上的头部品牌都在强调"边种边割"的重要性的原因。

然而，短视频引流策略还有一个重要的价值，那就是稳定品牌的店播日销售额。在大促活动结束后，店播销量不可避免地会出现下滑，但品牌的人群资产并没有严重下滑。因此，通过短视频引流策略，仍然可以触达有消费心智的 A3 人群，形成常态化的购买转化。

## 云图资产

尽管无法直接获取珀莱雅云图后台的数据,但通过分析美妆行业的头部效应,我对美妆行业的 TOP5 品牌进行了拆解,发现这些数据结构与珀莱雅的云图人群资产数据高度吻合。

### 1. 人群资产规模

珀莱雅的人群资产规模在 11 月 1 日达到峰值,达到 2.26 亿;在"双 11"大促期间,人群资产规模稳定在 2 亿左右;而在日常的平销期,人群资产规模在 1 亿至 2 亿人之间。这一数据表明,珀莱雅的人群资产规模确实处于行业的天花板水平。

### 2. 人群资产结构

珀莱雅 A1 人群占比 38%,A2 人群占比 44%,A3 人群占比 18%。这一人群资产结构非常健康,尤其是 A2 和 A3 人群的占比,表明人群质量良好。

### 3. 人群触点分析

内容营销(包括星图达人、内容热推、内容服务、挑战赛等)占据了最高的比例,内容成为人群资产最大的触点,这也意味着消费者的"种草"心智较强。Topview 开屏广告作为第二触点,不仅提升了品牌形象,还兼具内容和品牌元素。此外还有信息流广告。

通过分析美妆行业 TOP 品牌的人群资产,我们可以理解为什么珀莱雅这样的品牌能够成为国货美妆的头部品牌。它们通过抖音的内容影响到了消费者消费心智的方方面面。如今,珀莱雅在抖音生态中的营销增长更侧重于内容导向和品牌导向,而非几年前的效果导向。在抖音兴趣电商生态中内容和品牌为珀莱雅带来了坚实的品牌势能。

## 商城运营

随着抖音在货架场的发力,商城带来的流量溢出成为品牌销售增量的新场域,这极大地提高了品牌全域经营的 ROI。

珀莱雅官方旗舰店(以护肤套装为主):直播销售额占比 74.3%,短视频销售额占比 0.2%,商城销售额(自然销售额)占比 25.5%。

珀莱雅官方旗舰店直播间(以双抗精华为主):直播销售额占比 86.6%,短视频销售额占比 0.2%，商城销售额（自然销售额）占比 13.2%。

商城销售主要依靠自然流量，或通过"种草"、店播、达播等方式溢出的销量。

通过这两组数据的对比，我们可以分析出以下两点：

第一，护肤套装的消费需求相对成熟，消费者更倾向于搜索后直接购买。随着珀莱雅品牌力的提升，消费者在搜索购买护肤套装时，在价格相同的前提下，更倾向于选择知名度更高的品牌。珀莱雅在护肤套装品类中已经形成了较强的品牌心智，因此自然销售额占比较高。

第二，双抗精华的自然销售额占比较低。这是因为精华类目是国际大牌云集的核心赛道，雅诗兰黛、兰蔻等品牌长期占据着中国精华消费市场的头部位置。作为挑战者的珀莱雅，必然要加入争夺年轻高端消费群体的激烈竞争中。在消费者心智尚未形成之前，珀莱雅仍需依靠营销手段来拉动销售，因此自然销售额占比不会太高。

珀莱雅在商品运营层面具有较强的能力，在会员运营层面也表现出较高的水平。

打开珀莱雅直播间，首先映入眼帘的是"入会1元带走双抗精华好礼"的活动Banner，面对如此吸引人的利益点，消费者很难不点击进去一探究竟。

珀莱雅为会员准备了丰富的福利：入会即送100元券、新会员专享的开卡礼、会员礼包90元券、会员专属福利、会员专属买赠、会员试用、入会抽奖赢取正装6件套、连续30天签到0元领好礼、周四5折积分兑换等。

主播也做好了充分的准备，随时在引导粉丝成为会员，成为会员意味着更高的客单价、更高的忠诚度和更高的复购率。

### 珀莱雅抖音转型历程

最后，我想与大家分享珀莱雅转型背后的一些不为人知的故事。

大家对于珀莱雅今天的成就赞不绝口，但很少有人知道2020年珀莱雅品牌所经历的艰难转型，更鲜有人了解联合创始人方玉友的战略决断和团队背后的辛勤付出。

我有幸参与过珀莱雅的抖音营销项目，深入参与了品牌转型的全过程，深有感触。

2019年，珀莱雅正式入驻抖音，成为首批入驻的传统国货品牌之一。当时，抖音商业化才刚刚起步，KOL红利、内容红利和流量红利为珀莱雅提供了难得的机遇。通过大量KOL和KOC的内容"种草"，珀莱雅的"泡泡面膜"在抖音异军突起，迅速走红，并最终扩散至全网。然而，成也萧何，败也萧何，"泡泡面膜"在火爆过后，销量开始下滑，成为高昂且宝贵的试错成本。经历了短暂的虚假繁荣后，珀莱雅团队开始反思，并制定了长线产品策略。

2020年，方玉友提出了品牌高端化的"大单品战略"，从高阶精华品类入手，打造兼具功效与差异化的精华产品，延长产品的生命周期，以此提升品牌的中高端定位。这个战略决策当时在内部引起了巨大争议，没有人相信珀莱雅可以成功销售200元以上的精华产品。面对内部的质疑，方玉友顶住了巨大的压力，拿出2000万元的市场预算，对市场团队说："我不要ROI，你们给我执行。"正是这样的果断决策，让珀莱雅团队能够全力推进传统国货的转型。

2021年年中，珀莱雅带着升级后的第二代红宝石精华和双抗精华，大力推广"早C晚A"的护肤理念，并将这两种精华产品融入其中。在铺天盖地的达人"种草"和传播过程中，"早C晚A"迅速走红，成为全网的热门话题。作为营销概念的幕后推手，珀莱雅吃到了内容流量红利，使得两种精华产品的销量实现了爆发式增长。

之后的故事大家就都知道了。珀莱雅的市场占有率不断提升，超越了众多国际大牌，并在2023年"双11"成为抖音美妆和天猫美妆的No.1。

# 第 40 节
# 诺特兰德：新品牌抖音渠道增长拆解

随着大众运动健康意识的日益增强，健身正逐渐成为众多年轻人的一种生活方式，同时也带动了运动营养消费市场的蓬勃发展。

诺特兰德专注于运动营养领域，并积极拓展至大众膳食营养领域，推出了维生素、益生菌、多维牛磺酸等一系列大众营养类产品。凭借其过硬的产品实力，诺特兰德赢得了广大消费者的认可和喜爱。诺特兰德的迅速走红，不仅归功于它选择了超级风口上的赛道，也得益于其敏锐地把握住了兴趣电商的红利。

2020 年，诺特兰德成立了抖音电商部门，这标志着品牌进入了兴趣电商的高速增长时代。

2021 年，诺特兰德在抖音兴趣电商领域发力，取得了爆发式的增长，一举夺得抖音电商年度滋补膳食行业品牌榜、爆款榜、店铺榜三榜的 TOP1。

2022 年，诺特兰德继续巩固其领先地位，夺得了抖音商城成交榜、搜索渠道成交榜、店铺页面成交榜等多个榜单的 TOP1。

2023 年，诺特兰德在实现增长的同时，稳坐抖音电商膳食营养类目的第一名。

诺特兰德在抖音平台上做对了诸多事情，但如果说渠道为王，那么在抖音电商领域，没有哪个品牌能与诺特兰德相提并论。我从渠道的角度来拆解诺特兰德成功的秘诀。

## 抖音销售结构拆解

根据第三方平台的数据，我详细分析了诺特兰德在2023年的销售结构数据。结果显示，抖音渠道的销售额超过了15亿元，其中店播占比17%，达播占比33%，短视频占比31%，商品卡占比19%。

对销售结构的分析如下：

第一，诺特兰德的直播模式的销售额占比超过50%，成为主要的销售手段。由于诺特兰德整体销售额较高，而达播占比远高于店播，因此可以认为品牌在达播渠道的杠杆效率较高，这有效地提升了达播渠道的销售能力。

第二，诺特兰德的短视频销售额占比非常高，达到31%。诺特兰德与达人之间存在纯佣合作的模式，品牌将短视频带货作为销售的分发渠道，这种合作模式有效地提升了渠道的销售能力。

第三，诺特兰德在商品卡渠道的销售额占比19%，这表明在直播和短视频的推动下，品牌获得了不错的自然流量溢出。

通过基本的销售结构拆解，我们可以看到，诺特兰德近三分之二的销售额来自达人销售，主要手段是达人直播和短视频带货。这两种方式本质上是相同的，都需要品牌方与达人建立联系，进行洽谈沟通，并建立长期稳定的销售合作关系，这正是典型的品牌渠道销售逻辑。

## 品牌店播销售分析

诺特兰德拥有超过500款产品，涵盖了基础营养、儿童营养、体重管理、益生菌与肠道健康、女性营养、中老年营养以及健身健美等七大品类。因此，品牌会根据不同人群的需求，进行针对性的产品沟通，并设立单品类直播间的旗舰店，影响消费者的购买心智，从而长期积累精准的品牌人群资产。

2023年，诺特兰德的店播主要集中在三个直播间。

诺特兰德官方旗舰店（拥有超过400万个粉丝）：货盘以叶黄素、DHA、益生菌为核心品类，销售额在1.8亿元至2亿元之间。

诺特兰德基础营养旗舰店（拥有超过100万个粉丝）：货盘以维生素为核心品类，销售额超过6000万元。

诺特兰德儿童营养直播间（拥有超过 30 万个粉丝）：货盘以 DHA 藻油 ARA 为核心品类，销售额超过 5000 万元。

诺特兰德发展了少量代理商，例如威德纳滋补养生专卖店、羽合食品专卖店、清恩滋补养生专卖店等，但代理商的销量远低于品牌自营直播间。

我认为，代理商要能够分担品牌单品类发力的诉求，从而联合做大市场蛋糕，否则，代理商的同品类同质化竞争可能会分流品牌用户。在这种情况下，不如集中精力，在官方核心品类旗舰店上发力。

### 达播渠道销售分析

根据 2023 年的销售数据，达播销售额贡献超过了 8 亿元，总计直播场次超过 90 万场，这些数字令人惊叹。

达播销售额结构如下：

头部达人（拥有 500 万个以上粉丝）占比 14.8%；

肩部达人（拥有 100 万 ~500 万个粉丝）占比 24.6%；

腰部达人（拥有 10 万 ~100 万个粉丝）占比 33.3%；

尾部达人（拥有低于 10 万个粉丝）占比 27.3%。

基于达播相关数据，头部达人单场产出贡献最大，每场直播大约产生 26 万元的销售额。头部达人的带货效率较高，前 10 名头部达人的直播销售额都超过了 500 万元。然而，大部分销售额贡献还是来自腰、尾部达人，他们贡献了近 90 万场的直播场次，每场直播的销售贡献不到 1000 元。尽管产出效率较低，但与数以万计的达人合作，诺特兰德团队的执行力令人难以想象。

### 短视频渠道销售分析

诺特兰德的产品以其亲民的价格和广泛的大众受众群体，成了短视频"种草"营销的理想选择。同时，品牌方与达人的纯佣合作模式，在抖音平台上享有显著的红利，主要集中在保健品、保健食品和母婴保健等热门赛道。

在这种形势下，达人纯佣的短视频"种草"不仅能够影响消费心智，还能通过内容投流放大其影响力。在云图后台的数据中,非星图广告的短视频"种草"同样能够为品牌贡献人群资产,其权重与星图广告的人群资产权重几乎相等。

2023年,诺特兰德的短视频销售额贡献接近5亿元,短视频发布数量超过50万条,为品牌带来的曝光量超过50亿次。这一数字充分展示了诺特兰德在抖音平台上的巨大声量。短视频销售额的结构与达播销售结构十分相似,腰、尾部达人仍然是带货的主力军。

达人类型结构(前五名):知识资讯类占比25%,生活类占比24%,体育类占比8%,情感类占比6%,健康类占比6%。

在达人分布上,对头、腰、尾部的覆盖都比较均匀,达人类型更是多样化。诺特兰德特别偏爱知识资讯型达人,如主持人、电视台评论员等具有强大公信力背书的角色,甚至包括公众媒体。这表明品牌在追求数量的同时,也重视内容的质量和口碑的建立。

例如,主持人程皓发布的与诺特兰德合作的短视频广告,在不到一个月的时间内,已经产生了5000多万次播放量,并取得了超过500万元的GMV成绩。诺特兰德在这条内容背后,通过投流加持把播放量放大了近100倍,展现了其团队在流量运营方面的强大能力。

诺特兰德在抖音内容营销上的预算主要集中在头部达人身上,旨在打造爆品效应,提升品牌势能。大量的腰尾部达人跟进,为品牌提供纯佣短视频带货,既贡献了内容种草的价值,也贡献了人群资产,更重要的是形成了极具规模的GMV。

## 品牌全渠道销售分析

在深入剖析了诺特兰德在抖音平台上的增长核心之后,可以观察到,诺特兰德在店播、达播、商城以及短视频"种草"等多个方面都进行了深度布局。随着品牌在抖音平台的持续深耕,品牌势能与GMV均实现了同比增长,其声量与势能已开始向全渠道溢出。

正是由于品牌在兴趣电商渠道的火爆表现,推动了品牌销售额在达播、私域、线上、线下等渠道的高速增长。在短短两年时间内,诺特兰德的销售额实现了10倍的显著增长。

品牌渠道的建设并非一蹴而就,它需要多方面的发力。从用户的基本需求出发,长期构建全面的渠道布局对于品牌的发展至关重要。

近年来，消费者对品质、服务和体验的要求不断提升，他们更加追求快速获取和即时体验。由于线上购物的延迟性和虚拟体验无法完全替代实体感受的问题，线下即时购买体验的优势愈发明显，成为消费者的首选。

诺特兰德也敏锐地捕捉到了线下市场复苏的趋势，早已开始规划并加强线下渠道的布局，针对线下渠道研发的新品，积极参与行业展销活动，积极扩大线下渠道的经营范围，为实现更大的销量增长与更深的市场渗透打下坚实的基础。

诺特兰德的产品线现已覆盖全年龄段，其产品有超过1000个SKU（库存量单位），旨在为更多家庭提供满足国人需求的营养解决方案。

在短短几年时间里，诺特兰德借助抖音兴趣电商的迅猛发展，逐步成为中国运动营养市场中最具代表性的新消费品牌之一。

# 第 41 节
# 五个女博士：专家品牌增长五力模型拆解

近年来，口服美容产品发展迅猛，有望继护肤品和彩妆之后，成为女性第三大消费品类。长期以来，国人都相信"吃什么补什么"的原则，早年有"吃猪蹄补充胶原蛋白"的说法。然而，在健康抗衰领域，"成分党"逐渐意识到大分子胶原蛋白的吸收问题，开始寻找更有效的替代品。

五个女博士是近几年迅速崛起的新消费品牌之一，自品牌创立之初，就专注于胶原蛋白肽这一垂直领域，坚持以小分子肽为核心，将其应用于口服美容健康领域。五个女博士品牌名称中的"博士"二字，本身就带有专业和权威的意味，在消费者心智中树立了专家品牌的形象，使得品牌更容易赢得消费者的信赖与支持。

五个女博士从默默无闻的新品牌，到年销售额突破 20 亿元仅用了几年时间。2024 年五个女博士在抖音胶原蛋白品类中占据了超过 40% 的市场份额，甚至让保健品领域的传统巨头都感受到了压力。它为什么能在兴趣电商的背景下异军突起，成功的秘密又是什么呢？接下来，我将运用"品牌增长五力模型"理论，从赛道力、爆品力、内容力、经营力、渠道力这五大能力板块，为大家详细分析其成功之道，揭示其实现弯道超车的秘密。

## 增长五力模型之赛道力

在分析五个女博士品牌的赛道力时，我们可以采用"SGOT 品类赛道模型"进行深入探讨。

2022 年，抖音平台上的胶原蛋白品类产品市场规模超过了 21 亿元，同比增长率高达 423%。到了 2023 年，尽管受到"电梯广告事件"的影响，该品类市场规模仍实现了超过 30 亿元，同比增长率为 37%。这一数据显示，胶原蛋白已经成为抖音大健康领域的核心赛道之一，不仅市场规模庞大，而且增长速度惊人。

从品类竞争的角度来看，五个女博士品牌具有明显的先发优势。在品类市场教育、品牌心智建立、抖音内容推广、渠道经营等方面，该品牌都远远超过了竞争对手。这种领先地位不仅体现在结果上，而且从品牌声量和市场教育的连续三年领先来看，这种优势是持续性的。

从品类机会的角度来看，自从"青颜博士"更名为"五个女博士"后，品牌 IP 属性更加突出，而"博士"这一称谓本身就代表着"专家品牌定位"，在消费者心中天然具有较高的信任度。近年来，抖音平台上涌现出众多以博士命名的品牌，而五个女博士凭借其更为人性化的品牌形象，更接近消费者。创始人姜博士在品牌初期坚持每日直播，使得这个品牌不仅仅是一个商标，更是一个"可感知"的博士形象。

综上所述，胶原蛋白品类在抖音大健康领域占据了头部地位，其销售额年增速保持在两位数以上。五个女博士品牌在竞争中凭借先发优势持续领先，而品类机会则在于其明确的专家品牌定位。我认为，在垂直领域中，"专家品牌"将是未来的趋势，也是品类领导者稳固地位的关键所在。

### 增长五力模型之爆品力

五个女博士品牌在早期测试了多种产品，但最终决定砍掉胶原蛋白以外的绝大部分 SKU，专注于胶原蛋白单品战略。做出这一决策之后，品牌迎来了爆发性的增长。

通过爆品模型"黄金三角法则"来拆解五个女博士的爆款产品，我们发现其中最有趣的是其产品命名策略。产品被命名为"胶原蛋白肽"，这个名字将两个与抗衰老相关的品类词汇"胶原蛋白"和"肽"结合而成。这种命名方式，特别是在行业竞争的早期阶段，是直接将产品与品类关联的策略，以此来绑定消费者对爆款产品的认知，并确立品牌在该品类中的领导者地位。

这种策略也导致了后来的竞争者，如汤臣倍健和 SWISSE 等大品牌，在进入市场时只能采用产品营销式的命名方式，如"小粉瓶""水光瓶"等，因为它们不愿意为五个女博士的品牌影响力添砖加瓦。一旦使用了品类词汇进行市场教育，可能会无意中增强了竞争对手的地位，并且搜索流量大概率会回流至五个女博士。

根据2023年的GMV数据，五个女博士在抖音平台上的销售额绝大部分来自胶原蛋白产品，其中基础线产品约占2/3（8元/支），高端线约占1/3（15元/支）。有趣的是，尽管品牌聚焦于大单品战略，但五个女博士实际上是双线作战。那么，它的策略逻辑是什么呢？

通过拆解五个女博士的爆款数据，我们可以得出以下结论。

基础线（8元/支）：主要销量来自达人的短视频带货和直播，以及商品卡的成交溢出。整体策略是将基础线产品交给达人推广，以此教育市场并吸引新客户，从而为品牌带来大量新客户。

高端线（15元/支）：大部分销量来自品牌自己的直播销售，与达人推广的产品线错位经营，并针对已经被教育过、体验过产品的老客户进行销售转化，这犹如一个漏斗结构，把更为优质的客户过滤出来。

我曾经为大健康行业头部企业提供过抖音增长课程的内训，它们都希望通过自身的努力，能够在胶原蛋白品类快速拉近与五个女博士的差距，甚至不惜重度投入以实现反超的可能。但当我分析完五个女博士的错位经营逻辑后，我认为它们很难做到这一点，因为这两家企业的主推款都集中在高端线上，即使与五个女博士的高端线不相上下，但对于金字塔底层更大的市场，它们完全没有覆盖到。因此，五个女博士高端线的增长，是来自对金字塔底层市场的筛选，而非从其他竞品手中抢夺市场。

总结来说，通过将产品命名为"胶原蛋白肽"，五个女博士成功锁定了品类认知，并在早期就确立了爆款产品在品类中的领先地位。双线竞争的策略，让达人以相对较低的成本去教育市场，无论是通过短视频"种草"还是直播销售，最终都成为品牌人群资产的过滤器，筛选出的高质量客户成为五个女博士高端线的主力消费群体。

## 增长五力模型之内容力

在2023年，五个女博士通过短视频带货实现了1.4亿元的GMV，其中近95%的视频挂载了购物车，且客单价保持在200元以上。这样的成绩在许多品牌看来是令人难以置信的，因为许多品牌在抖音的总销售额都难以达到1亿元，更不用说仅通过短视频带货就能实现如此高的客单价。

这一数据的惊人之处在于，短视频的转化率仅为2%，这部分转化直接贡献了短视频销售的 GMV，但还有 98% 的观众没有立即购买。这些人可能还在犹豫，或者更习惯于通过直播或天猫平台购买。然而，这些视频背后的人群是具有共性的，这 98% 的消费者会成为五个女博士的有效人群资产，最终有很大概率会流转到品牌的直播间，这些已经被"种草"、有认知的用户群体，会成为品牌直播间高效"收割"的对象。这正是抖音典型的品效合一的"种割闭环"。

我们过去衡量抖音人群"种草"效果时，有一个公式：视频挂车直接 ROI > 视频不挂车全域 ROI（通过云图复盘观察）> A3 或搜索。这主要是因为抖音算法会向同类人群推送内容。

因此，短视频带货能力强的品牌，在抖音生态中拥有大规模的人群资产。这些品牌在店播"收割"方面通常效率较高，例如店播 ROI 高于行业平均水平，或者在 ROI 趋同的情况下实现更高的销量。

这也是在抖音星图达人式微之后，多元化的"种草"策略开始兴起的原因。2024 年崛起的白牌，本质上抓住了 KOC 红利和千川图文跑品的红利，五个女博士也是如此。全年有 4000 多个达人为其短视频"种草"，大多数集中在尾部和 KOC 群体中。

我认为五个女博士是大消费领域中"种草"能力极强的品牌。其成功不仅仅依赖于 KOL 或 KOC 的带货视频，还因为开创了女性"情绪价值"内容"种草"的先河，同时也有效规避了强功效产品的审核问题。例如，"30 岁的女人要对自己好一点""颜值是你最好的名片""做自己世界里的女王"等，都是五个女博士内容"种草"的"金句"。

我之前辅导过一些美妆从业者，尤其是做功效型护肤品的，我建议他们去研究一下五个女博士的视频脚本文案，让他们尝试将五个女博士的产品替换成自己的精华、面霜，亲身感受一下情绪价值"种草"的效果，这些从业者豁然开朗。

总结来说，KOC"种草"带货构成了五个女博士抖音底层人群资产的基石，而 KOL"种草"则大量输出情绪价值，显著提升了品牌的势能。同样是内容"种草"的极致打法，五个女博士已经走在了众多品牌的前面，甚至在成为品类冠军的道路上越走越远。

### 增长五力模型之经营力

五个女博士在入驻抖音的早期，即从 0 到 1 的过程中，是依靠创始人亲自直播来实现"起盘"的。这种直播的基因一直延续并迭代至今，使得该品牌在抖音经营方面拥有非常扎实的基本功，尤其是直播经营模式，一直跟着抖音平台生态持续迭代。

五个女博士的官方旗舰店，作为品牌最初的店播账号，粉丝超过 150 万个，主要推广的是胶原蛋白肽 EGCG 饮，即品牌旗下的高端胶原蛋白产品。该店铺的直播销售策略与达人主推的产品线形成错位经营，目的是吸引消费能力更强的胶原蛋白客户群体，以及品牌的复购用户。

从用户年龄分布的数据来看，31 岁以上的中高年龄段用户占据了超过 70% 的比例，而主力消费群体集中在 31 岁到 40 岁之间，这一年龄段的用户占比超过 50%。其中，精致妈妈人群的占比超过 25%，资深中产人群占比 22%，小镇青年人群占比 15%。这些人群画像描绘出的是典型的精致妈妈类高消费人群，即使是小镇青年人群，也更多的是下沉市场中具有高消费力的"小镇新贵"。

2023 年的"电梯广告事件"对五个女博士品牌产生了一定程度的影响。具体数据显示，2023 年 1 月至 4 月期间，品牌在抖音的销售额同比增长了 103%。然而，在 5 月、6 月、7 月这三个月内，销售额同比出现了 2% 的下滑。尽管如此，从 8 月开始，销量迅速恢复并实现了反弹，8 月至 12 月销售额同比增长超过 60%。在整个 2023 年，五个女博士抖音店播的 GMV 超过了 2 亿元，同比增长达到了 75%。

在当前的舆论环境下，五个女博士品牌能够在短短三个月内逆境重生并恢复增长，实属不易。在那段时间里，该品牌积极征求了多方意见，并综合了各方观点，最终采取了两个关键行动：首先是主动道歉，无论事实如何，都首先展现出品牌的诚意和谦逊。其次是选择沉默，不进行过多的解释或发声，而是静待风波逐渐平息。因为过多的解释甚至对抗可能会进一步激化负面情绪，而公众有时只是需要一个情绪宣泄的出口，不论品牌是否真的有过错。有些品牌却因为处理不当而付出了巨大的代价。

总的来说，店播能够实现稳定增长，不仅得益于品牌店播团队扎实的基本功，还与内容"种草"策略紧密相关。每月上亿次的曝光量，数百位达人通过短视频"种草"为品牌发声，以及数千万人的人群资产，共同构成了店播经营的坚实基础。

## 增长五力模型之渠道力

相较于许多白牌的销售结构，五个女博士在抖音渠道分销表现相当亮眼，即达人直播销售品牌商品，全年达播 GMV 超过 5 亿元，销售占比超过 50%。对于店播在每月 2000 万元 GMV 体量的品牌而言，五个女博士的渠道杠杆效率非常高，这也从侧面印证了达人渠道对品牌势能的认可。

然而，由于"电梯广告事件"，5月、6月、7月这三个月内，达播业绩经历了 34% 下滑的重创，达人们也纷纷选择暂避风头。许多品牌"成也达播，败也达播"，一旦在达人渠道失势，品牌销量很有可能从此一蹶不振。随着"电梯广告事件"影响的逐渐减弱，8月品牌销售与经营也逐渐回到正轨，达人们也陆续恢复直播的合作，8月至12月达播销售额同比增长 60%。

如果品牌将达播视为销售渠道，那么就必须明白"打铁还需自身硬"的道理。

五个女博士与顶尖的达人合作，如董先生、刘媛媛、周周、颜兮、金星等，他们的年销售额都突破了千万元 GMV 的大关，并且与品牌建立了长期深度合作关系。

达人愿意销售这些产品，是因为品牌背后有着强大的势能，这使得达人在销售过程中有机会获得更高的利益。品牌势能和达人合作是关键，不仅能够稳定地控制合作佣金，还能维护直播价格体系。这些策略的实施，确保了品牌的基本盘更加稳固，同时也带来了稳定持续的利润。

从达播的效率来看，2023 年有 3000 多位达人与五个女博士进行合作直播，共计 13 万场次，人均带货 GMV 超过 18 万元。尽管较 2022 年有所下滑，但从达播的 GMV 人效来看，已经是行业内的顶尖水平。

相比之下，其他抖音白牌的打品逻辑尚未深入渗透到达播渠道。这些品牌在从 0 到 1 和从 1 到 10 的阶段，依靠跑品策略以及内容和流量的强力组合，确实能够快速实现亿元级的销售额。然而，一旦跨越这个阶段，它们就不得不面对品牌逻辑的挑战，多数白牌因此陷入停滞。

对于绝大多数达人来说，他们珍视自己的声誉，因此更倾向于选择那些具有更强品牌力或"抖音势能"的品牌进行合作。这些白牌品牌往往因为产品本身或品牌背景的问题，在达播渠道的拓展上遭遇重挫，这不仅会影响他们短期的销售业绩，也会对其长期的经营能力造成影响。

综上所述，爆品结合内容营销是塑造品牌势能的关键，内容建设大约等同于品牌建设。在内容"种草"的领域，直接盈利的可能性并不大。而店播经营则是长期支撑品牌力的关键，由于竞争的存在，保持行业领先地位需要不断追求更高的

GMV，同时 ROI 往往控制在盈亏平衡点附近。因此，品牌要实现良好的利润"收割"，在"抖音势能"崛起的同时，必须与渠道"收割"同步进行。达播作为抖音及电商中反应速度最快，且最高效的利润"收割"渠道，达播渠道也成为五个女博士品牌核心利润贡献的重要来源之一。

## 品牌增长五力总结

**赛道力**：在大健康领域，五个女博士凭借其 30% 以上的市场占有率，在抖音平台上一枝独秀，持续占据领头羊的地位。专家品牌特别是"博士"这一品牌超级特性的运用，为品牌资产的长久沉淀提供了坚实基础。

**爆品力**：品牌坚持胶原蛋白大单品策略，通过基础线和高端线的双线运营，构建了消费者金字塔结构，达播与店播的错位经营策略在竞争层面上构建了有效的壁垒。

**内容力**：短视频带货的 GMV 仅是内容建设的冰山一角，而五个女博士团队在内容创作方面的能力，我认为已经达到了行业的一流水准。与之相比，其他大牌在内容能力和基础建设方面相形见绌，这种差距并非单纯依靠增加预算就能弥补。

**经营力**：通过"种草"策略积累的人群资产为店播经营效率提供了支撑，使得五个女博士在同等 ROI 下能够实现比竞品高出数倍的 GMV，这本质上反映了底层人群资产基数的差异。

**渠道力**：达播占据了品牌 50% 的销量，对于销售额达 10 亿元级且品牌力强劲的品牌来说，这不仅展示了其高效的利润"收割"能力，也从侧面证明了五个女博士当前的品牌势能。

在增长五力模型的分析中，五个女博士品牌几乎没有明显的短板。品牌尝试通过电梯广告来更高效地提升品牌势能，并实现"618"大促期间的销量爆发，并计划借此契机实现多渠道尤其是线下渠道的销售渗透，进一步撬动渠道杠杆的"收割"效益。然而，这一计划因故受阻，打乱了品牌的既定节奏。尽管如此，五个女博士品牌仍能在短短三个月内迅速恢复，这一事实，不仅体现了品牌在抖音平台上稳固的经营基本盘，也充分展示了专家品牌定位在消费者心智中扎根后的强大力量。

# 后记
# 未来 10 年的消费品市场，将会是大产品经理时代

我曾经在中国互联网浪潮中创业十余载，亲身经历了从最初的互联网热潮到传统电商的兴起，到移动互联网的蓬勃发展。在这十年的黄金创业潮中，我的角色不仅是创始人，更是产品经理，其间有些小的成就，但未能获得更好的结果。尽管如此，我依然深切地体会到了"产品"在互联网时代的巨大影响力。

2019年，我决定告别自己十多年的互联网创业生涯，转而投身于抖音营销增长的新领域。虽然这一转变让我感到有些遗憾，但不可否认的是，互联网和电商已经成了国民的基础设施，而创新和创业的机会也越来越少。随着流媒体和短视频开始风靡，我预判未来我们将进入内容互联网时代，因此我选择了抖音作为自己的新起点。

包括我自己在内，没有人能够预料到，仅仅五年时间，抖音就成为中国最大的流量平台和内容生态平台，其广告收入占据了线上广告市场的半壁江山，抖音电商的成交额也在逐年增长。随着消费者认知和消费习惯的转变，兴趣电商顺势接过了传统电商的接力棒。

## 产品经理的乙方生涯

在内容互联网时代，传播途径和销售模式可能会发生巨大的变化，尽管未来尚不明朗，但这并不妨我边行动边探索，并持续地进行迭代。互联网创业者的最大优势或许就是"拥抱变化"，因为在过去十年的互联网浪潮中，我每年都见证了新的变革和进化。

出身非广告背景，但我未曾受限于此，而投身于抖音营销增长领域。我选择抖音的另一原因是其能提供明确的 ROI。凭借电商创业经验，我深知产品经理十分关注消费者在电商链路中每一步的流转，用来优化提升各环节转化率。抖音营销涉及消费者从"种草"到成交的全过程，其间有 5 到 7 个关键转化率，包括传播效率（如视频曝光率与互动率）；内容效率（如评论率与分享率）；成交效率（如购物车点击率与成交率）。这与电商产品优化异曲同工，均以结果为导向。因此，我将抖音营销视为产品，以产品经理的思维，来优化转化率的提升。

从 2019 年开始，我操盘过许多白牌、新消费品牌以及传统国货品牌的抖音入局，这些品牌几乎都处于竞争最为激烈的行业赛道上。我们投放的视频都采用了以挂购物车 ROI 为导向的打法，为品牌赢得品效合一的快速增长，我们迅速在行业内建立了声誉。基于这些实战经验，我开发了最早的投放模型，并提出了 CAFE 科学选号方法论。在这个过程中，我创造了一系列效果类指标，如"评赞率"和"内容 ROI 模型"。随着我的公众号文章在行业内广泛传播，这些方法论体系也为更多人所熟知。

随后，我对重要节点的关键链路进行了更细致的拆解，从而发展出了"超级内容体系"方法论。这包括了人群策略、媒介策略、内容策略和投流策略。我使内容种草这一过去难以量化、效果难以评估的过程，实现了标准化、可度量和可复制。

## 大产品经理的思考

从最初在抖音操作白牌和新消费品牌起步，到助力传统国货品牌的抖音转型，再到为世界 500 强企业提供抖音服务，随着接触品类的增多和客户服务的深化，我开始思考：什么样的品牌和产品能在抖音上获得长期成功，而非仅仅抓住短期流量红利？

这些思考最终形成了"品牌增长五力模型"理论，包括赛道力、爆品力、内容力、经营力和渠道力。这五大能力板块支撑品牌在兴趣电商时代的成长，其中内容力发挥着至关重要的衔接作用。品牌五大能力板块遵从水桶效应，能否长期持续增长不取决于最"长"的能力板块，而取决于最"短"的能力板块。

在过去的两年里，我不仅深度参与了多个品牌的抖音全案运营，还为一些头部企业提供了增长咨询服务，协助它们规划抖音的增长策略，从单品战略到抖音战术的落地，甚至深入参与了品牌从 0 到 1 的孵化过程，这让我能够从品牌内部获得更深刻的视角。

这些经历让我思考，未来的品牌创始人或主理人，应该具备怎样的画像与能力。过去，品牌创始人本质上都是产品经理，从产品的诞生到发展，他们必须全程参与。然而，没有人能够面面俱到，每个人都有自己的长处和短处。但兴趣电商的发展对传统产品和营销逻辑造成了极大颠覆性，为了适应未来的发展，品牌创始人和主理人的能力也必须持续迭代。

根据我亲身的经历和抖音一线的实操感受，我认为未来的品牌创始人或主理人应该成为"大产品经理"。所谓大产品经理，就是不仅要懂品牌、懂产品，还要懂内容。在兴趣电商时代，品牌、产品和内容都已经被重新定义，如果缺乏新的能力，品牌将难以走向更长远的未来。

## 懂品牌

品牌创始人往往不愿承认自己对品牌理解的不足，但在兴趣电商时代，消费者对品牌的要求变得越来越高，很多品牌存在的合理性在企业内部都难以自洽。

要真正懂得品牌，我认为必须理解三个关键点："赛道决定生死"，即选择正确的市场赛道对品牌的成功至关重要；"专家品牌定位"，指的是品牌在垂直领域中要有专业形象和地位；"品牌超级特性"，即品牌应具有独特且难以被竞争对手复制的品性。

### 1. 赛道决定生死

对于品牌创新和创业来说，"选择大于努力"是一条铁律。不同品类的赛道选择，不仅决定了品牌短期的竞争格局，也决定了长期销量和 GMV 的天花板。

我也重点介绍了 SGOT 品类赛道模型，它从品类规模、品类增速、品类机会和品类竞争四个维度出发，指导品牌的战略选择。

在数字化工具丰富的今天，各大平台的营销和电商数据都是公开透明的，我们的选择不再是凭感觉或盲目摸索。至少 SGOT 品类赛道模型能帮助企业避免许多不必要的弯路。

每隔五年，消费品市场便会迎来新一代消费群体的崛起，这往往会导致既有市场结构的重塑，为新兴品类和品牌的崛起提供机遇。对于品牌而言，开创新品类已经成为品牌战略中最有效、最理想的选择之一。

### 2. 专家品牌定位

可以预见，未来的品类领导者将主要来自专家品牌，因为消费者在做出选择时，倾向于选择看起来最专业、最值得信赖的品牌。例如，带有"博士"头衔的品牌五个女博士、天然博士、奶酪博士等，它们的定位天生就是专家品牌，并且天然具备良好的信任背书。

随着市场竞争的加剧，所有品牌和产品都需要通过内容营销来重新构建消费者的认知，当产品的功效成分竞争达到一定程度时，竞争必然转向支撑这些卖点的信任背书。

在未来，功效型护肤品市场很可能会被成熟的知名品牌和药企所主导。知名品牌凭借多年积累的品牌力，而药企则凭借其专业性，成为专家品牌定位的核心。每个行业都将经历专家品牌的洗礼，行业也将因此经历巨大的震荡和洗牌。

然而，专业品牌的定位并非在经营过程中逐渐形成，而是大多数专业品牌从早期创业开始就已确立。随着经营时间的增长，这些专业品牌的地位将越来越稳固，市场份额也将逐渐从普通品牌转移到专家品牌。

### 3. 品牌超级特性

在如今的兴趣电商平台上，消费者面对着众多的商品选择，市场供大于求，商品同质化竞争激烈。在这种市场环境下，为什么消费者会选择你的品牌而不是竞争对手？品牌存在的价值和意义是什么？品牌的存在必须有其根本理由，以确保其合理性。

为了回答这个问题，我提出了"品牌超级特性"的概念。这意味着品牌必须拥有自己的差异化特性，并为消费者提供不可替代的价值，这种特性在长期经营过程中会沉淀为品牌资产。

花西子选择了东方文化美学，建立了东方彩妆的特性壁垒，从而成功从中国市场走向海外100多个国家，民族的终将是世界的。

欧诗漫专注于珍珠，并将其与美白消费心智绑定，使其成为品牌的核心资产。"珍白因"的美白专利成分，持续增加欧诗漫在美白赛道中的竞争力。

五个女博士依靠"博士"头衔，从创立之初就定位为专家品牌，赢得了消费者的信赖，在胶原蛋白赛道上销量遥遥领先。

## 懂爆品

爆品对品牌人来说并不陌生，从黄金营销时代到传统电商时代，再到如今的兴趣电商时代，爆品始终贯穿于企业经营的核心。然而，在兴趣电商时代，爆品的经营逻辑发生了显著的变化。

凭借我操盘过上百个品牌爆品的经验，我想为品牌重新树立一下对爆品的认知。爆品至少有三个关键点："第一个转化率""黄金三角法则"和"大单品战略"。

### 1. 第一个转化率

我之前分享过抖音爆品的七个转化率，其中第一个转化率是关于"产品翻译成内容"的。这个转化率实际上并非在传播推广阶段才开始，而是在品牌研发阶段就已经开始了。爆品能走多远，生命周期多长，都取决于第一个转化率。

之所以称其为"翻译"，是因为我们正处在兴趣电商的内容时代，内容已经成为品牌和产品传播的媒介，是"种草"的载体。如果不能解决这个翻译问题，那么在商品销售和品牌增长方面很可能会遇到瓶颈。

翻译的核心在于短视频的"内容语法"。"强功效"对应着短视频"黄金三秒"的场景，"强视觉"意味着爆品有更好的卖点可视化表达，"强对比"则是抓住消费需求后一锤定音的转化逻辑。

在竞争激烈的市场环境中，如果你的产品第一个转化率比竞品高出10%，那么长期的加速度将会更快。随着时间的推移，你的产品有可能一骑绝尘，实现指数级增长，最终成为市场上的超级爆品。

### 2. 黄金三角法则

黄金三角法则是爆品的核心模型，由三个关键要素构成：一个好名字、一个好买点、一个好故事。

一个好名字对于消费者的认知和记忆至关重要，同时也会极大地影响爆品的搜索效率，例如我们常常听到的如"小棕瓶""神仙水""双抗精华"等耳熟能详的超级爆品。

一个好买点之所以强调买点而非卖点，是因为我们需要从消费者的角度出发，思考他们购买的理由，以及为什么选择我们而不是竞争对手。同时，品牌应避免试图传达过多的卖点，而是要找到一个超级买点，集中力量穿透市场，实现更高的传播率和转化率。

一个好故事并非指品牌故事，而是指支撑买点的信任背书，无论是成分、功效、技术还是创始人背景，任何能够增加产品可信度的元素，都能显著提升最终的转化率。这也是我认为未来的消费市场将是专家品牌的市场的原因。

### 3. 大单品战略

珀莱雅在美妆行业中率先提出大单品战略，无论从珀莱雅自身战略效果的验证，还是行业头部企业的数据分析中，我都能看到它们的超级爆品在抖音上的销量占比超过 60%，甚至更高。

大单品战略融合了网红属性的传播逻辑和经典属性的经营逻辑，将爆品销售策略提升为企业长期有效的经营范畴。它要求企业集中资金、资源和团队力量办大事，以获得突破性的成果。大单品战略的经营效益显著，企业战略目标集中，发展更加专注。大单品在竞争中突破后带来的虹吸效应，渠道的势能和销量溢出，使得品牌在势能和销量上实现双赢。

在兴趣电商时代，越来越多的爆品在消费者认知上几乎等同于品牌本身，因此打造爆品不仅仅要考虑短期利益，还要从更长期的战略角度出发。

## 懂内容

毋庸置疑，以抖音为首的兴趣电商时代的到来，标志着传统电商的衰落。这一转变的根本原因在于消费者认知的变化，短视频内容既能实现品牌的"种草"，又能通过流量手段高效转化为销售，内容成为了驱动品牌品效合一的有效增长引擎。

如今，对于多数品牌而言，内容建设几乎等同于品牌建设。这意味着内容不再仅仅是战术层面的考虑，而是上升到了战略层面。在内容时代，那些不重视内容或者缺乏内容创作能力的创始人或品牌团队，在未来十年的发展中将会面临巨大的挑战，甚至可能走向没落。

我认为对于内容的理解，至少需要覆盖到这三大策略：人群策略、"种草"策略和势能策略。

### 1. 人群策略

抖音的八大人群的划分已经明确定义了在内容生态中的用户标签，品牌的目标用户正是抖音 A4 人群中的前三大人群。这三大人群构成了我们在抖音生态中的核心人群策略。因此，无论对于我们旨在"种草"的 A3 人群，还是对于希望展示产品的 A1 人群，我们所有的运营动作都应围绕品牌目标人群，即抖音 A4 人群的前三大人群展开。

正如俗语所说，"种瓜得瓜，种豆得豆"，如果品牌的核心消费群体是精致妈妈，那么从抖音的任何曝光到"种草"再到"收割"的每一步，都应紧密围绕这一人群。

在抖音，品牌无须担心人群的"破圈"问题，因为即使是精准的内容曝光，也必然会覆盖到抖音的八大人群。抖音庞大的用户基数足以满足品牌人群"破圈"的需求，并且通过内容可以找到与目标消费人群最相似的用户。

抖音的"种草"和"收割"闭环一体化策略已被众多品牌验证，因此，真正的挑战不在于如何"收割"目标用户，而在于如何精准地对目标人群"种草"。人群策略不仅贯穿于品牌的内容营销，更贯穿于品牌在抖音的全域经营。

### 2. "种草"策略

在当前抖音星图达人的影响力减弱之后，多元化的"种草"策略开始崭露头角。有些品牌把握住了 KOC 内容红利和千川跑品红利，有的品牌则利用明星效应，成功塑造了极高的品牌势能；也有品牌讲了"一手好故事"，把产品直接传达给消费者。因此，品牌需要考虑哪些"种草"策略最适合自身，以及如何将这些策略组合起来，而不是仅仅依赖单一维度的"种草"策略。

那些具备 KOC 基础和强大短视频营销能力的品牌，在抖音生态中积累了庞大的人群资产。这些品牌在店播销售方面通常展现出更高的效率，比如它们的店播 ROI 会超出行业平均水平，或者在 ROI 相近的情况下，能够实现更高的 GMV。

### 3. 势能策略

许多品牌的"种草"基础策略是 KOC 短视频带货，虽然会获得一定成绩，但仍然会遇到增长的天花板，且难以带来良好的品牌形象和更大的影响力。相比之下，抖音的头部 KOL 和明星拥有更大的势能，品牌也需要借助他们的力量，以提升在抖音平台乃至全渠道的品牌势能。

对于所有品牌而言，从初创阶段开始，它们的终极目标就是成为品类冠军。如今这条路径已经变得非常明确：内容建设几乎等同于品牌建设，内容势能也约等于品牌势能。品牌唯有通过持续而有影响力的内容"种草"，引导用户的消费心智，不断拉升品牌势能，最终走向品类冠军的彼岸。

从品牌发展的终局来看，依托于内容创造在兴趣电商时代全新的影响力，品牌可以实现渠道和销量的势能溢出效应，从而完成最终的利润获取。

未来十年的消费品市场，我预见将迎来大产品经理的时代。品牌创始人或主理人必须懂品牌、懂产品、懂内容，从而构成了兴趣电商时代品牌发展的顶层架构，如同品牌发展的"大脑"。而销售能力、电商能力、直播能力和渠道能力这些与KPI和业绩紧密相关的能力虽然重要，但并不像"大脑"那样稀缺，它们更像品牌发展的"手脚"。只有大脑和手脚完美配合，品牌才能顺畅地良性发展，并实现持续有效的增长。

如果未来仍有很长的路要走，那么现在就是做出改变或补齐短板的最佳时机，无论是需要几个月，还是半年或一年，从而努力都来得及，甚至可以说，此时此刻开始正好。

祝愿各位品牌人在未来十年的消费品领域中能乘风破浪，穿越周期，成为引领下一个时代的先锋。